가장 낯선 이웃, 한국

가장 낯선 이웃, 한국

- 양즈창 지음
- 박우현 옮김
- 허강·박장배 감수

도서출판
잉걸

가장 낯선 이웃, 한국

ⓒ 양즈창, 2018

2024년 5월 17일 초판 1쇄 발행

지은이 양즈창
옮긴이 박우현
펴낸이 김진수
펴낸곳 도서출판 잉걸
　　　　　 등록　　　2001년 3월 29일 제15-511호
　　　　　 주소　　　(08763) 시울시 관악구 고원로 176 (신림동) 성우파크빌 101호
　　　　　 전화　　　02·884·3701
　　　　　 이메일　　ingle21@naver.com

한국어판 ⓒ 노서출판 잉걸, 2024

ISBN 978-89-89757-17-7 03070

■ 책값은 뒤표지에 있습니다. 잘못 만들어진 책은 구입하신 서점에서 바꿔 드립니다.

독립 언론인 양즈창의
눈으로 본 진실한 한국

천칭더(陳慶德)

한국 사회문화 전문가

『다시 쓴 한국(再寫韓國)』(2017), 『타인은 지옥이다: 한국인의 조용한 죽음,

자살(他人卽地獄: 韓國人寂靜的自殺)』(2018) 저자

　　국제 독립 언론인 양즈창(楊智強) 기자는 내가 수년간 알고 지내온 좋은 벗이다. 공적으로는 그가 여러 차례 직접 '최전선'을 찾아가 세계 각국의 역사적 현장을 취재한다는 정신에 감탄하곤 했다(그가 외국에 나갈 때마다 나는 그가 걱정되어 짧은 문자를 몇 통씩 보내곤 한다. 그가 타국의 위험한 '군사지역'에 너무 깊이 들어간 건 아닌지를 상기시키기 위해서다). 이외에 사적으로는 국내에서 모여 조촐하게 술 한잔 걸치면서 외국에 나가 관찰한 얘기를 서로 나누곤 했다.

　　양 기자가 출판한 이 취재집 『가장 낯선 이웃, 한국』은 다음과 같은 측면들을 확실하게 일깨운다. 첫째, 그는 최근 몇 년간 한국에 머물면서 구어체와 몸소 촬영한 사진으로, 정제된 보도를 대만 독자들에게 선사한다. 둘째, 이 작은 책 속에서 그는 한국을 묘사하고 바라보는 또 하나의 방식을 제공한다. 셋째, 내가 가장 극찬하는 부분인데, 바로 우리가 인지한 '객관'에 의구심을 품은 시도로서, 이 취재집 속에서 우리에게 대만의 처지를 '반성'하게 만드는 질문을 던진다는 것이다.

　　양 기자는 이 책에 다양한 내용의 글과 그림 외에도 기자의 직관에 근거하여, 정밀한 관점으로 의제를 선택해서 직접 현장을 취재한 내용을 담았다. 그는 한국에 체류하기 시작했을 때부터, 한국의 비정부조직인 '참여연대'(NGO 단체)에 참여하여 현장 최전선에서 수많은 한국의 중요 의제를 취재했다.

예를 들어, 노무현(제16대 대통령, 재임 2003~2008) 정부의 제주도 강정마을 해군기지 건설 정책부터 이명박(제17대, 재임 2008~2013) 정부 때 폭발한 한미자유무역협정(Free Trade Agreement, 이하 '한미 FTA') 반대 시위 사건까지, 그 후 박근혜(제18대, 재임 2013~2017) 정부 때 발생한 세월호 참사('4·16 참사'라고도 함)와 국정농단 사태가 야기한 촛불집회, 그리고 5·18 광주민주화운동기념사업회 등에 이른다.

이런 사건들을 대만인도 모르지 않을 것이다. 하지만 나는 이 취재집을 읽는 독자라면 책을 다 읽은 뒤 반드시 이전과 다른 것을 얻을 수 있을 거라고 믿는다. 나를 비롯한 독자들은 인터넷 플랫폼을 통해 앞다투어 빠르게 훑어본 신문의 감각보다 한층 더 나은 몇 가지를 얻을 수 있다.

첫째, 한국 사회에서 발생한 중대한 사건의 역사적 의미를 되새겨 성찰할 수 있을 것이다.

둘째, 이 취재집 『가장 낯선 이웃, 한국』은 구어체 위주로 작성되어 글이 생동감 있고, 취재에 응한 인물이 매우 많이 등장한다. 이를테면, 양 기자는 한국의 극장 편에서 길거리 연기자인 '이상'이라는 사람을 취재하거나, 대만에서 카페를 차렸으나 '친절한' 대만인에게 차별 대우를 당한 한국인 '제이미'의 가슴 아픈 이야기를 담아냈다. 또 2013 월드 베이스볼 클래식(World Baseball Classic) 때 대만과 한국의 경기에서 8회에 대만이 역선패함으로 인해 영향을 받게 된 '태형'이라는 이름의 사람을 인터뷰했다. 이 책은 그와 함께한 사람들의 생생한 대화를 여러 차례 음미하게 한다.

이와 함께 양 기자는 최대한 글의 주제에 맞춰 적당한 분량의 통계자료를 함께 엮었다. 그가 관찰한 한국의 실제 현황을 적절하고 온당하게 드러내어 사람들이 제대로 읽도록 한 것이다. 예전의 자질구레하고 분절적이고 단편적인 뉴스 보도와 달리, 그의 시선과 함께 취재하는 발걸음을 따라가다 보면, 사람들이 정취가 넘쳐서 흥미진진해 할 것이다.

셋째, '책'이란 형식을 갖춘 이번 취재집에서 양 기자는 객관적 사실을 보도하는 기자 신분에서 벗어나, 대만을 열렬히 사랑하는 한 명의 '기록자'이자 '반성자'로서 그가 국외에서 본 사건 및 타국 정부가 당면한 사회 위기를 어떻게 처리하는지를 통해서 다시금 대만을 성찰하려고도 했다. 예를 들면 그는 본문에서 '한국은 반일 정서가 뿌리 깊게 박혀있는데, 대만은 왜 이렇게 일본을 좋아하는가'를 다루기도 했다. 각국의 주권 측면에서 나누어 보면, 한국의 '독도(獨島)'와 일본의 '다케시마(竹島)' 분쟁[1]에서 대만과 일본의 조어대(釣魚臺)[2] 주권 문제를 되돌아보게 한다. 서적 편찬이라는 측면에서도 한국은 『친일인명사전』이 있어서 일제 강점기 식민지 한반도의 '매국노'가 기록되었다. 하지만 오늘날의 대만은 거의 전면적으로 일본에 우호적인 심리로 기울어져 있다. 따라서 이 점을 반성하게 한다.

아울러 한국 정부가 자국에 일본 문화가 수입되는 걸 저지했던 것(한국 정부는 제2차 세계대전 후, 장장 53년 동안 일본 문화의 수입을 금지하다가 김대중 대통령(제15대, 재임 1998~2003) 집권기에 이르러 1998년에 금지령을 철폐했다. 이때 비로소 일본 문화가 점차 한국에 수입될 기회가 생겼다)과 비교하자면, 대만은 전면

---

1) 밑의 인용문에도 똑같이 나오지만, 한국과 일본이 독도를 놓고 분쟁하고 있다는 건 글쓴이의 시각일 뿐이다. 독도는 한국의 고유 영토이므로 분쟁의 대상이 아니다.
2) 중국은 댜오위타이 군도(釣魚臺群島), 또는 줄여서 댜오위다오(釣魚島)로 부르고, 일본은 센카쿠 열도(尖閣列島)로 부른다. 대만은 대개 댜오위타이라고만 표기한다.

적으로 일본 문화 수입 및 문화 식민(植民) 등을 수용했다. 이런 상황도 반성을 촉구한다.

나아가 세상의 공분을 산 위안부 사건의 경우에는 국제적으로 가장 주목받는 동시에 한국 현지에서도 오랫동안 일본과 다퉈 왔다. 한국에는 적지 않은 평화소녀상이 세워져 있다. 또한 일제 강점기에 해마다 '위군(慰軍)'으로 끌려간 조선인 부녀자에 관한 기록도 있다. 최근 몇 년 동안에는 한국에서 위안부를 주제로 한 역사 다큐멘터리는 물론, 대중 영화까지 적지 않게 제작되었다. 〈눈길〉(2015)·〈귀향〉(2016)·〈아이 캔 스피크〉(2018)[3] 등의 작품이 그것이다. 그렇다면, 대만은 어떤가? 양 기자는 다음과 같이 이야기했다.

"한국과 대만은 모두 일본하고 해양영토 분쟁을 벌이고 있다. 한국과 일본 간에는 독도(일본은 다케시마라 칭함) 분쟁이 있다면, 대만과 일본 간의 분규로는 조어대 열도(일본은 센카쿠 제도라 칭함)가 있다. 이 같은 도서 지역은 줄곧 한국과 대만과 일본 세 나라의 민족주의자들이 애써 다뤄온 화젯거리다. 이 이슈는 오늘날까지도 풀지 못하고 있다. (…) 대만이 영토 분쟁 중이더라도 한국과 달리 일본에 대한 적개심으로 불타는 일이 없음을 알 수 있다. (…) 역사를 일정 정도 연구한 한국인이라면, 자신의 반일 감정 때문에 대만의 친일적인 태도에 대해선 줏대 없고 이해할 수 없다고 느끼기까지 한다."[4]

---

3) 이 영화들은 중화권에서 각각 〈눈밭에서의 포옹(雪地裡的擁抱)〉·〈귀향(鬼鄉)〉·〈화양 할머니는 영어가 유창해(花漾奶奶秀英文)〉란 제목으로 개봉했다.
4) 이 책의 1장 「3. 한국의 뿌리 깊은 반일 정서 – '대만인은 왜 이렇게 일본을 좋아하는가?'」(44~47쪽)에서 발췌되었다.

이런 관점에서 말하자면, 이 책은 수고롭게 외국에 나가 국제 사건 현장이나 최전선에서 발로 뛰면서 얻어낸 독립 언론인의 한국 취재 기록물이다. 또한 외국에 나간 여행자로서 대만이라는 땅과 국가를 열렬히 사랑하는 대만 기자의 '평론집'이기도 하다.

최근 대만에서는 한국의 사회·정치·문화·경제와 대중문화의 풍조를 다루는 기사가 점점 많아지고 있다. 나도 이를 즐겁게 지켜보고 있다. 그러나 좋은 것과 나쁜 것이 섞인 보도, 혹은 2차 자료를 과장하고 남용하는 상황이 벌어지고 있다. 그리고 오늘날 독자들의 글 읽는 습관도 변했다. 2천 자도 안 되는 짧은 인터넷 문자를 통해 하나의 국가·사건·현상 등을 객관적으로 인식하기란 쉽지 않다. 때론 한국을 잘 아는 국내 독자를 만들기도 쉽지 않다. 일부 문장은 말만 앞세우기 좋아하는 사람들의 먹잇감이 되기도 하였다. 이렇게 좋지 않은 글은 대만인의 '정서'적으로, 한국에 열광하고, 싫어하고, 심취하고, 증오하는 등의 반응을 일으키기까지 하고 있다.

독립 언론인 양즈창 기자가 낸 『가장 낯선 이웃, 한국』은 요즘 대만에서는 찾아보기 드문, 몸소 한국 현지에 깊이 파고들어 사회적으로 중대한 사건을 취재해서 도판과 문장에 풍부하게 담은 평론집이다. 게다가 나는 이 책의 도움을 받았다. 이번에 여러분에게 이 책을 추천하게 된 것을 감사하게 생각한다.

세상에서 가장 닮은 나라 한국과 대만을 이해하는 '선물' 같은 책

한인희

건국대학교 중국연구원 상임고문

나는 대만과 많은 인연이 있다. 젊은 시절 대만에 유학하여 중국문화대학에서 중국 정치학을 공부하고 정치학 박사학위를 받았다. 이후 대학에서 중국 정치와 중국 역사를 강의했고 이제는 은퇴하였다. 특히 젊은 시절을 보냈던 '대만'에 대한 추억은 늘 아련하고 아름다운 기억으로 남아 있다. 당시 중국을 연구하려면 대부분 대만, 중화민국으로 가야만 했다.

이후 1992년 8월 24일 중국과 수교되면서 모두 대륙으로 달려갔다. 이른바 1차 '중국 붐'의 시대가 도래했다. 그러면서 대만은 우리의 기억 속에서 사라지고 말았다. 이른바 '잊힌 나라'가 되었다. 중국학 연구에서 대만의 중요성을 간과해선 안 된다. 우리 국가 이익을 생각해 보더라도 대만을 결코 소홀히 할 수 없음에도 우리는 그냥 중국으로 몰려갔다.

나와 대만과의 인연은 이후 『대만과 전통문화』(2015, 외대출판부) 등을 번역하는 일로 이어졌다. 또 대만교육부가 지원하는 '건국대학교 대만교육센터'의 집행장을 역임하면서 계속 밀접한 관계를 이어갔었다. 이렇게 보면 대만은 개인적으로도, 학문적으로도 나의 일부였다.

이번에 소개하고자 하는 책은 대만 언론인이 쓴 『가장 낯선 이웃, 한국』이라는 번역서다. 이 책을 소개하게 된 계기는 중국을 논의하고 토론하는 모임에서 내게 알려준 소식 때문이었다. 중국을 공부하는 젊은이가 이 책을 번역하고 있다고 했다. 번역이 끝나면 추천사를 부탁하겠다고 해서 흔쾌히 동의하였다. 이유는 한국 사회에서 차지하는 중국과 대만의 비대칭적인 정치

경제적인 가치보다는 여행, 음식 등에 관심이 집중되면서 한국과 대만 간의 본질적인 문제가 소홀히 되는 점이 안타까워서였다. 따라서 대만 언론인의 눈에 비친 한국의 속살을 보여주는 기자의 취재 노트를 번역한다기에 반가운 마음에 기꺼이 추천사를 써주겠다고 승낙했다.

이후 번역자는 번역 원고 전체를 보내 주었고, 원고를 꼼꼼히 읽어 보았다. 언론인 특유의 부지런함이 돋보이는 책이었다. 한국인과 대만인의 상호 인식, '조선족'과 '한국 화교'의 처지와 활동 등 취재 범위도 한국, 중국(연변), 대만 등 초국경적 차원에 걸쳐 있었다. 저자도 발품을 팔아 한국과 대만 사회의 섬세한 결을 보여 주었고, 번역자도 낯선 내용을 번역하느라 노심초사한 흔적을 볼 수 있었다.

이 책은 현재 대만인들이 한국을 어떻게 이해하고 있는지를 파악하는 좋은 자료가 될 것으로 본다. 그들의 지적 또한 우리가 새겨봐야 할 게 분명하다. 따라서 이 책은 내용 측면에서도 대만뿐 아니라 한국에서도 공유할 가치가 있다. 대만은 세계에서 가장 한국과 유사한 역사 경험을 한 유일한 나라다. 이를테면 중국의 영향, 일제강점기, 냉전, 분단국, 독재, '아시아 4마리 용' 등의 역사 경험이 서로를 이해하는 좋은 나침반이다.

다만 1992년 8월 단교 이후 양국 간에는 갈등을 겪었다. 피할 수 없는 일이었다. 현재는 미·중 갈등 속에 새로운 협력의 파트너로, 때론 경쟁자로 자리매김된다. 특히 반도체 등 IT 분야에서는 서로 각축을 벌이고 있다. 그만큼 중요하다는 말이다. 단적으로 양국 간 교류 인원이 연간 200만 명이다. 따라서 다양한 분야에서 대만을 이해하고 공감하고, 상호 학습하는 파트너가 되길 기대하면서 이 책을 추천한다. 그런 점에서 '선물 같은 책'이다.

사회운동으로 인식한 한국

"결사반대!"

"2MB(이명박)는 한미 FTA를 철회하라!"

2011년 11월의 어느 날 저녁이었다. 나는 한국의 비정부조직 '참여연대'의 활동가와 서울시 명동의 시위 현장으로 갔다. 그곳에서 한미 FTA를 국회에서 강행해서 통과시킨 것에 대한 한국인들의 반응을 살폈다.

서울은 몹시 추웠다. 의제와 밀접한 관계가 있는 농민과 노동자가 그 외의 거리에 나와 항의한 것 말고도, 학생과 중산층 또한 항의 인파의 상당수를 차지했다. 추위를 두려워하지 않은 채 모두 거리에 서서 외쳤다. 그들은 정부가 전격적으로 FTA를 신속하게 통과시킨 것을 두고 자신들의 불만을 표현했다.

사람들이 더 많이 모이자 경찰들도 물대포와 최루가스를 쏘아댔다. 사람들은 놀라서 사방으로 흩어졌다. 그러나 내 곁에 선 여고생 두 명이 서로 팔짱을 끼고, 완전무장하고 새까맣게 모인 진압경찰을 향해 결연하게 걸어갔다. 한미 FTA는 이명박 정부의 비호 아래 끝내 실시되었다.

몇 년이 지나고 2016년, 한국에서 대중 시위가 다시금 폭발했다. 이번 항쟁의 규모는 2011년 한미 FTA 항의보다 훨씬 컸다. 심지어 한국 역사상, 그 어떤 시위보다 참여한 사람이 많았다. 항쟁의 대상은 이명박에 이어 보수당5)의 또 다른 국가 지도자가 된, 독재자 박정희(1917~1979, 제5~9대 대통령, 재임 1963~1979)의 딸 박근혜였다.

---

5) 2016년 당시 시점의 한국 보수당의 이름은 '새누리당'(2012~2016)이었다. 이후 '자유한국당'(2017~2020)과 '미래통합당'(2020)을 거쳐, 2020년부터는 '국민의힘'이란 당명으로 2024년 현재에 이르고 있다.

한국 시민의 촛불시위가 몇 달에 걸쳐 벌어졌다. 2017년 3월 10일 한국 헌법재판소에서 법관 8명 전원이 만장일치로 탄핵에 찬성했다. 그리하여 박근혜는 사상 처음으로 파면된 한국 대통령이 되었다. 한국 민중의 역량은 전국 최고 권력을 가진 사람마저도 끌어내릴 수 있었다.

나는 참여연대에서 일할 때, 평화군축센터에 소속되어 있었다. 하지만 '민생희망본부'·'의정감시센터' 등6)과 같은 다른 활동 기구도 지원했다. 따라서 거의 매주 동료와 모두 모여서 서울의 시위 장소인 '대한문(大漢門)' 집회에 참여했다. 다른 의제의 시위에는 다른 양상이 있을 것이다. 어떤 때는 사람들이 촛불을 들고 무대 위의 가수와 함께 〈임을 위한 행진곡〉을 불렀다. 그런가 하면 노동조합이 분기탱천하면서 경찰과 서로 비방할 때도 있다. 아니면 가족들이 돗자리에 앉아서 화목하게 저녁을 먹기도 한다. 때론 커플이 함께 항의 표어가 적힌 플래카드를 들고 서로에게 기대기도 했다.

이 시기에 나는 한국의 많은 곳을 다녔다. 광주민주항쟁 기념식에 참가하고, 제주 4·3항쟁과 관련된 기록영화를 시청했다. 친구와 함께 강릉 해변에서 독도를 주제로 토론하기도 했다. 아니면 거리에서 반일 활동을 하는 한국인 학생을 가까이에서 지켜봤다. 당연히 나는 서울 거리에서 친구와 함께 미친 듯이 소주와 막걸리를 마시기도 했다. 아니면 동료들과 전통시장에서 한국 영화의 명장면을 이야기했다. 나아가 양안(兩岸, 대만과 중국)과 남북한의 공통점과 차이점에 관해서 토론하기도 했다.

나는 정말이지, 한국의 다양한 면모에 놀랐다.

---

6) 원문은 각각 '평화와 군축(和平與裁軍)'·'민생경제(民生經濟)'·'입법감독(立法監督)'이다. 여기서 가장 가깝게 추정되는 것을 참여연대 홈페이지에서 찾아, 본문에 넣었다.

참여연대는 늘 거리의 NGO이기 때문에, 나는 일반적인 대만인에 비해 더욱 근거리에서 한국 사회 한복판의 크고 작은 문제와 곤란함을 이해할 수 있었다. 또한 이렇게 근거리에서 관찰한 것들 중에서, 한국인의 알려지지 않은 부분을 느꼈다. 내가 대만인으로서 한국에서 받은 낯선 분위기도 이 책을 집필하는 동기가 되었다.

한국에 대한 인식이 심히 얕은 대만

한국·남한·대한민국, 그리고 남조선(북한만 쓰는 호칭)은 모두 한반도 북위 38선 이남 국가의 호칭이다. 한국에 대한 대만의 인상은 일찍이 '반공전선'·'형제의 나라'와 '똑같은 냉전의 산물'로 표현되었다. 근래에는 '소녀시대'·'성형수술' 및 '대만을 아시아의 4마리 용7)의 말단으로 밀어 넣은 나라'로 점차 바뀌었다.

한국과 대만의 관계는 1992년 단교한 후로 서로에게 냉담했다. 그래도 최근 10년 동안, 민간교류가 증가해서 양국이 사회 혹은 정부 간 관계와 상관없이 왕래가 점차 많아지고 있다.

그러나 단교에 대한 양국의 의견 차이로 인해, 20년 가까이 양국 간에는 공식적인 왕래가 거의 이루어지지 않았다. 여기에 더해, 이웃의 다른 나라들과 비교하면 양국의 민간 혹은 정부 간의 인식은 턱없이 부족했다. 일찍이 서로를 형제의 나라라고 부른 국가지만, 의외로 한국과 대만은 매우 소원해졌

---

7) 한국·대만·홍콩·싱가포르를 가리키는 것으로, 1960~1990년대까지 고도의 경제성장을 이룬 개발도상국 4개국을 일컫는 표현이었다.

다. 대만에서는 최근 몇 년 동안, 스포츠 경기에서 시합하면서 '반한 풍조'가 나타나기도 했다. 한편 한국에 대한 인식이 초창기부터 그리 많지 않았던 대만 사회에는 비이성적인 민족주의가 출현했다. 그 밖에도 최근 한국 문화의 수출이 강세를 띠어 대만 사회에 적지 않은 '한국에 열광하는 부류'가 출현하면서 한국에 대한 감정이 더욱 극단적으로 변하기도 했다.

민족주의에 뿌리를 둔 반한이든, 우상숭배에 가깝게 한국에 열광하든 그 대부분은 이 이웃에 대한 깊이 있는 인식이 없기 때문에 나오는 것이다.

한국과 대만이 냉전으로 인해 비슷한 배경을 가졌다고 말하는 사람이 있었다. 하지만 사실은 양국의 발전이 시공간적으로 다르게 변화되면서, 각자 다른 길을 걷게 된 것이다. 한국이든 대만이든, 여전히 서로에 대한 이해가 상당히 깊지 않다. 게다가 일부 시공간적 배경과 정치적 요소로 인해 쌍방이 서로를 냉담하게 대하는 이웃이 되었다. 특히 각종 고정관념이 널리 퍼지는 가운데, 양국의 오해가 풀릴 방법을 찾지 못하고 갈수록 심화되고 있다. 이러한 발전은 아쉬움이 들게 한다.

이 책은 직접 현장을 취재하는 방식을 통해 조사한 이야기를 토대로 썼다. 대만인이라면, 한국의 알려지지 않은 더 많은 모습을 알게 돼서 이견을 줄이기를 바란다!

끝으로, 당시 SOSreader에서 이 책이 세상에 나오는 데 도움을 준 독자들이 고마울 따름이다. 그들의 지지가 없었다면 이 책의 집필은 어려웠을 것이다. 다시 한 번 감사의 마음을 전한다.

양즈창(楊智強)

한국을 다시 살펴보다

2019년 초, 대만으로 3박 4일간 가족여행을 떠났다. 어느 날 저녁, 아버지와 함께 대만 타이베이의 서점으로 나들이를 갔다. 그때 우리는 우연찮게 『最陌生的鄰居 : 韓國』라는 책을 발견했다. 그 후로 2021년부터 2년이 넘도록 내가 이 책과 씨름하게 될 줄 누가 알았겠는가.

처음에는 중국어로 된 책을 능숙하게 읽는 훈련의 한 가지라고 가볍게 생각했다. 어렵지 않게 작업을 마칠 것이라고 넘겨짚었다. 하지만 책장을 넘길수록 몰랐던 이야기가 진솔하게 펼쳐져 있었다. 그 속에서 허우적대면서 2년 이상의 시간을 보냈다(물론 학업과 여행과 사람들과의 교류 때문에 작업에 집중해야 할 시간을 허비하기도 했다).

작업을 진행하면서 가장 힘들었던 것은 내가 대만에 대해 아는 게 너무 없다는 것이었다. '대만은 중국어를 사용하고 한국과 같은 한자(대만에서는 '번체자(繁體字)'라고 함)를 사용하는 섬나라'라는 식의 단편적인 정보, 몇 년 전에 가족과 3박4일 여행하면서 느꼈던 인상, 대만 출신 멤버가 있는 한국 아이돌 그룹이 몇몇 있다는 것(트와이스의 쯔위, (여자)아이들의 슈화 등) 등, 이것이 내가 알고 있는 대만의 전부였다.

그 상태에서 무작정 번역 작업에 착수했다. 대만에서 벌어진 여러 사건·사고들을 내가 제대로 파악하지 못하고 있음을 깨닫게 되었다. 특히 '역사 교과서 편집 강령 반대운동(反課網運動)'이나 '해바라기 운동(太陽花運動)' 같은 정부를 향한 치열한 투쟁의 이력이 최근에 있었음에도 그 사실을 몰랐거나 대수롭지 않게 여겼다는 점을 반성한다.

이 책을 번역하는 기간 내내 저자 양즈창(楊智強) 기자의 시선을 정신없이 따라다녔다. 그것을 통해서, 나는 근현대 한국의 빛과 그림자를 다시 살필 수 있었다. 나아가 탈북자·조선족·한국 화교라는, 한국의 소수자 집단을 좀 더 가까이 들여다볼 수 있었다.

나는 이번 번역 작업을 통해 텍스트 전달자로서의 역할에 그저 최선을 다하고자 노력했다. 즉, 독자들이 이 책에 담긴 내용을 이해할 수 있도록 온전히 전달하는 데 힘을 쏟았다. 원문에 담긴 내용과 정보가 부족하다는 생각이 들 때마다, 다양한 자료로 내용을 보충하려고 했다. 본문에서 '원문 주'라는 표시를 하지 않은 옮긴이 주는 180여 개다. 이 점은 내가 번역자로서 독자들에게 좀 더 상세한 정보를 전달하기 위해서 벌인 치열한 분투의 소산이다.

번역자로서 아쉬웠던 것은 한국 언론에 기대서는 대만과 관련된 소식들을 세세하게 접하는 것이 매우 제한적이었다는 점이다.

물론 작업 중에 찾게 된 소소한 즐거움이 있었다. 그것은 바로, 중국어 단어를 수집했다는 것이다. 2024년 기준, 사용되는 한자가 매우 많다는 것은 물론이고, 대만에서만 사용되는 단어도 적지 않다는 것, 새롭게 알게 된 중국어 성어(成語)로부터 소소한 즐거움을 느꼈던 것이다. 이런 즐거움을 충족시키는 데는 공책이 두세 권이나 필요했다.

이 책의 저자인 양즈창 기자가 언급한 것 중에 내가 공감하는 것도 있었다. 한국과 대만은 1992년 단교 때문에 거리감이 생겼다. 그런 탓인지 양국 사이에는 무수한 오해와 오인과 반감 등이 존재한다고 할 수 있다. 저자는 이런 것들을 없애길 바란다는 의견을 피력했다. 번역자로서 나는 저자의 관점에 경청할 만한 내용이 있다고 생각한다. 즉, 저자인 양즈창 기자와 번역자인 나의 작업이 역사적·정치적·외교적 차원을 아울러 대만과 한국 사이의 간극을 좁히는 첫걸음이 되어주기를 바랄 따름이다.

이 책은 대만인의 시선에서 본 한국을 다루고 있다. 그렇다면, 여기에 담긴 핵심적인 내용은 무엇일까.

먼저, 제1장에서는 한국과 대만 사이의 차이를 다룬다. 대만이 한국에 대해 경쟁의식을 갖고 있으며, 일본에 대한 인식과 여성 인권 수준에서 양국의 차이가 어떻게 드러나는지를 상세하게 살펴본다.

제2장에서는 '한국의 대중문화정책'을 집중적으로 분석한다. 여기서 한국의 TV 예능프로그램 〈런닝맨〉을 거론하면서 이 같은 프로그램을 제작하는 데 얼마나 많은 피와 땀이 들어가는지를 보여준다. 그리고 케이팝(K-POP)으로 대표되는 대중문화가 한국의 주요 산업으로 자리매김한 것에 정부의 정책적 뒷받침이 필수임을 김대중 정부의 정책 사례를 중심으로 살핀다.

제3장에서는 한국의 사회적 문제를 살핀다. 여기에서 '재벌에 구속된 한국의 현실을 시작으로, 세월호 참사에서 사상 초유의 탄핵에 이르는 굵직한 사건을 토대로 박근혜 정부의 몰락 과정을 살핀다. 나아가 몇 가지 역사적 사건을 중심으로 주한미군이라는 난제까지 언급한다.

제4장에서는 북한을 집중적으로 조명한다. 여기서는 대만도 북한과의 교류를 시도한 이력이 있다는 점을 언급한다. 나아가 한반도의 남북분단과 관련해서, 역사적 경위와 통일을 향한 노력 등도 다룬다. 또한 김진경이라는 인물과의 대화에 많은 부분을 할애해서 적대적이지 않은 방식으로 북한과 교류하려는 치열한 노력이 있음을 강조한다.

제5장에서는 일본이 세웠던 '만주국'이라는 괴뢰국을 바탕으로 만주 혹은 중국 동북부의 역사를 그려낸다. 동시에 조선족의 삶도 살핀다. 이를 통해서, 조선족이 한국에서는 잠재적 범죄자 내지는 한국말을 구사하는 중국인

으로 홀대받고, 중국에서는 한족에게 흡수되는 현실에 처해 있는 존재임을 부각한다.

마지막으로, 제6장에서는 한국 화교의 어제와 오늘을 조명한다. 예컨대 그들은 한국에서는 박정희 정부 시절의 정책으로 억압을 받았고, 대만에서는 '무호적 여권'이라는 일반 대만인과는 별개의 대우를 받았던 것이다. 이를 통해, 그들은 어디에서든 2등 국민에 불과한 존재였음을 알려준다. 그럼에도, 그들은 자신의 정체성을 잊지 않으면서 자신이 선 곳에서 안정적인 삶을 꾸리고자 분투했음을 열렬하게 펼쳐낸다.

책을 번역하면서 느낀 점과 책의 주요 내용 소개는 여기까지다. 끝으로, 중국어 책 번역이라는 도전의 시작부터 마침표를 찍는 데까지 여정을 함께 해 준 허강 선생님께 빚을 졌다. 그리고 이 책을 출판하는 데 도움을 주신 김진수 사장님 덕분에 나의 미천한 프로젝트가 최종적으로 결실을 볼 수 있었다. 이분들의 도움이 없었다면, 내가 번역 작업을 처음부터 끝까지 진지한 자세로 수행할 수 없었을 것이다. 이 점에 진심으로 감사를 표한다.

박우현(朴遇賢)

Contents

Chapter 01

대만 대 한국! '한국을 이기고 싶다'는 정서적 수렁 ········ 25

Chapter 02

휘황찬란한 한류의 배후 ····································· 57

역사의 거센 흐름에 떠도는 뿌리 없는 민족, '한국 화교' · 221

■ 일러두기
• 본문 각주에 특별히 "원문 주"라고 표기하지 않은 것은 모두 옮긴이가 독자의 이해를 돕기 위해 단 것이다.
• 책에 실린 사진은 모두 원서와 다르다. 원서가 대만 독자를 대상으로 발간된 책이라 전달 하고자 하는 의미와 방향성이 우리에겐 맞지 않는다는 이유와 함께 저작권 문제도 있어 전면 새로 작업했다. 따라서 일부 사진 설명이 저자의 시각과 다소 차이를 보일 수 있다.

한국에 대한 대만의 일반적인 이해는 삼성·LG·소녀시대(2018년 기준), 그리고 다양한 한국 드라마 정도에 불과하다. 누군가는 한국인이 계속해서 대만을 억누르는 데 온 힘을 쏟고, 경제적으로 대만 산업을 배척하고, 대만인에 대해서 호의적이지 않다는 등, 느낀 대로 생각한다. 하지만 차분히 생각해 보자. 대만에서 멀지 않은 한국에 대해 단편적으로 이해하고, 언론매체의 조롱과 선동 때문에, '한국이 다 히니끼, 디만도 미땅히 해야지'라는 프레임에 대만인이 쉽게 빠지는 것은 아닐까.

서울의 명동 거리

Chapter

01

대만 대 한국!
'한국을 이기고 싶다'는
정서적 수렁

1 반한과 혐한! 대만 거주 한국인 왈 "대만인은 친절하고 손님 맞는 걸 좋아해요. 하지만 속마음은 다르더라고요."

대만 사회는 최근 몇 년간 '온고지신(溫故知新)의 과정'을 반복했다. 대만은 아시아의 네 마리 용에서 머리였지만, 한국은 용의 꼬리였다. 그러나 뜻밖에도 이 막내가 최근 몇 년 사이에 대만을 멀찍이 뒤로 따돌리고, 줄곧 우월 심리가 있던 대만인의 자존심을 상하게 했다. 게다가 각종 매체 또한, 계속해서 '한국이 되는데, 어째서 대만은 안 되는가'라는 프레임에 기반을 둔 뉴스를 보도하면서 대대적으로 이를 선전하기 시작했다. 한국에 대한 대만의 적대감을 갈수록 짙게 해서 새로운 반한 풍조가 출현했다.

그런데 시선이 줄곧 일본과 중국으로 향하던 한국인은 대만의 반한 풍조에 대해서 어떤 생각을 갖고 있는가? 한국인은 대만이라는 섬에 반한 풍조가 있는 것을 알까?

대만 거주 한국인이 개점했다가 차별을 당했다. "대만인은 아주 친절해요. 하지만 사실은 진심으로 좋아하는 게 아니에요."

어느 여름날의 오후였다. 진한 커피 향이 풍겨오고, 제이미가 빠르게 커피 기계 손잡이를 돌려서 각도와 분량을 조정했다. 곧이어 헤이즐넛 향이 섞인 커피가 나왔다. 그는 이 한 차례의 대담을 위해 이야기보따리를 풀었다.

"어때요? 나쁘신 않죠? 이건 제가 뉴질랜드8) 유학 때 배운 기술입니다. 지금은 제가 이런 기술을 대만에 도입하고 싶어서, 대만인에게 한국인이 끓인 커피를 맛보게 하네요."

---

8) 원문에는 '紐西蘭'(Liǔxīlán)이라는 대만식 음역어로 표기돼 있다. 중국 대륙에서는 '新西蘭'(Xīnxīlán)이라는 표기가 사용된다.

제이미는 고등학생일 때부터 뉴질랜드 생활을 시작한 한국인으로, 현지에서 십수 년을 지내서 영어가 유창했다. 그 때문인지 그의 분위기에는 이국적인 느낌이 섞여 있었다. 보통의 한국인에 비하면 친해지기 편했다.

"대만 사람들은 아주 친절하고 손님 맞는 것도 좋아해요. 하지만 사실 그들이 진심으로 좋아하는 게 아니더라고요."

제이미가 의미심장하게 한마디를 던졌다. 카페를 열기 전에는 한국식 도시락 배달 사업과 한국 음식점 장사도 했다. 그런데 결국에는 카페 개업으로 되돌아갔다고 했다. 이 일을 가장 좋아했기 때문이라고 했다. 이 과정에서 그는 적지 않은 좌절을 겪었다. 특히 대만인의 반한 정서 때문이라고 했다.

"대만인의 카페 노동조합이 저의 개업을 반대한다고 분명하게 밝히고, 저의 가입을 불허했어요. 그래서 저는 이곳 한국인의 상조회에 가입했습니다. 그들이 도와줘서 고민을 덜 수 있었지요."

그 만남 후로 제이미는 점포 임대 계약과 관련해서 분쟁을 겪기도 했다. 그 때문에 그는 나를 여러 번 찾아와서 그간의 괴로움을 털어놓기도 했다.

"그거 압니까? 그 대만인들은 인종차별을 했어요. 저를 끝까지 반대했던 그 사람의 말을 똑똑히 들었어요. 한국인을 싫어한 그가 저를 희생양으로 삼은 겁니다. 저는 결국 카페를 접었어요."

제이미가 대행업체와 계약을 해지하지 못하고 다툼을 벌이기도 했다. 갈등이 깊어지자 제이미는 몇몇 대형 미디어를 찾아갔다. 자신이 받은 홀대를 텔레비전에서 밝히고 싶었다. 처음에는 관련 소식을 보도할 방송국이 한두 군데 있었다. 하지만 결과적으로는 흐지부지되었다. 제이미는 결국 가게를 정리하고, 차량을 이동식 커피점으로 개조해서 여러 지역을 돌아다니며 장사를 했다.

나는 궁금했다.

"대만이 그 정도로 한국인을 싫어하는데, 이곳을 왜 안 떠나는 겁니까?"

제이미는 웃었다.

"제 아내가 대만인입니다. 저도 어쩔 방법이 없네요. 물론 대만인이라고 모두 그런 건 아니고요. 약간의 극단적인 사례가 있을 뿐이지요. 한국과 뉴질랜드에 비하면 대만인은 인정이 많아요. 제가 이곳에 왔을 때 많은 사람들이 저를 도와줬어요. 대만은 괜찮은 곳이죠."

대만에서 10년 동안 한글을 가르친 교사는 어떻게 보나?

나는 제이미 외에 대만에 10년 가까이 거주한 한국어 교사 길 선생을 방문했다. 그녀는 대만인의 반한 풍조에 대해서 또 다른 태도를 보였다.

길 선생은 짙은 녹색 염색에다 앞머리를 짧게 하고 한국에서 유행하는 스타일로 옷을 입고 있었다. 그녀는 내게 손을 흔들며 다가왔다.

"오랜만이에요! 커피 마시며 이야기할까요?"

길 선생은 내가 대만에서 여러 해에 걸쳐서 한국어를 배웠을 때 가르쳐 주던 선생님이었다. 그녀는 대만에 온 지 10년 가까이 되었다. 그녀는 대만의 대학에서 신문학과 석사 학위를 받고 박사 학위 과정을 이어 나갔다. 그녀는 한국어 보습반에서 겸직으로 한국어를 가르치기도 했다. 그녀는 한국어를 배우는 다양한 대만인을 만나면서 대만의 사람·일·사물에 관해서 많은 생각을 하게 되었다.

우리는 음료를 주문하고 자리에 앉았다. 나는 가벼운 문제 몇 가지를 물었다. 길 선생은 처음에는 긴장했지만 점차 풀어졌다. 나는 기회를 놓치지 않고 화젯거리를 좀 더 민감한 소재로 이끌었다.

"대만에 한국을 싫어하는 사람이 있다는 거 아세요?"

길 선생은 갑작스러운 질문에 의아해하는 듯했지만 웃으며 답했다.

"이런 문제를 다룰 거라 예상했어요. 생각은 하고 있었어요."

그녀는 커피잔을 들었다. 한 모금 마신 후에 천천히 생각을 들려주었다.

"제가 대만인들로부터 자주 일본인으로 오해를 받아요. 그들에게 저는 한국인이라고 해요. 그러면 그들의 태도가 확 바뀌어요. 곧바로 저를 외면하는 듯이 행동하더군요."

"정말요? 차별당하기라도 했나요?"

"제가 직접 당한 적은 없어요. 몇 년 전 태권도 사건[9]이 생각나네요. 얼마나 심각했는지, 이곳 대만에서 한국인 학생이 구타당하기도 했고, 한국어 교사가 편의점에서 구타당하는 일까지 벌어졌지요."

길 선생은 인상을 썼다.

"어쩌다 대만이 한국과의 관계가 좋지 않을 때면, 저는 되도록 공공장소에서 한국어로 말하거나 불필요하게 다투는 것을 피해요."

"외출할 때 특별히 주의하나요?"

"사실 그렇게까지 신중하지 않아도 돼요. 그 사건이 터졌을 때 저도 화가났지만, 대만인도 그때만 격렬하게 반응할 뿐이에요. 하루 이틀 지나면 괜찮아져요."

"대만의 반한 분위기가 항상 있을 거라 생각하세요?"

길 선생은 천천히 고개를 끄덕였다.

"예. 왜냐하면, 첫째, 한국이 대만과 단교되었다는 사실을 잊지 않고 있거든요. 둘째, 전에는 대만의 경제가 한국에 비해서 좋았지만, 이제는 한국이 대만을 앞질렀죠. 그래서 반한 정서는 당분간 지속될 것 같아요."

나는 궁금했다.

"그렇다면 이런 상황은 그저 젊은이 사이에서만 발생한다고 생각하세요? 대만의 장년 세대는 이런 반응이 없었나요?"

길 선생이 답했다.

"있었어요. 청년 세대가 그러한데 중장년 세대에도 있겠지요. 왜냐하면

---

9) 2010 광저우 아시안게임 태권도 경기에서, 양슈쥔(楊淑君) 대만 대표선수가 경기 종료 12초를 앞두고 전자호구 문제로 실격패를 당한 사건을 말하는 것이다. 당시 이 사건으로, 대만인 사이에서 반한 및 혐한 감정이 고조되었다고 한다.(위키피디아 참고)

기성세대의 적잖은 사람들은 일본을 좋아하지, 한국에 대해선 좋은 인상이랄 게 없으니까요. 아는 언니가 대만에서 공부할 때, 어떤 교수가 면전에서 이렇게 말했대요. '난 한국인이 싫으니까, 내 수업에 오지 말라'고요."

나는 입을 다물지 못했다.

"아니 무슨 그런 말을? 그 정도면 인권침해 아닌가요?"

길 선생은 어쩔 수 없다는 표정이었다.

"그 교수는 일본을 좋아하는 대만인이어서 방법이 없네요."

반한 정서의 최고봉: 운동경기에서 "한국을 이기고 싶다!"

내가 대만인의 반한 정서에 대해서 길 선생의 생각과 경험을 나눈 뒤, 그 후의 인터뷰에서도 적지 않은 대만인 사이에서 반한 정서가 증가함을 확인했다. TV와 미디어 등에서 양국의 이데올로기를 좌지우지한 사례가 점점 증가하기도 했다. 그런데 이런 게 가장 자주 드러나는 것은 양국의 운동경기에서였다. 특히 대만에서 국기로 간주하는 야구 시합에서 양국 간에 마찰이 있다는 소식이 끊임없이 나오고 있다.

사실 대만인의 한국에 대한 '원한'은 경제에서의 경쟁 외에도 스포츠 경기에서도 확인할 수 있다. 2013 월드베이스볼클래식에서 대만은 4대 공동개최국 중 하나였다.[10] 타이중국제야구장에도 전 세계 대표선수들이 모였다. 그들은 도쿄에서 치르는 본선 2라운드 진출 티켓을 놓고 조별리그 경기를 치렀다. 이때 전통의 라이벌인 대만과 한국 대표팀이 맞붙었다. 대만은 7회에 이르기까지 2섬 차로 한국을 앞질렀다. 하지만 8회 말에 쓰라린 홈런을 맞고 끝내 역전패를 당했다. 최종 스코어는 3:2였다.

대만 대표팀은 '팀 퀄리티 밸런스(Team Quality Balance)'[11]에서 한국에

---

10) 2013 월드 베이스볼 클래식은 미국·일본·대만·푸에르토리코가 공동으로 개최했다. 그리고 대만 대표팀은 한국·네덜란드·호주와 같은 조에 들어가서 본선 1라운드를 진행했다.

앞선 덕분에 8강 진출에 성공했다. 하지만 결과가 나온 뒤, 대만의 야구팬들은 인터넷상에서 탄식을 쏟아냈다. 당시 구기 종목 해설자인 쉬잔위안(徐展元)은 눈물을 흘리기도 했다. 심지어 "한국을 이기고 싶구나!"라고 소리 지른 인기 록밴드 우위에톈(五月天)[12]의 멤버인 마사(瑪莎, 본명 차이셴옌(蔡昇晏))는 페이스북에 〈너를 잃으면 세상을 얻은들 무슨 소용이 있겠어(輸了你贏了世界又如何)〉[13]를 업로드했고, 네티즌은 '좋아요'와 댓글을 남기면서 반향을 일으키기도 했다.

이러한 사례로부터 알 수 있듯이, 대만인은 한국 야구 대표팀에 특별한 감정을 품고 있다. 결승전에 진출할 수 있든 없든, 한국 팀은 이기려 하는 것이다. 이런 현상은 하루 이틀 만에 생성된 것이 아니라 시간이 지나면서 점차 누적된 것이다. 이렇게 대만에서 반한 혹은 혐한 인사들이 갈수록 많아졌다. 한국인을 공격하는 문구들과 신문 기사가 대만 사회에서 적잖이 출현하기까지도 했다.

파마머리를 하고 검은 뿔테 안경을 쓴 '태형'이 나에게 다가오면서 한국어로 깍듯하게 말했다.

"기다리게 해서 죄송해요."

"별말씀을요. 앉으세요."

점잖은 낯빛을 한 태형이 배낭을 내려놓았다. 그는 용모를 단정히 하고 나서 나를 위해 준비한 인터뷰 원고를 읽는 한편으로 정리된 자기 생각에 잠긴 듯했다. 정치대학에 재학 중인 그는 이미 한국에서 2년 동안 군대를 다녀와서 그런지 소년티를 벗지 못한 일반적인 대만 대학생의 모습과는 완전히 달랐다.

---

11) 월드베이스볼클래식에서 도입된 규칙으로, 이닝당 점수 득실 차로 팀의 승패 및 다음 라운드 진출 팀을 가린다.
12) 1997년에 결성해서 1999년에 데뷔한 대만의 록밴드.(위키피디아 참고)
13) 대만의 남성 듀엣가수인 우쿨렐레(Ukulele, 優客李林)가 1994년에 발매한 〈사랑을 지켜라(捍衛愛情)〉에 수록된 노래.(바이두 참고)

내가 대만의 야구 대표팀을 아는지 그에게 물었다. 태형은 손을 내저으며 약간 흥분한 채 말했다.

"물론이죠. 기억나세요? 2013년 월드베이스볼클래식에서 대만 대 한국의 경기 말이에요. 제가 직관했어요."

"아, 그때 정말 위험하지 않았어요? 안 좋은 일은 없었나요?"

태형은 얼굴을 찡그렸다. 그는 대만인 관중들이 한국인을 향해 온갖 욕설을 내뱉고 폭력으로 위협했다고도 했다. 물론 그가 혼자는 아니었다고 했다. 당시 현장의 일촉즉발(一觸卽發)의 긴장감을 생생하게 느낄 수 있었다.

"대만인 관중들은 우리에게 갖은 욕을 퍼부었어요. 물론 우리도 받아쳤어요. 매우 자극적이었어요. 아직도 그 느낌이 서늘해요."

나는 놀랐다.

"거의 모두가 대만인이었는데, 폭행이라도 당할지 모른다는 게 무섭진 않았어요?"

그는 당연하다는 표정을 지었다.

"물론 두려웠지요. 하지만 별다른 방법이 없었어요."

태형이 어깨를 으쓱거리며, 대만인의 이러한 반응을 이해할 수 있다고 했다. 그는 한국에서도 이런 상황이 발생할 수 있다면서 더 극단적일지는 모르겠다고 했다.

나는 태형의 경험을 듣고 한국인의 뜨거운 민족성을 확실하게 느꼈다. 상대방의 근거지에서 감히 상대방과 거친 신경전을 벌이다니. 참으로 대담하다고 생각했다. 만약 한국에서 동일한 상황이 벌어진다면, 나는 아마도 집안에서만 소리쳤을 것이나. 한국인으로 가득 찬 스포츠 경기상에 간다면 나는 대만 대표팀 팬으로서 고성 한 번 제대로 지르지 못했을 것이다.

2 대만인은 술을 많이 마시지 못한다고? 술을 좋아하는 한국인이 술을 즐기지 않는 대만인과 만나다

천장에 매달린 박스 속에서 무지갯빛을 발하는 장식 등이 끊임없이 돌아가고, 탁자 위에는 맥주잔이 가지런히 놓여 있었다. 잔 위에는 젓가락이 각각 올려져 있고 그 위에는 소주잔이 놓여 있었다. 영화 속 남자 주인공이 소파에 앉아 맞은편에 앉은 상사를 향해 힘찬 목소리로 "충성"이라 외치며 이마를 직접 탁자에 박았다. 탁자가 흔들리자 맥주잔 속으로 소주잔이 떨어졌다. 이렇게 한국 특유의 혼합주인 '소맥'이 완성되었다.

이것은 어느 한국 영화의 한 장면이다.14) 적지 않은 한국 영화와 TV 드라마 속에서 남녀 주인공이 치맥을 배달해 먹거나 다양한 포장마차와 바에서 술 마시는 장면을 볼 수 있다. 남성끼리 말고 한국 여성들도 삼삼오오 삼겹살에 소맥을 즐긴다.

〈부당거래〉에서 폭탄주를 만드는 장면. 저자가 말한 '충성주' 대신 다른 방식으로 소맥 폭탄주를 만든다. 이 장면은 맥주병을 흔들어 탄산 가스의 압력으로 맥주가 치솟게 하는 모습이다. 병 입구를 막고 있던 엄지를 살짝 열어 뿜어져 나오는 맥주를 소주가 담긴 잔에 섞으면서 폭탄주를 만든다.

---

14) 원문에는 〈부당거래〉(2010)의 한 장면이라고 서술되어 있다. 그러나 해당 영화에는 위에서 언급된 내용이 없었다. 저자가 다른 영화를 착각한 듯하다.

동아시아 국가 중에서도, 특히 한국과 일본에는 다양한 음주문화가 있다. 직장인이라면 퇴근 후 회사에서 회식이 있으면 참가하는 것이 보통이다. 어떨 땐 업무상의 스트레스를 풀기 위해 포장마차15)나 이자카야에 들리기도 한다. 대륙의 중국인이 진한 백주(白酒, 배갈)를 좋아한다지만, 술 마시는 문화는 이 두 나라가 더욱 두드러졌다. 그들의 음주문화와 비교하면, 대만이라는 보물섬은 음주문화가 그렇게 보편적이지 않다.

대만과 한국의 음주문화 차이가 크다고? 한국인 왈 "대만인은 다들 술 안 마셔요."

대만의 음주문화는 한국과 대단히 차이가 크다. 특히 대만에 거주하는 한국인에게는 매우 낯설게 느껴진다. 대만에서 10년 가까이 거주한 길 선생은 이것을 주제로 한 인터뷰를 상당히 격렬한 반응을 보이며 수락했다.

"맞아요! 대만인은 다들 술 안 마셔요! 아니면 한두 잔만 마셔서 사는 게 정말이지 참으로 건강하답니다."

길 선생이 농담하듯 말하면서 웃었다.

"저 때는 대만의 술값이 한국보다 비싸다고 느꼈어요. 그래서 학생이라면 술 마시기가 어렵다고 생각했어요. 대만의 학생들은 그저 편의점에서나 술을 살 수 있었지요. 동창을 만나 술 한잔하면서 이야기를 나눌 수 있는 가게도 없었어요. 제가 사회생활을 처음 할 때도 좀처럼 변한 게 없었어요."

질문하기 전부터 길 선생이 이렇게 반응할 거라고 예상했다. 나 역시 여러 가시 경험을 이야기하면서 길 선생과 내화를 이어 나갔다.

"저도요, 제가 한국에서 1년 동안 신촌에서 살았어요. 선생도 알겠지만,

---

15) 한국의 '포장마차'는 일본의 노상 이자카야와 비슷하다. 떡볶이와 튀김 혹은 동물 내장 등과 같이 약간의 간단한 음식을 판다. 한국의 어디든 길거리에서 흔히 볼 수 있는 작은 노점상이다. 한국인은 대체로, 퇴근 후 친한 친구 서너 명과 함께 나무 의자에 앉아 간단한 음식에 소주를 곁들이면서 담소 나누기를 즐긴다.(원문 주)

그 부근에 대학이 매우 많아서, 대학생들이 술 마시며 잡담하는 걸 어렵지 않게 볼 수 있었죠. 이따금 여학생이 삼삼오오 술 마시며 수다 떠는 모습도 볼 수 있었는데, 대만에선 보기 드문 장면이었어요."

길 선생은 한 마디 더했다.

"한국에서는 모여서 함께 술 마시는 모습을 쉽게 볼 수 있어요. 한국 소주한 병이 편의점에서 대만 돈으로 대충 50위안(한국에서는 1,000~2,000원)16)도안 될 거예요. 게다가 소주는 알코올 농도가 20% 전후여서 일반인이라면 두병 정도 마시면 인사불성이 되기 십상이지요."

대만에서 거주한 지 오래된 한국인이라면 시간이 지나야 대만과 한국의음주문화의 차이에 익숙해질 것이다. 한편으로 학업 또는 단기 워킹홀리데이를 하러 오는 학생이라면, 양국의 음주문화 차이에 대해 충격을 크게 받았을 것이다.

"대만인들은 술을 잘 안 마셔요!"

1년간 단기 워킹홀리데이를 하러 온 '정민'이 과장된 표정으로 말했다.

"남학생은 한두 병만 마시고요, 여학생은 거의 안 마셔요. 한국과 비교하면 너무나 달랐어요."

대만 사회에서 술 마시는 행위는 보통 '좋아하지 않음'이나 '(교제나 접대등) 부득이한 일로 마심'으로 분류될 수 있다. 한국에서는 폭음이 부정적인행위로 여겨지긴 해도, 사회적 측면에서는 음주에 대한 포용력이 상대적으로 더 컸다. 경우에 따라선 남자다움의 상징으로 분류될 수 있음에도 한국에서는 남녀 상관없이 음주를 즐긴다.

대만예술대학 석사과정에 있는 '이보란'은 음주와 관련해서 주저함이 없었다.

"맞아요. 저도 술을 좋아하는 사람이라서 크게 놀랐어요. 대만인의 음주

---

16) 이 책이 발간된 해인 2018년 평균 환율(1TWD=36.55KRW)로 보면, 50위안은 한화로 약 1,828원에 해당한다.

문화가 보수적이라서요"

이보란이 술 좋아한다는 걸 숨김없이 말했을 때, 대만과 한국의 음주문화에 대한 차이가 뚜렷하게 보였다.

대만에서 이처럼 술 마시기를 좋아한다고 솔직하게 말한 사람은 적다. 원래부터 과음을 좋아하는 사람이 많지 않은 걸 제외하고도, 상대방이 자신을 술고래로 분류하는 걸 무의식적으로 무서워하다시피 하기 때문에 함께 마셔줄 가능성은 거의 없다고 할 수 있다.

이보란도 내가 아는 한국인 중에서 술을 좋아하는 사람인데, 대만에선 어떻게 생활할 수 있을까?

"대만에서는 술 마실 수 있는 장소가 많지 않아요. 친구들과 편의점 앞에서 마셔요. 보통은 맥주를 마시는데, 돈이 없을 때는 고량주를 사서 과즙음료랑 섞어 마시기도 해요. 이러면 싸거든요."

한국 '회식' 문화: 직장 접대

여기 사람은 누구나 알다시피 대만에서 회사를 다닌다면 불시에 고객을 접대하면서 술을 마시게 될 수 있다. 그런데 한국 직장 생활 중의 '회식' 문화에 비하면 대만의 접대문화는 상대적으로 건전하다. 한국의 회사에서는 실적을 올리기 위해 고객을 상대로 음주 접대를 하거나 조직의 결속을 다지려고 퇴근 후에 식사 자리를 갖기도 한다.

회식은 보통 자리를 바꿔가면서 3차 정도까지 가는데, 때에 따라서는 5차까지 이어지기도 한다. 1차는 직원 모두가 음식점에서 먹고 마신다. 2차는 작은 술집에서 대화하며 술을 마시고, 3차는 포장마차에서 간단하게 먹는다. 4차에 이르면 모두 취하고, 그 후에 노래방(대만 가라오케와 비슷)으로 달려가서 한두 시간 노래를 부른다. 회식은 일반적으로 이쯤에서 끝난다. 하지만 아직도 덜 취한 사람은 5차를 향해 나아갈지도 모른다. 미친 듯이 춤추러 나이트클럽에 갔다가 이튿날 다시 회사에 출근하기도 한다. 이런 상황은 남녀가 따로 없다.

회식은 동료의 강렬한 압박 때문에 대단히 중요한 일(예를 들어 아기가 태어났던가, 아니면 가족이 병에 걸린 정도의 큰일)이 아니라면 웬만해선 참석을 거부할 수 없다. 그러지 않으면 어울리기를 꺼리는 괴상한 사람이라고 여겨지게 될 것이다.

대만에 다년간 거주했고 IT산업 관련 회사를 차린 '한두'는 대만과 한국, 양국의 회사의 음주 문화가 매우 다르다는 걸 느끼고 있었다.

"대만이 한국에 비해 적게 마신다고 해요. 하지만 다른 산업에서는 다른 상황을 볼 수 있을 겁니다. 대만의 IT산업 종사자들은 술을 즐기지 않아요. 하지만 만일 당신이 대만의 IT산업 종사자와 비즈니스 얘기를 한다면 술 좀 마실 준비를 해야 될 거예요. 대만 IT산업 종사자는 보통의 경우라면 당신과 밥을 먹는 김에 일 얘기를 하면서 술 좀 마시려고 할 거거든요. 그리고 나서 당신에게 이렇게 말할 겁니다. '저는 운전해야 해서 술 마시면 안 돼요'라고."

대만에서 학업을 마친 후 대만 회사에 취업한 '케니'도 내게, 대만에서 일하면 직장 동료와는 거의 술을 마시지 않고 고객을 접대할 때만 술을 마신다고 했다.

한국인의 애주 문화는 TV 드라마에서도 확인할 수 있다. 주류전문잡지인 《드링크 인터내셔널(Drinks International)》이 2012년에 낸 통계에 따르면, 세계 증류주 시장에서 한국 소주의 판매율이 1위였다. 하이트진로의 소주(진로·참이슬 등)가 매년 6,138만 상자의 매출 실적을 거둬 부동의 1위였다. 이는 2,470만 상자로 2위에 오른 스미노프(Smirnoff)의 보드카보다 훨씬 높은 수치였다. 심지어 한국의 롯데그룹에서 생산한 소주(처음처럼 등)가 2,390만 박스나 팔려 3위 자리를 차지했다. 이로써 한국인의 술에 대한 사랑을 알 수 있을 것이다.

"서먹한 당신과는 술 마시지 않는다." 대 "서먹하기 때문에 당신과 술을 많이 마신다."

대만과 한국의 음주문화는 하루 이틀 만에 형성된 것이 아니다. 세월이 쌓이면서 서서히 형성된 것이다. 특히 대만인과 한국인의 음주 태도는 매우 달랐다. 대만의 사회 현상을 오랜 기간 지켜본 한국의 노(盧) 기자가 이렇게 말한 적이 있다.

"사실 대만에서 좋은 친구 사귀기가 매우 어려워요. 좋게 말하면 대만의 남학생은 온화하고, 나쁘게 말하면 매우 냉담해요. 대만의 음주문화가 한국과 매우 다르기 때문에 대만의 남학생과 친하게 지내는 게 정말 어려웠습니다. 대만인과 술 마실 때 보통은 1차 때부터 즐겁게 마시지는 않거든요. 몇 번 마신 후에야 서로에게 익숙해지지요."

내가 선뜻 이해하지 못하자 노 기자가 추가 설명을 했다.

"전혀 모르거나 친분이 없는 사람과 술을 마셔야 할 때, 대만인의 경우 비교적 유사한 태도를 보입니다. '내가 당신과 서먹해서 술은 함께 마시지 않는다'는 것이죠. 반면에 한국인이라면 '내가 당신과 서먹하기 때문에 우리가 좀 더 알기 위해서 술 좀 마셔야 한다'라고 할 수 있어요. 이 둘은 전혀 다른 음주문화라고 할 수 있지요."

내가 한국에서 일할 때 알고 지낸 한국인은, 한국인이 술 마시기를 좋아하는 것은 그들이 술을 인간관계를 촉진시키는 '수단'으로 간주하기 때문이라고 했다. 수줍어서 말수가 적은 사람은 술 한 잔 마신 후에라야 대화를 편히 나눈다. 한국인은 집단생활을 매우 숭시한다. 따라서 회사조직이나 단체 안에서의 관계가 좋고 조화로운 것이 매우 중요하다. 언짢거나 괴로운 일이 발생해도 그들은 술을 함께 마시면서 속내를 털어놓는다. 따라서 술을 즐겨하지 않는 사람이라면 함께 지내기 어렵다고 여겨져서, 그룹에 융화되지 못할 수도 있다.

나라마다 독특한 음주 또는 음식 문화에 대한 호불호의 구분은 없을 것이다. 이 같은 의제와 관련해서, 술을 좋아하는 한국인이나 상대적으로 보수적인 대만인 모두 자신만의 원인이 있다. 작게는 개인의 선택 때문에, 크게는 국가 또는 민족의 역사적 사연 때문에 저마다의 음주문화를 발전시킨 데 그 원인이 있다.

술을 좋아하는 문화와 그렇지 않은 문화는, 또한 양국의 다른 면모를 드러내게 했다. 내가 서울의 신촌에서 생활할 때였다. 그 지역은 대학가여서 많은 젊은이들이 저녁에 한데 모여 술을 마셨다. 나는 아침 출근길에, 밤새 고주망태가 된 채 길 한쪽에 쓰러져 있는 남녀를 보기도 했다. 보기 좋은 풍경은 아니었다.

게다가 일반인은 물론이고 유명인도 음주운전 단속에 걸렸다는 뉴스도 끊이지 않았다. 한국 정부도 음주문화가 널리 퍼져 있음을 알기 때문에 음주운전에 부과하는 과태료와 처벌 수준이 높은 나라에 속한다. 한국 원화로 수백만 원의 벌금을 부과하거나 운전 면허를 취소시키는 것 외에도 '살인죄와 동일시'해서 10년 이상의 징역형을 선고하기도 한다. 한편으로 음주운전에 대한 처벌이 무거워졌기 때문에 '대리운전' 문화가 발전했다. 이렇게 술이라면 사족을 못 쓰는 아가씨와 아저씨들이 거리낌 없이 술 마신 뒤에 평안히 집으로 돌아간다.

3 한국의 뿌리 깊은 반일 정서
- '대만인은 왜 이렇게 일본을 좋아하는가?'

"대만은 왜 이렇게 일본을 좋아해요? 대만도 일본의 식민 지배를 받지 않았나요?"

이것은 내가 한국에서 생활할 때 많이 받은 질문 중의 하나였다. 특히 내가 속한 NGO인 참여연대는 한국 정치의 스펙트럼에서 진보좌파에 속한 조직이다. 이 단체는 한국이 겪은 일제 강점기 때의 '친일파'에 대해 무척 큰 반감을 갖고 있다. 이 때문에 그들은 대만의 일반적인 친일 태도를 이해하지 못했다.

다른 한편으로, 내가 한국에 가기 전에 일찍이 한국인의 반일 정서에 대해 들어서 알고 있었지만, 그와 관련된 심도 있는 연구가 없었기 때문에 그 까닭을 알지 못했다. 그 후 몇 차례 그 증거를 직접 눈으로 확인하고서야 한국의 반일 정서가 뿌리 깊다는 걸 깨달았다.

『친일인명사전』, 한국 사회에서 누가 친일파인가?

'명호'와 '나라'와 '송혜', 이 세 사람은 내가 참여연대에서 일하기 전부터 인턴십에 참여한 대학생이었다. 매년 겨울 방학이 끝날 무렵, 스무 명 내외의 학생이 인턴십에 참여했다. 우리는 그들의 관심사에 따라 조를 나눈 후에 그들이 계획한 1차 시민행동을 진행했다(예를 들면 정책청원·연대 서명 등). 당시 그들이 준비한 계획은 일정 수의 시민들의 연대 서명을 받아 전국 각지의 공공도서관이 『친일인명사전』[17] 총서를 구매하도록 요구하는 것이었다. 그

---

17) 한국의 NGO인 민족문제연구소가 2009년에 『친일인명사전』을 출판했다. 사전은 총 3권으로 구성되었는데, 군사·정치·상업과 예술 및 문화 등 여러 분야의 친일 인사 4,389명의 성명 및 그들의

결과로 전 국민이 한국 사회에서 누가 친일파인가를 더욱 뚜렷하게 알 수 있게 하자는 것이었다.

세 명의 열혈 청년과 나는 대만과 한국 두 나라 민중이 일제 강점기에 대해 보인 태도와 인식을 놓고 서로 의견을 나누기도 했다. 그들은 일본의 식민 지배를 당한 대만이 상당히 친일적이란 얘기를 전혀 믿지 못했다. 게다가 한동안 그들은 내가 농담하고 있다고 의심하기까지 했다. 나는 대만이 그렇게 된 역사적 원인을 설명했다. 하지만 그들은 이해하면서도 아리송하다는 표정을 지었다. 그들 마음속의 의문부호는 좀처럼 사라지지 않을 것이었다.

양국의 장기정책 태도가 민의를 이끌다

적잖은 사람들이 대만과 한국의 역사적 배경이 비슷하다고 말한다. 두 나라 모두 일본 제국주의로부터 식민 지배를 당했으며, 냉전기에는 공산주의 세력에 맞서는 서태평양의 열도포위망에 속해 있었다. 게다가 미군이 주둔했음에도(한국엔 아직도 미군이 주둔하고 있다), 양국의 발전과 사회문화에는 많은 차이가 나타난다. 더욱이 일제 강점기를 인식하는 한국과 대만 사회의 태도는 각각 스펙트럼의 양 끝에 있다고 해도 지나치지 않을 정도로, 전혀 달랐다.

한국 정부는 2005년 12월 8일 「친일반민족행위자 재산의 국가귀속에 관한 특별법」을 통과시키고, 같은 해 '친일반민족행위자 재산조사위원회'도 설치했다. 이어 1904년부터 1945년 제2차 세계대전 종결 이후까지의 친일파를 파악하고, 그들의 성명과 모든 행위를 공개하여 역사적 사실을 양지로 드러내 검증을 했다.

이와 대조적으로 대만 정부는 너그러울 정도로, 이른바 '친일파'라는 용

'반민족행위'를 포함시켰다. 서울시에선 2015년부터 서울의 중학교 도서관마다 『친일인명사전』을 비치하기 시작했다.(원문 주)

어도 구사하지 않았다. 오히려 대만의 많은 사람이 당시에 받아들인 일본 교육을 자랑스럽게 여겼다. 게다가 대만 정부의 교육 방침은, 일본의 핫타 요이치(八田與一, 1886~1942)[18]가 자난다전(嘉南大圳)[19] 등을 세운 것을 예로 들면서, 대만인으로 하여금 비교적 긍정적인 태도를 갖고 일본에 대한 인상에 차별을 두지 않게 했다. 당연히 이것은 국민당 정권이 대만을 접수한 이후의 상황과 직접적인 관계가 있다. 이상의 내용을 짧게 정리하면, 대만 사회는 일제 강점기에 대해서 한국만큼 부정적이지 않다.

이를 통해서 알 수 있듯이, 정부의 교육 정책은 사회적 반일 혹은 친일에 대한 영향력이 매우 크다. 한국인이 일제 강점기를 통탄해하는 것은 역사적·감정적 요소 외에도 한국의 국민 교육도 직접적인 원인이다. 한국은 일제 강점기에 관한 묘사에서 상당한 정도로 한국인을 피해자로 설정하는 데 집중했다. 역사적 사실이지만 일제 강점기에 세워진 것도 교육 내용 속에 균형 있게 포함시키지 않았다. 이외에도 한국 정부는 국민이 일본 문화의 영향을 받는 걸 두려워했다. 일본 문화가 한국에 진입하는 경로를 단절하는 데 집중해서 상대적으로 당시 한국 국민의 선택할 자유를 박탈하기도 했다.

한국은 일본 문화의 수입을 단절시켰다

한국은 제2차 세계대전이 끝나고 공식적으로는 일본 제국주의의 식민 통치로부터 벗어났지만, 곳곳에는 여전히 일제 강점기의 건축물과 영향력이 사라지지 않고 있었다. 이에 한국 정부는 '몸과 마음과 영혼(心·身·靈)'을 일본 제국주의로부터 벗어나게 하려는 정책을 폈다. 그중 가장 두드러진 것

---

18) 대만총독부 소속의 토목기사였으며, 자난다전과 우산토우(烏山頭) 댐 등의 건설을 주도해서 대만 남서부 지역의 농업 발전에 기여했다.('デジタル大辞泉', 小學館, 네이버 참고)
19) 일본이 대만을 식민지로 지배할 때, 자이현(嘉義縣)과 타이난시(臺南市)가 있는 지역에서 시행된 수리사업의 일환으로 건설된 용수관리 시스템이다. 1920년에 착공해서 1934년에 완공되었으며, 대만 정부가 2009년부터 문화재로 지정했다.(위키피디아 참고)

이 일본 문화의 수입을 금지하는 것이었다.

현재 한류의 해외 수출이 아시아에 영향을 미치고 있다. 한국은 문화가 곧 국력임을 잘 아는 만큼, 일본 문화라는 '해로운 독'을 받아들이지 않게 했다. 이를 위해 한국 정부는 일본과 관련된 모든 문화상품의 국내 유입을 금지했고, 영화·서적·방송 프로그램 등 소프트 파워의 영향력을 차단했다.

1965년 한일 수교 이래, 양국의 정치적·상업적 왕래는 빈번해졌다. 하지만 한국은 일본 문화와 관련된 것들에 대해서는 교류를 허용하지 않았다. 이 때문에 당시의 한국인은 일본 문화의 발전에 대해서 아는 바가 거의 없다시피 했다. 한번은 나와 운동을 함께 하는 동료가 무심코 이렇게 말한 적이 있었다. 〈슬램덩크〉와 〈드래곤볼〉[20] 같은 만화가 한국인의 작품이 아니라 일본인의 작품이었음을 최근에 알게 되었다는 것이다(그는 이렇게 '잔인한' 사실을 한동안 부정하기도 했다).

이와는 반대로 대만은 일본 문화의 수입을 마다하지 않았다. 심지어 '일본에 열광하는' 경향도 상당했다. 특히 초창기에 대만 사회는 일본 드라마에 도취하고, 일본 음악을 듣고, 일본 전자오락기로 게임을 하는 등, 일본 문화의 영향을 크게 받았다.

그 밖에 한국과 대만의 정부가 일제 강점기가 남긴 건축물을 어떻게 대했는가에 있어서도 양국의 태도가 얼마나 상반되는지 알 수 있다. 대만의 총통부는 일제 강점기 시기의 총독부 건물을 사용하고 국가사적으로 인정하고 있다.

반면에 한국의 경우에는 일제 강점기에 축조된 조선총독부 건물이 김영삼(1928~2015, 제14대, 재임 1993~1998) 정부에 의해서 1995년 '식민지 시대의 상징을 청산한다'는 명분으로 철거되었다. 조선총독부 건물은 경복궁과 광화

---

20) 〈슬램덩크〉는 이노우에 다케히코(井三雄彦)가 1990~1996년에 걸쳐서, 〈드래곤볼〉은 토리야마 아키라(鳥山明, 1955~2024)가 1984~1995년에 걸쳐 연재했다. 둘 다 《주간소년점프(週刊少年ジャンプ)》를 통해 연재되었다.(나무위키 참고)

문 사이에 지어졌다. 당시 일본은 독일의 저명한 건축사 게오르크 데 랄란데 (Georg de Lalande, 1872~1914)[21]에게 설계를 의뢰해서 상당히 웅장한 미관으로 건설했다. 그러나 이를 한국 사회가 국치(國恥)라 여기고 해체했다. 다만 꼭대기 첨탑의 일부분은 서울 근교의 독립기념관에 보존되었다.

이외에도 한국의 시민사회와 정부는 일제 강점기의 강제 징용과 위안부에 대한 역사적 기억과 도서 지역 영토 분쟁에 대해서도 적극적으로 행동한다. 이 또한 한국 정부가 민중에게 일본이 '끊임없이 한국을 압박한다'라고 상기시키는 방식의 하나이다.

독도 문제와 위안부 논쟁

서울 하늘에 눈보라가 잔뜩 흩날렸다. 동료들은 플래카드와 확성기, 양초 같은 시위에 필요한 도구를 차에 가득 실었다. 그들은 친구들에게 전화를 걸거나 문자를 쉼 없이 보내, 시민과 함께하자고 호소했다. 집회 계획은 오래전에 마련되었다. 주한 일본대사관 앞에서 위안부소녀상 제막식을 하려는 계획이었다.

우리가 현장에 도착해 보니, 일찌감치 모인 시위 군중이 일본대사관 바깥을 가득 메우고 있었다. 시위에 참여한 민간인 조직과는 긴밀하게 연락하고 있었다. 인사를 나눈 뒤, 각자 만들어 온 항의 도구를 꺼내 들고 우리는 위안부에 대한 올바른 태도를 요구하는 시위를 정식으로 시작하였다.

이것은 2011년 연말 한국의 서울 일본대사관 앞에 위안부소녀상을 세웠을 때의 상황이다. 그 후 나도 한국의 수많은 시민단체와 접촉하고 토론했다. 그들은 일본이 위안부를 대하는 태도를 혐오했다.

한편 한국과 대만은 모두 일본과 해양에서 영토 분쟁을 벌이고 있다. 한국과 일본 간에는 독도(일본은 다케시마라 칭함) 문제가 있다면, 대만과 일본 간

---

21) 원문에는 이름이 언급되어 있지 않다. 위키피디아를 통해 그의 신원을 확인하고 본문에 기술하였다.

에는 조어대 열도(일본은 센카쿠 제도(尖閣諸島)라 칭함) 문제가 있다. 이 같은 도서 지역 문제는 한국과 대만과 일본, 이 세 나라의 민족주의자들이 혈안이 되어 다투는 이슈이다. 이 문제는 현재까지도 여전히 풀지 못한 상태이다.

동도와 서도로 이루어진 독도

　한국의 이명박 대통령은 임기가 얼마 남지 않았을 때, 한국이 실효 지배하던 독도를 방문했다. 그는 일본을 향해 주권을 표명했다. 당시 이런 행보 때문에 일본 정부는 주한대사를 소환하는 한편, 주일한국대사에게 강하게 항의했다. 이명박은 대통령으로서는 독도에 처음 발을 디딘 대통령이 되었다. 그 결과 대통령 지지율은 올라갔다. 당시 이명박에 대한 지지율은 바닥을 기고 있었다(보수나 진보 할 것 없이 모두 똑같았다). 물론 한국인은 그의 행동이 자신에 대한 지지율을 끌어올리기 위한 제스처라는 것을 알고 있었다. 하지만 한국인들은 국민이라면 모두 국가의 존엄을 위해서 외부에 맞서 단결해야 한다고 여겼다.

　그렇다면 대만의 경우는 어떠한가? 대만의 정부와 사회는 이 같은 이슈

2015년 학생의 날(일제강점기 때 일어난 광주학생운동을 기리는 11월 3일) 서울 중구 정동 프란치스코 교육회관 앞에 세워진 '평화의 소녀상'. 이 화여고 여고생들이 일본군 '위안부' 문제를 생각해 볼 수 있도록 '작은 소녀상'을 세우자며 시작한 '우리 학교 작은 소녀상 건립운동'이 마침내 2017년에 마무리되면서 전국의 고등학교 96곳과 중학교 3곳, 초등학교 1곳에 '작은 소녀상'이 교정에 설치되었다. 기존 소녀상은 의자에 앉아 있지만, 이 소녀상은 미래를 향해 나아가자는 뜻에서 두 다리로 굳세게 서 있는 모습으로 조형되었다.

에 대해서 어떤 태도를 보일까? 한국과 반대로, 대만은 위안부 문제에 대한 조건이 전혀 다를까? 예를 들면 '개정판 역사 교과서 편집 강령 반대운동(反課網運動)'[22]에서는 '위안부가 반드시 비자발적이었다고 할 수 없다'라는 주장이 등장했다. 그 후에 참가자들은 발언의 부적절함을 깨닫고 곧바로 사과했다. 하지만 대대적인 선전이든 언론의 왜곡이든 간에 대만과 한국의 차이를 확인할 수 있다. 대만에서는 일제 강점기 때 벌어진 모든 행위에 관한 토론이 허용된다.

이외에도 대만은 조어대 문제를 담당하는 행정 부서가 없다(일본이 실효 지배하고 있다). 따라서 대만 총통은 한국의 이명박처럼 조어대에 발을 내디디면 난처한 상황이 펼쳐질 것이다. 대만 정부와 민간 사회의 태도는 한 발짝도 양보하지 않는 한국과는 매우 다르다. 예를 들면, 대만의 제8·9대 총통 리덩후이(李登輝, 1923~2020, 재임 1988~2000)[23]가

---

22) 2015년 8월 출시 예정으로 진행되었던 고등학교 역사 교과서 편집을 둘러싸고 벌어진 운동이다. '국민당 철권통치의 정당성' 및 '하나의 중국'을 강조하고, '일제에 대한 비판적 시각'이 담긴 편집 강령이 문제의 발단이 되었다. 대만 독립과 통일에 대한 의견이 분분하고, 일본에 온정적인 태도를 보이는 사회적 분위기 속에서 '하나의 중국'과 '반일 색채'가 크게 대중의 반발을 샀다. 당시 고등학생들이 대만 전역에 걸쳐서 항의 시위를 벌였다. 시위 결과, 해당 편집 강령은 최종적으로 폐기되었다.(양첸하오(楊虔豪), "정권 바뀔 때마다 교과서 난도질, 대만이 반면교사다", 《미디어오늘》, 2015. 11. 3. 기사 참고)

23) 리덩후이는 총통 재임기 때 대만에 실질적 민주주의를 정착시킨 점, 대만은 중국과 별개임을 적극적으로 주장한 점, 일본의 야스쿠니 신사를 참배할 정도로 친일 성향이 강했다는 점 등, 다양한 면모를 지닌 인물이었다.

조어대는 일본의 영토임을 표명하기도 했다. 이로써 대만의 경우에는 영토 분쟁 중이더라도 한국과 달리 일본에 대한 적개심으로 불타는 일이 없음을 알 수 있다.

한국인은 대만의 친일을 어떻게 보는가?

워킹홀리데이를 하러 대만에 온 몇몇 한국인도 그들이 가진 대만의 친일에 대한 생각을 들려줬다. 대만에서 만나 진행한 인터뷰에서 대만의 친일적 태도를 납득할 수 없다는 한국인도 적지 않았다. 그런데 대만인과 오랜 교류 후에 알게 된 것은 이런 데에는 그만한 이유가 있다는 것이었다. 대만에 오기 전 일본에서 1년간 워킹홀리데이를 갔던 강 양은, 대만의 지방에 머물렀을 때 자신이 아직도 일본에 있는 것 같은 착각을 했다고 했다. 이를 통해서 대만의 친일 성향이 어제오늘의 일이 아닌, 장기간에 걸쳐 형성된 사회적 정서임을 알게 되었다고 했다.

"사실 지금도 대만이 왜 친일적인지 이해가 안 돼요. 하지만 제가 뭐라 할수 있는 게 아니라는 건 알아요."

대만박물관연구소에서 석사학위 과정에 있는 한국인 학생 '이보란'이 말했다.

"제가 대학 교환학생으로 왔을 때, 대만이 이 정도로 친일 성향이 깊다는걸 알고 놀랐어요."

사실 당시에 한국에서 일할 때의 경험이나, 여러 분야의 한국인을 만났을 때를 가릴 것 없이, 그들 모두 대만이 친일적이란 것에 대해서 곤란해하고 있음을 느낄 수 있었다. 심지어 역사를 어느 정도 연구한 한국인도 자신의 반일 정서 때문에 대만의 친일적인 태도를 줏대 없다고 여기고, 이해할 수 없다고 느끼기도 했다.

4 대만 남녀는 한국과 비교해서 정말 평등한가?

2015년 크게 열린 국제연합총회(United Nations General Assembly)는 물론, 그 해 따로 개최된 세계여성지도자회의(Global Summit of Women)[24]에서도 독일 총리 메르켈(Merkel)[25], 아르헨티나 전 대통령 페르난데스(Fernández)[26], 그리고 브라질 대통령 호세프(Rousseff)[27] 등, 각국의 여성 정상들은 세계 각국 지도자들이 양성평등을 위해서 많은 노력을 해야 한다고 호소했다. 전 세계의 여성 국가지도자 거의 모두가 이 회의에 출석했다. 하지만 박근혜 당시 한국 대통령은 국제연합총회엔 참석했지만, 세계여성지도자회의에는 모습을 드러내지 않았다. 글쎄, 그는 더 중요한 회의에 참석했던 걸까?

과거 아시아 국가들은 남존여비적인 농업 사회에 속했다. 게다가 오랜 기간 봉건제 사회였기에 이들 지역에서는 인권 개념이 모호해서 양성평등의 개념이 뒤늦게 싹트기 시작했다(대만은 1947년, 한국은 1948년, 영국은 1918년에 여성 투표권이 부여되었다). 그런데 오늘날 한국 사회에서 남녀에 대한 태도가 좀 고쳐졌을까? 몇몇 한국인의 관점을 살펴보자!

---

24) 민간 주도의 국제 회의다. 전 세계 국가 지도자급 여성들과 주요 여성 인사, 여성 CEO 등이 참석한다. 지구촌 여성들이 직면한 공통의 문제들을 해결하자는 취지로 열린다. 2004년에는 서울에서 개최된 바 있다.

25) 앙겔라 메르켈(Angela Dorothea Merkel, 독일의 8대 총리, 재임 2005~2021)은 '독일 최초의 여성 총리'이자 '옛 동독 출신으로 처음 선출된 총리'라는 타이틀을 가지고 있다.

26) 크리스티나 페르난데스 데 키르치네르(Christina Fernández de Kirchner)는 아르헨티나의 제44·45대 대통령(재임 2007~2015), 제37대 부통령(재임 2019~2023)을 역임했다.

27) 지우마 호세프(Dilma Vana Rousseff)는 브라질의 36대 대통령(재임 2011~2016)이다. 그녀는 한국의 전 대통령 박근혜와 마찬가지로, '최초의 여성 대통령' 및 '처음으로 탄핵된 대통령'이라는 별칭을 가지고 있다.

대만 남학생이 마음에 든다고?

곱슬머리의 '태형'은 웃는 얼굴이 마치 한국 TV 드라마에서 볼 법한 따사로운 훈남 캐릭터 같았다. 그 역시 다른 해외 유학생처럼 자신의 해외 견문을 대만에 관심 있는 한국의 여러 사람과 나누길 바랐다.

블로그나 개인 홈페이지의 경우, 보통은 운영자의 일상생활을 재미있게 풀어내야 인기가 높다. 그 외에 대만인과 한국인이 소통할 때 생기는, 이른바 케미가 드러나야 인기가 높다. 남녀 간의 교류가 궁금증을 유발하는 것이다.

태형은 예전에 대만 출신 여자 친구와 사귄 적이 있다. 그 때문인지 그는 한국과 대만 양국의 남녀관계 차이를 느꼈다고 했다. 그가 검은 뿔테안경을 치켜올리며 말했다.

"제 생각에 대만 남학생이 여학생에게 비교적 친근하게 행동한다고 느꼈어요. 그 때문인지 제가 대만 여학생과 교류할 때, 계속 어색해서 친해지긴 쉽지 않았어요. 이게 대만에서 여자 친구를 사귈 때와 한국에서 여자 친구를 사귈 때 가장 다른 점이라고 생각해요."

"정말요? 대만 남자인 저는 자랑스러워해도 되겠네요."

태형은 웃었다.

"제 생각에 대만과 한국의 상황이 좀 다른 것 같아요. 한국에선 남자가 일 끝내고 집에 돌아가면, 집안일은 모두 여자가 하고 있어요. 그런데 대만에선 제가 받은 느낌이 매우 달랐어요. 비교적 평등하다는 느낌이 강했어요. 남자가 집안일을 해서 특별한 느낌이었죠."

사실 한국의 적잖은 TV 드라마나 영화에 등장하는 사내대장부는 여러 가지 상징으로 볼 수 있다. 이 같은 남성상은 남자의 기개로 해석되기도 한다. 게다가 한국은 유교문화 영향을 받았다. 그 예로, '군자원포주(君子遠庖廚)'[28]라는 관념이 철저하게 뿌리박혀 있다. 이와 관련해서, 인터넷 혹은 여러 글에

---

28) '군자는 부엌과 푸줏간을 멀리한다'는 뜻이다. 『맹자(孟子)』의 「양혜왕(梁惠王)」 편에 나온다.

서도 한국의 남성우월주의적인 경향을 따지는 열띤 논쟁의 현장을 어렵지 않게 찾아볼 수 있다.

내 생각에 한국인은 결혼하기 전에 남성이 여성에게 뜨겁게 구애한다(특히 신세대 한국 남성은 더욱). 그러나 두 사람이 결혼해서 가정을 꾸린 후에는 어릴 때부터 습관화된 관념으로 되돌아간다. 남성/남편이 바쁜 집안일을 소극적으로라도 도우면 그나마 다행이다. 심한 경우 그들은 집안에서 손에 물 한 방울 안 묻힌다는 것이다.

간단히 말해, 한국인은 '남자는 밖에 있고, 여자는 안에 있다'라는 생각을 당연시한다. 남성뿐만 아니라 여성까지도 이렇게 생각한다. '남자는 바깥'이라 하면, 많은 경우 남성이 용감하게 가정을 책임지는 태도라고 여길 것이다. 그리고 여성 쪽에서도 자신은 보호받는다고 여기면서 이런 역할 배치를 받아들일 것이다.

한국 TV 드라마의 한 장면이다. 남자가 여자에게 직장을 그만두라면서 이렇게 말한다.

"내가 책임지고 널 먹여 살릴게!"

이런 구애를 많은 여성이 원한다고 생각한다. 하지만 이런 현상을 사회나 직장에서 대수롭지 않게 여긴다면, 이를 통해서 한국의 남녀관계가 불평등하다는 걸 분명하게 확인할 수 있다.

남성은 계속해서 당신이 여자임을 깨닫게 할 것이다

싱텐궁(行天宮)역29) 부근의 민긴 택지지구로 향했다.
'이상하네, 영화 제작소가 아닌 것 같은데.'

---

29) 타이베이시 중산구(臺北市 中山區)에 위치한, 타이베이 급행 중허신루센(臺北捷運中和新蘆線)의 전철역이다. 이곳 근처에 있는 싱텐궁은 관우와 악비 등과 같은 전통 시대 중국의 영웅들을 모신 사당이다.(두산백과(네이버 지식백과) 참고)

나는 순간 당황했지만, 곧 어느 빌딩으로 들어갔다. 건장한 경비원에게 인사를 건넨 나는 주소지를 확인한 후에 엘리베이터를 탔다.

단발머리가 미소를 띠게 하는 한국계 미국인인 '다이앤'이 웃었다.

"오랜만이에요. 어서 오세요!"

다이앤은 문을 열고 들어선 나를 꼭 끌어안았다. 나는 그녀의 미국식 환대를 확실히 느꼈다. 다이앤은 한국에 장기간 머문 적이 없었고, 학생 시절 여름방학에 서울의 저명한 신문사에서 2개월 인턴 생활을 했을 뿐이었다. 그녀는 부모가 한국인이라 한국어가 유창했다.

나는 다른 친구를 통해서 그녀를 알게 되었다. 그녀는 유쾌했다. 게다가 그녀는 영화제작자이기 때문에 나는 그녀가 대만을 어떻게 보는지 관심이 생겼다. 말 몇 마디 나누고 나서 그녀를 내 인터뷰이 리스트에 넣기로 결정했다. 그녀가 한국계 미국인이라서 한국 사회의 상황에 대한 관점을 객관적으로 비교할 수 있을지도 모른다고 생각했다.

우리는 다이앤의 동료와도 인사를 건네고 난 후에 특집 인터뷰를 시작했다. 다이앤은 책상에 놓인 펜을 만지작거렸다. 머리를 숙인 채 잠시 내 질문에 대해서 생각한 끝에 유창한 영어로 말했다.

"맞아요. 제가 18살 때 한국 유명 신문사의 인턴이었어요. 그래서 한국의 전통적인 모습의 단면을 느꼈어요. 신문사 각 부서의 편집장은 전부 남자였는데, 예술과 문학부서만은 편집장이 여자였어요. 전 그곳이 보수적이라고 느꼈어요. 업무 환경에서 남녀가 불평등하단 느낌을 받았거든요."

"그럼, 대만에선 여자에 대한 남자의 태도가 한국과 다른가요?"

"낭연하죠! 전 개인적으로 대만 남자가 비교적 친근하다고 느꼈어요. 한국 남학생하고 함께 있을 때, 그들은 계속해서 '너는 여자'란 걸 일깨우다시피 했어요."

인터뷰를 하면서 이런 답변을 듣기는 처음이었다. 나는 곧바로 물었다.

"예를 들면?"

"그들은 저에게 몇 가지를 물어요. '이 문제에 대하여 여자로서 어떻게 생각해?'라는 식이죠. 직접적으로 묻지는 않아요. '다이앤, 저거 넌 어떻게 생각해?'라고 묻거나 '이거 여자가 할 일 아냐, 내가 할게.' 내지는 '와! 넌 이렇게나 잘해서 재미있어. 보통 여자는 이렇게 잘 못하는데.'라고 말해요. 전 이런 경험을 통해서, 그들이 무의식적으로 저를 여성으로 대할 뿐, 보통의 직장 동료로는 여기지 않는다는 생각을 갖게 되었어요."

나는 다이앤의 경험이 흥미로웠다. 나도 모르게 고개를 끄덕였다. 그녀는 내 모습을 보더니, 어쩌면 자신이 과장이라도 한 것은 아닌지 생각하는 것 같았다.

"다만 이 모든 것은 그저 저의 개인 경험이에요. 한국 남성 전부에 해당하는 것은 아닐 거예요."

사실 한국의 남녀가 불평등한 현상은 하루 이틀의 일이 아니다. 세계경제포럼(World Economic Forum)의 통계에 따르면, 2012년 한국의 성평등지수 순위는 135개 국가 중에서 108위였고, 2013년에는 111위로 떨어졌다. 이외에 2013년 경제협력개발기구(OECD, Organization for Economic Cooperation and Development)의 성별임금격차 보고에는 한국이 34개 국가 중에서 꼴찌로 나타났다. 마찬가지로 아시아의 일본은 뒤에서 세 번째였고, 서방의 여러 선진국에 크게 뒤처졌다.

그런데 한국·대만·일본 3국을 비교했을 때, UN개발계획(UNDP, UN Development Program)에서 2012년에 작성한 『인간개발보고서』에 따르면, 대만의 성평등지수는 세계 최상위인 네덜란드(0.045)의 뒤를 이어 2위(0.053)를 차지했다. 그리고 일본과 한국은 각각 22위(0.131)와 28위(0.153)로 나타나 대만과는 차이가 컸다.[30]

---

30) 세계경제포럼(WEF) 및 경제협력개발기구(OECD)의 보고는 대만을 포함하고 있지 않다. 그렇기 때문에 한·대·일 삼국을 비교했을 때, 대만을 연간보고서에 포함한 UN개발계획(UNDP)의 『2013 인간개발보고서(Human Development Report 2013)』의 데이터로 비교할 수 있다. 이 보고서는 임산부 사망률·미성년자 출산율·국회의원 비율·25세 이상 인구의 중등 이상 교육

대만 여자, 독립적이지만 여자다움이 모자란다고?

중샤오신성(忠孝新生)역31) 2번 출구에 도착했다. 햇살은 눈부셨다. 대만의 뜨거운 여름의 열기를 피해, 나무 그늘을 찾아서 더위를 식혔다. 멋있게 차려입은 여자가 경쾌한 발걸음으로 내게 다가왔다. 친구의 소개로 알게 되었기에 상대를 직접 본 적은 없었다. 그래서 긴가민가하는 표정으로 서로 쳐다봤다.

"아, 양즈창 기자님이에요?"

"네. 재원 씨인가요? 안녕하세요. 인터뷰에 응해줘서 감사합니다. 차 마시면서 이야기하시지요."

'재원'은 부산 출신이다. 그녀는 신혼이었고, 미국인 남편은 그녀와 함께 살기 위해 대만 회사에서 제시한 조건대로 이곳으로 이주했다. 재원은 이렇게 아무런 연고도 없는 이곳 대만에 와서 살게 되었다. 그녀의 남편은 컴퓨터 업계 종사자였고, 부부는 신주(新竹)과학단지 근처에서 생활했다. 그녀는 대만 사회에 깊숙이 안착하고 싶었다. 그래서 얼마 전부터 신주에서 한국어를 가르치기 시작했다. 이 일로 그녀는 부수입이 생겼고, 대만인과도 더 많이 접촉할 수 있게 되었다.

"대만에서 생활한 지 오래되었는데, 대만 여성은 한국 여성과 어떤 차이가 있나요?"

"저는 중국과 일본에 갔다 온 다음에 대만으로 왔어요. 제 생각에 대만과 중국은 남녀관계가 가장 평등한 나라에 속해요. 그런데 일본과 한국, 특히 한국의 경우, 남자들은 여자가 집에서 밥하고 집안일을 해야 하는 존재라고 여겨요."

이수율, 그리고 15~64세의 노동 참여율 등의 데이터로 평균 통계를 낸다.(원문 주)
31) 대만 타이베이의 중허신루센(中和新蘆線)과 반난센(板南線)의 2개 노선이 교차하는 지하철역이다. 이곳은 타이베이과학기술대학(臺北科學技術大學)을 비롯해 많은 학교가 근방에 위치하고 있다.

재원은 이 주제로 이야기를 나누면서 목소리가 점점 높아지고 있었다. 나는 그녀가 이 문제를 중요하게 여기고 있다는 것을 분명하게 확인할 수 있었다.

"전 이게 대만 여자가 결혼 후에도 일을 계속할 수 있는 이유라 생각해요. 대만은 남녀평등이란 관념이 한국에 비해 매우 낮기 때문이죠. 한국 남자는 여전히 보수적이에요. 그들은 자신의 아내가 집에서 집안일을 하길 바라지, 밖에서 일하길 원치 않아요."

재원이 화제를 바꿨다.

"대만의 남녀관계는 달라졌어요. 대만 여성은 하고 싶은 말이나 하려는 것을 뚜렷하고 솔직하게 말하지요. 매우 강하게요. 하지만 한국은 달라요. 한국 사회는 당신이 뭘 원한다고 직접적으로 말하는 것을 예의 없는 행동이라고 여겨요. 여자에게 더욱 가혹해요. 그래서 여자가 남자에게 '나 이거 필요하다'라고 직접적으로 말하지 못하지요. 그녀들은 다른 방식을 써서 자신의 생각을 표현할 거예요. 애교를 부리든 뭘 하든 말이에요."

재원의 말을 듣고 한국의 드라마나 예능 프로그램에서 여성 출연자가 애교를 부리는 장면을 떠올렸다.

"아! 한국 여자가 애교 부리는 게 당연했네요."

내가 고개를 끄덕이자, 재원이 말을 이었다.

"근데 사실은 한국 남자가 여자들이 뭘 원하는지 알지 못했을 때가 있어요. 그러면 말다툼이 시작되거든요."

"대만인의 좋은 점을 말했는데, 혹시 대만인의 부족한 점도 있었나요?"

"물론이죠. 사실 여자가 기운친 긴 일장일단이 있어요. 사회적 차원에서 남녀평등 현상이 비교적 명확하기 때문이죠. 그런데 여자에 대한 인상에 있어선 그것이 반드시 좋은 건 아니더라고요. 달리 말해 여자다움이 충분하지 않다고나 할까요."

재원은 말을 이었다.

"그거 알아요? 대만 여성들이 비교적 독립적이고 주체적이라고 하지만, 제 생각엔 여성성이 눈에 띄지 않는 것 같아요."

태형과 다이앤 그리고 재원, 이들 모두 한국 남녀의 관념에 대해서 자신만의 관점이 있었다. 저마다 개인적인 성장 환경이 다르고, 같은 사물에 대한 관점도 다르기 때문이다. 누군가에겐 남녀가 교제할 때, 둘 중 한 사람이 만남을 주도하는 것을 받아들일 수 있다. 하지만 다른 누군가는 평등과 존중을 필요로 한다. 어느 쪽을 원하든 그것에 좋고 나쁠 게 없다. 하지만 사회제도 혹은 문화에서 성차별이나 의도적인 남녀 사이의 불평등은 낙후의 상징이다.

"남녀평등의 쟁취는 남성 혐오를 뜻하지 않습니다."

2015년에 UN여성기구(UN Women)의 글로벌 친선대사인 엠마 왓슨 (Emma Watson)(〈해리포터(Harry Poter)〉 시리즈에서 헤르미온느(Hermione) 역을 맡았던 그 사람 맞다)은 유엔 연설에서 다음과 같이 지적했다.

"우리가 쟁취해야 하는 건 여성 권력이 아니라 양성의 자유입니다."

이처럼 남녀평등권은 어느 한쪽의 일방적인 노력만으로 성공할 수 있는 게 아님을 확인할 수 있다.

한국의 남성우월주의는 엄연히 존재한다. 그런데 그 원인은 하나가 아니다. 오랜 세월의 습속과 어렸을 때부터 보고 자라온 부모 세대의 생활 방식, 다른 한편으로 개혁을 추동시키기엔 턱없이 모자란 사회의 진보 역량 때문에 이 같은 상황이 지속되었던 것이다. 하지만 이것이 한국이 진보하지 못함을 뜻하는 것은 아니다. 활기찬 시민은 조직에 참여하고 관련 의제를 대상으로 수시로 토론을 펼친다. 게다가 신세대 한국인의 경우, 국제적으로 접촉할 기회도 늘어나면서 점차 자신의 '허물'을 이해해서 자기반성을 시작할 수 있다. 따라서 이 의제와 관련해서는 한국의 학습 대상으로 대만이 안성맞춤이다. 대만은 사실 한국에게 선망의 대상이 될 수 있다.

겨우 서른두 살에 집에서 굶어 죽은 한국인 여성 시나리오 작가가 있었다. 그녀는 세상을 뜨기 전, 이웃집 문에 작은 쪽지를 붙였다.

"창피하지만, 며칠째 아무것도 못 먹어서 남는 밥이랑 김치가 있으면 저희 집 문 좀 두들겨 주세요."

사람이 비참하게 죽고 나서야 한국 정부는 방송 관련 비정규직 종사자의 고통에 경각심을 갖게 되었다. 정부는 즉각 새로운 조치를 취하면서 그들의 절망적인 환경을 개선하고자 노력했다.

서울의 이태원 거리

Chapter

02

휘황찬란한 한류의 배후

1 한국의 TV 프로그램이 아시아를 석권했다. 어떻게 가능했나?

"안 돼!"

이광수가 땅바닥에 무릎을 꿇은 채 크게 고함을 내질렀다. 한쪽에선 하하(본명 하동훈)가 웃는 낯으로 쏜살같이 달려갔다. 자세히 살펴보니, 하하가 이광수의 등에 붙어 있던 이름표를 들고 있었다. 하하의 계략은 성공했고 이광수는 게임에서 아웃됐다.

한국에서 몇 년 동안 높은 시청률을 자랑한 예능 프로그램인 〈런닝맨〉의 한 장면이다. 이 프로그램은 2010년 첫 방영 이후 한국에서 높은 시청률을 자랑했다. 게다가 중국 대륙의 저장위성TV(浙江衛視)가 판권을 사들여 내용은 그대로 두고 형식만 바꿔 중국에서 방영했다. 여기에 인기스타(앤젤라 베이비(Angela Baby, 본명 양잉(楊穎))와 왕바오창(王寶强) 등이 가세해 높은 시청률을 기록했다.

신박한 아이디어, 실현하려면 돈이 필요해

한국 연예계와 대만 연예계의 가장 큰 차이점은 다음과 같다. 가수로 활동하거나 영화 또는 드라마 배우로 활동하는 연예인의 경우에 한국에서는 비교적 저자세로 제작사와 계약한다. 당신이 연예인이라면 마음에 들지 않더라도(월드 스타는 세외하고), TV 프로그램에 지주 출연해서 홍보에 힘써야 한다. 게다가 일부 한국 프로그램의 경우에는 기꺼이 거금을 들여 인기 있는 연예인을 섭외해서 출연시킨다. 그렇게 해야만 시청자를 텔레비전 앞에서 기다리게 할 수 있다.

대만의 적지 않은 예능 프로그램 제작자들은 돈을 거론하면 격분한다.

제작비는 당연히 해당 프로그램의 완성도를 높이는 요소 중 하나이다. 예를 들면 〈런닝맨〉의 경우에는 에피소드 한 편의 제작비가 대만 화폐로 평균 250만 위안[32]이다. 이는 대만에서의 평균 제작비가 32만 위안[33]에 미치지 못하는 현실과 비교하면, 그 수준이 전혀 다르다.

2015년 대만의 유명인인 펑광위안(馮光遠)과 우쭝셴(吳宗憲)이 토론 프로그램에 출연한 적이 있다. 거기서 펑광위안이 이렇게 발언했다.

"아이디어 말입니까? 그건 돈으로 못 사요."

그러자 두뇌 회전이 빠르기로 유명한 선위린(沈玉琳)이 반박했다.

"아이디어 개발에 반드시 돈이 필요한 건 아니에요. 하지만 실행할 때는 돈이 필요하지요."

매우 잔인한 말이었다. 하지만 이게 현실이다.

한국에서 TV 프로그램을 제작할 때는 프로그램 제작자(이하 PD)가 촬영 장소를 찾아서 여러 지역을 돌고, 비싼 제작 장비를 사용하기 때문에 제작비가 올라간다. 물론 콘텐츠 완성도는 며칠 만에 얻을 수 있는 게 아니다.

〈런닝맨〉은 6명의 고정 MC가 출연한다. 그들 모두 자신만의 캐릭터가 있다. '국민 MC' 유재석은 전체 국면을 이끌고, '능력자' 김종국은 최강의 승부 욕을 자랑한다. 재간둥이 캐릭터인 하하는 모략꾼이고, 꼴찌 이광수는 코믹함으로는 예측 불가다.[34] 그리고 '에이스' 송지효와 개리(Gary, 본명 강희건)가 '월요 커플'로 갈라졌다 합치기를 반복한다. 게다가 끊임없이 구박당하는 최약체 지석진도 없어선 안 되는 인물이다. 이들 멤버들은 서로 오랫동안 호흡을 맞추면서 케미를 만들어 냈다. 캐릭터 간의 호흡은 제작진이 인위적으로 만들 수 있는 게 아니다.

---

32) 이 책이 발간된 해인 2018년 평균 환율(1TWD=36.55KRW)로 보면, 한화로 약 9,100만 원에 해당한다.

33) 역시 2018년 평균 환율 기준, 한화 약 1,170만 원.

34) 이광수는 2021년 5월 24일을 끝으로, 〈런닝맨〉에서 하차했다.(김정진, 「이광수, 11년 만에 SBS 예능 '런닝맨' 하차(종합)」, 《연합뉴스》, 2021. 4. 27.)

돈보다 중요한 건 정성스럽게 만들기

〈런닝맨〉 초대 PD 조효진은, 프로그램이 성공한 요인 중 하나는 '입단속' 임을 언급하기도 했다. 제작진이 매번 떠올린 모든 게임은 MC와 제작진 또는 게스트에게 사전 설명 없이 실전에 등장한다. 생뚱맞고 갈피를 못 잡게 하는 게임 규칙 외에도, TV 미니시리즈 같은 콘셉트를 배경으로 삼은 내용이 많다(〈어벤저스〉와 〈007〉 제임스 본드 같은 스파이 혹은 초능력자 축구대회 등). 게다가 출연진과 시청자를 놀라게 하는 초대형 기획들, 이를테면 종이배 타고 한강 건너기, 전국 대학생 딱지치기 대회, 그리고 대만 류푸촌(六福村)[35]으로 날아가서 롤러코스터를 타는 벌칙 등은 시청자의 관심을 불러일으키기에 충분하다.

당연히 이런 프로그램의 콘텐츠는 대규모 제작진(백 명에 이르는 촬영기사, 구성작가, 편집자 등)이 한데 똘똘 뭉쳐야만 비로소 완성될 수 있는 것이다. 하지만 이렇게 눈에 띄는 성과의 뒤편에는 대중의 시야에 드러나지 않는 열악한 현실이 많다. 한국 TV 예능계의 최정상급 PD인 나영석은 예능 프로그램을 제작하는 데 시간과 정신력을 극단적으로 소모하기 때문에 5년 동안 하루도 쉰 적이 없었다고 인터뷰에서 밝히기도 했다.

대만 예능 프로그램의 경우에는 여러 번 지적한 대로 제작비가 부족하다. 아무리 아내의 음식 솜씨가 좋더라도 쌀이 없으면 밥을 짓지 못하는 법이다. 방법에 따라 제작비를 효과적으로 지출해야 한다. 이것이 프로그램을 오래 유지시키는 왕도이다. 그렇지 않으면 일회성 제작 이벤트로 끝나기 십상이다.

한국의 tvN 방송국의 총감독 황진우는 이렇게 밝히기도 했다.

---

35) 중국어 풀 네임은 '六福村主題遊樂園', 영어 표기는 'Leofoo Village Theme Park'. 1979년 대만 신주현(新竹縣)에서 야생동물원으로 개장했으며, 1989년에 테마파크로 개편해서 오늘날에 이르고 있다.(위키피디아 참고)

"제가 제작비로 1억 원을 사용한다면, 톱스타 한 명을 출연시키기보다는 헬기를 빌려서 공중촬영을 하거나 CG 작업을 좀 더 많이 할 거예요. 프로그램에 톱스타를 출연시킨다고 해서 시청률이 오른다는 보장이 없거든요."

중국판 〈런닝맨〉의 경우에는 MC 출연료가 한국 원화로 수억 원을 기록했다. 이 프로그램은 시청률은 높았지만, 제작비로 '겨우' 250만 위안(대만 화폐)만 쓰는 원판 〈런닝맨〉에 비해 경제적 효과나 이익은 뒤떨어진 듯했다.

문화는 국력이다. 한국 정부는 자국산 프로그램을 보호했다

한국의 TV 프로그램 제작진의 노력 외에도, 한국 정부의 적극적인 제작 지원 역시 한국 예능 프로그램의 위세를 대단하게 만든 요인 중 하나이다. 한국의 전 대통령 김대중은 1998년 금융위기 때 다음과 같이 말했다.

"21세기는 문화의 세기입니다. (…) 문화·관광산업은 이제는 단순히 사람들의 심성을 순화시키고 생활을 아름답게 해 주는 것만이 아니라, 하나의 기간산업으로서 국가의 부를 창출하는 데 아주 중요한 역할을 하게 된 것입니다."[36]

한국 정부는 각종 문화산업의 발전에 대한 여러 가지 지원 방안을 시행했다. 1998년 한국 문화관광부(현 문화체육관광부)의 연간 예산은 미화로 4억 달러(대만 화폐로 약 120억 위안)[37]이었다. 이는 한국의 당시 1년 총예산의 0.62%였다. 2002년까지 그 예산이 배로 늘어서 총예산의 1.09%, 2003년에는 1.15%에 이르러 10억 달러 수준이 되었다(대만 화폐로 약 300억 위안).

---

36) 원문은 "21세기는 문화가 국력입니다. 문화가 생활 수준을 향상시키는 데 영향을 줍니다. 뿐만 아니라, 바야흐로 문화가 거대한 부가가치가 있는 산업이 되고 있습니다."였다. 옮긴이는 보다 구체적인 내용으로 언급하는 것이 좋겠다는 판단 아래, 해당 내용을 연설문의 일부분으로 대체했다. (김대중, 「경주 세계문화엑스포 개막제 초청인사 오찬 말씀(문화·관광산업은 국가의 기간산업)」, 행정안전부 국가기록관, 1998. 9. 11.)

37) 2018년 평균 환율 기준, 한화 약 4,386억 원.

김대중 전 대통령보다 먼저 집권했던 김영삼 전 대통령은 다음과 같이 말했다.

"미국 엔터테인먼트 기업인 디즈니의 1년 매출이 IT기업인 IBM과 비슷하다면 우린 왜 영화산업을 발전시키는 데 최선을 다하지 않느냐?"

물론 이 두 가지 산업은 완전히 다른 업종이다. 그래서 그 영향력 또한 단순 비교하기가 어렵다. 하지만 우리가 김영삼 전 대통령의 발언을 통해 확인할 수 있는 것은 한국 정부가 영화·문화산업을 매우 중시하고 있다는 것이다.

'한류'[38]라는 고유명사는 2001년 문화관광부가 제출한 뒤부터 본격적으로 사용되기 시작했다. 그 내용은 당연히 정부 차원에서 만화·애니메이션·음악·텔레비전·휴대폰(스마트폰)·인터넷 등의 엔터테인먼트 콘텐츠의 발전을 촉진시킨 것과 관련되었다. 한국 정부는 처음부터 매년 대만 화폐로 환산해 4억 위안 규모의 문화연구보조금을 지급했다. 이 지원금은 2011년까지 대만 화폐로 22억 위안으로 불어났다. 영화 제작사는 3% 내외의 세무 감면 혜택을 누린다. 한국 정부는 미국의 디즈니와 비슷한 규모의 문화상품을 생산하도록 전력을 기울였다.

정부는 정책 방향 제시 외에도, 보호정책도 적극적으로 실행했다. 그 결과, 한국의 영화와 TV 프로그램은 '스크린쿼터제'의 보호를 받으면서 어려움 없이 발전할 수 있게 되었다.

예를 들면 TV 방송국은 정책 규정에 따라 매년 국산 영화 30%, 애니메이션 40%, 그리고 대중가요 60%를 방영해야 한다. 그 밖에 저녁 7~10시라는 황금시간대에는 외국 프로그램을 방영하지 못하는 특별규정도 있다. 이를 통해서 한국은 자국산 프로그램에 대한 고정 시청자를 확보할 수 있다.

한국 정부의 적극적인 지원 외에도, 한국 방송산업의 견실한 구조 또한

---

38) '한류'라는 용어는 현재까지 확인된 바, 1997년 대만에서 처음 사용되었다. 이후 중국어권으로 확산되었다.(장희재·안창현, 「제15장 – 한류의 출현과 발전」, 『중국 미디어와 대중문화』, 한국방송통신대학교출판문화원, 2021.)

한국의 예능 프로그램이 계속해서 새로운 것을 만들어 낼 수 있는 요인 중 하나이다. 한국의 경우에는 1995년 이전 케이블TV 시장이 열리고 채널이 총 100개가 될 정도로 성장했다. 하지만 여전히 지상파 3사(KBS·MBC·SBS)가 방송 시장을 주도하고 있다.

케이블TV가 지상파 방송사를 이기지 못하는 주요 원인 가운데 하나는 외국자본의 진입이 쉽지 않기 때문이다. 관련 법규와 규정에 따르면, 케이블TV 송신 플랫폼은 외국 기업의 후원이나 펀딩을 받을 수 없다. 플랫폼 운영 업자의 경우에는 외국자본이 지분의 49% 이상을 차지할 수 없기 때문에 케이블TV의 발전에 제약이 되는 것이다.

이 때문에 한국 방송산업의 경우 지상파 3사가 시장을 이끌면서 시청률을 독차지하고 있다. 지상파는 방송프로그램 수익으로 고품질 프로그램을 제작한다. 해당 프로그램은 국내에서 환영받고 해외, 특히 대만·중국·동남아 지역에 팔린다. 한국의 방송 제작진의 노력과 한국 정부의 정책 지원, 그리고 한국 방송 생태계가 비교적 건강하다는 등의 요소 때문에 한국 방송의 예능 프로그램이 한류 트렌드에 힘입어, 런칭하는 족족 대박을 치고 있는 것이다.

한국에서 〈포청천〉이 유행했다고? 잠시 반짝했던 대만의 소프트 파워 수출

지난날 대만은 영화의 영향력으로는 아시아 주류 중 하나였다. 대만에서 다년간 거주해 온 노(盧) 기자는 나에게 이렇게 말했다.

"사실 1993년쯤에 한국에서도 〈포청천(包靑天)〉이란 대만 연속극이 엄청 유행했어요. 그런데 대만과 한국이 단

〈판관 포청천〉의 한 장면. 포청천은 중국의 문신이자 정치인이다. 송나라 인종 때, 부윤으로 재직 시 고관대작을 가리지 않는 공정한 판결을 한 것으로 유명하며, 부패와 비리를 척결하여 청백리의 대명사로 여겨진다.

교되었죠. 그래서 대만은 한국처럼 소프트 파워에 힘을 싣고 나아가지 못했어요. 〈꽃보다 남자〉도 마찬가지예요. 그 이유 중 하나는 대만 정부 주도의 중장기 계획이 없었다는 점이에요. 대만에선 이런 소프트 파워의 수출이 유행하나 싶었지만 얼마 후 그 열기가 식었어요."

노 기자가 언급했던 드라마 외에도 〈백전백승(百戰百勝)〉(1988~1998)이나 〈강봉출격(強棒出擊)〉(1985~1995) 같은 예능 프로그램에 출연한 류더화(劉德華, 유덕화)와 궈푸청(郭富城, 곽부성) 등이 슈퍼스타였다. 비교적 최근의 〈게스 게스 게스(Guess Guess Guess, 我猜我猜我猜猜猜)〉(1996~2011) 또는 〈슈퍼 선데이(Super Sunday, 超級星期天)〉(1994~2003) 등의 신규 프로그램이 옛 프로그램을 밀어내고 자리 잡으면서 기대감을 높였다. 하지만 최근 들어 TV에서 대만의 수준 높은 예능 프로그램이 보이지 않은 지 오래되었다.

금종장(金鐘獎)39)을 예로 들면, 2015년 예능 프로그램 부문의 수상 작품이 없었다. 그 때문에 대만의 유명인 재키 우(Jacky Wu, 吳宗憲)가 사방으로 포화를 퍼부었다. 마침내 그는 대만의 또 다른 유명인 펑광위안(馮光遠)과 대만의 TV 프로그램이 갈수록 수준이 낮아지게 된 배경을 주제로 토론까지 벌였다.

그러나 이 문제는 한 번에 해결되지 못한다. 대만 정부와 방송계 종사자가 협조하고 도와야만 나아질 수 있다. 이런 문제는 상당히 구조적이다. 따라서 과감하게 개혁하지 않으면 남의 차 뒤꽁무니도 볼 수 없을 정도로 뒤처질 수도 있다!

---

39) 골든 벨 어워즈(Golden Bell Awards)라고도 한다. 1965년부터 대만에서 주최해 온 행사이며, 드라마·영화·예능 프로그램 등의 다양한 부문에서 시상식을 갖는다. 이것은 대만 연예인들에게 있어, 최고의 영예라는 지위를 갖고 있다.(위키피디아 참고)

2 한국의 최고 성공 상품, 케이팝(K-POP)

대한민국 서울의 강남구를 가로지르는 수인분당선 압구정로데오역 1번 출구에서 나오면, 대표적인 유명 케이팝(K-POP) 그룹의 피규어 수십 개가 길을 따라 우뚝 서 있는 걸 눈으로 직접 확인할 수 있다. 각국에서 온 열성 팬들이 삼삼오오 무리 지어 단체 사진을 찍은 뒤, SNS에 업로드해서 자신이 한류대도(韓流大道)라 불리는 성지에 왔다 갔음을 인증한다.

이곳에서 길을 따라가다 보면, 한국의 3대 연예기획사[40] 중 하나인 'JYP' 본사가 나타난다. 이 건물 근처의 카페는 1년 365일 충성하는 팬이 자리를 차지하고 있다고 해도 지나친 표현이 아니다. 그들이 기다리던 '오빠'가 나타나면 이 지역은 순식간에 연예인의 거리로 바뀐다. 이처럼 최근 몇 년 동안 케이팝이 세계적으로 전성기를 누리고 있음을 눈으로 확인할 수 있다.

한국에서 유행하는 문화는 최근 몇 년 동안, 드라마·영화·광고와 케이팝 등을 통해서 일상생활에 들어왔다. 이와 같은 열기는 세계 각국에서 이른바 '덕질'을 하러 한국을 방문하는 팬을 자극하여, 국제적으로 한국의 인지도를 대폭 끌어올렸다. '한류(Korean Wave)'라 일컫는 한국의 문화 수출은 하루 이틀 만에 오늘날의 규모를 달성할 수 있는 것이 아니다. 수십 년에 걸쳐 누적되어 지금의 성과를 일궈낸 것이다.

한류 수출의 방식과 관련해서 사람들은 노래 한 곡이나 몇 분짜리 광고를 두 시간짜리 영화 한 편 또는 수십 시간짜리 드라마 작품보다 쉽게 접할 수 있다. 그래서 케이팝 유행에 있어서는 음악과 아이돌 스타가 사람들을 한

---

40) 한국의 대중문화산업을 주도하는 이른바 '대기업' 엔터테인먼트 기획사이다. 2PM·미스에이(MissA)·트와이스(TWICE)·ITZY 등을 배출한 'JYP', 빅뱅·2NE1·블랙핑크 등이 있는 'YG', 슈퍼 주니어·소녀시대·레드벨벳·에스파(aespa) 등의 'SM'이 그들이다. 2023년 현재는 방탄소년단(BTS)·뉴진스·르세라핌 등으로 유명한 '하이브(HYBE)'를 추가해서 '4대 기획사'라고 일컫는다.

류에 접하게 하는 첫걸음이다. 그리고 2018년 현재 독보적인 지위에 오른 케이팝의 경우에도 처음에는 옹알옹알 말을 배우듯이 모방했다.

창조성도 모방으로부터 시작한다

1992년, 미국의 아이돌 그룹 '뉴 키즈 온 더 블록(New Kids On The Block)'이 처음으로 한국을 방문해서 콘서트를 열었다. 그때 흥분한 팬이 압사당하는 사건이 발생했다. 한국 사회는 아이돌 스타가 10·20대에게 이렇게나 영향력이 있다는 걸 깨달았다. 이런 문화가 한국에서 유행한 뒤에 대규모의 팬이 나타난 것 외에도, 한국 사회는 아이돌의 탄생을 기대하면서 미국의 엔터테인먼트 산업을 모방하기 시작했다.

"초창기 케이팝의 대표주자인 'H.O.T.'41)를 통해서, 당시 H.O.T.의 공연이 미국의 힙합(hip-hop)과 일본의 비주얼계 록(ビジュアル系ロック) 등의 요소가 결합된 산물이란 걸 알 수 있죠."

검은색 코트와 회색 맨투맨을 입고, 행동거지 하나하나가 매력을 내뿜는, 유명 케이팝 사이트 〈아이돌로지(Idology)〉의 설립자 '미묘'가 인터뷰를 하러 카페에 들어왔다. 그는 작곡가이다. 또한 그는 시간이 날 때마다, 한국의 여러 대형 매체를 통해 엔터테인먼트 산업에 대한 비평을 한다. 그는 케이팝의 시작에는 확실히 미국과 일본 스타일이 배 있다고 거리낌 없이 지적했다.

한국식 팝의 리듬이 매장 벽을 뚫고 나오자, 네온사인 가득한 길거리는 더욱 왁자지껄해졌다. 거리의 포장마차엔 몇몇 젊은이가 방금 통성명한 외국인 친구와 자리를 함께했다. 그들은 한국어와 영어를 섞어서 이야기를 나눈다.

내가 미묘와 만나기로 약속한 장소는 서울에서 가장 먼저 국제화된 이태

---

41) 1996~2001년의 기간 동안 활동하고, 2018년에 재결성한 한국의 아이돌 보이 그룹이다. 멤버는 문희준·장우혁·토니 안(본명 안승호)·강타(본명 안칠현)·이재원이다.

원 지역이다. 이곳은 외래문화와 한국의 전통문화가 한데 섞여 더욱 뜨겁게 달궈진 지역이다. 2018년 기준, 한국은 일본과 미국의 문화적 영향력으로부터 탈피해서, 새로운 문화적 환경을 만들어 내고 있다.

미묘가 말했다.

"지금 우리는 그들을 따라잡았어요. 우리의 상품도 세계에 영향을 미칠 수 있다는 것을 깨달았죠. 그래서 시선을 돌려 우리의 뿌리를 찾았고 우리만의 길을 열었어요."

한국의 '연습생' 시스템도 일본에서 한국으로 전해진 것이다. 다만 한국 연예기획사가 그것을 생산라인처럼 더 효율적으로 만들었다. 또한 한국의 경우에는 수단과 방법을 가리지 않는 마케팅 수법을 구사해서 아이돌 그룹을 상품처럼 만들어서 시장에 내놓고 있다.

"제 생각에 서양은 우리식 시스템으로 시장에 들어온다 해도 한류스타 같은 아이돌은 만들 수 없어요. 서양인은 사람의 일상생활을 상품처럼 팔 수 있다고 생각하지 않기 때문이죠."

미묘는 한국의 오디션 프로그램 〈프로듀스 101〉을 예로 들었다. 그에 따르면, 이 프로그램은 오디션이란 방식을 통해서 아이돌을 만드는 과정이 적나라하게 방송에서 드러난다.

미묘가 이렇게 말했다.

"아이돌이 된다는 건 노래 잘 부르고, 춤 잘 추는 것만으론 안 돼요. 자기만의 매력이 있어야죠."

아이돌이 평범한 사람에서 어떻게 수많은 이를 매혹시키는 자가 되는지, 이 과성이야말로 팬을 매료시켜서 열광하고 따라 하게 하는 원인이다.

한국 사회에선 영웅을 숭배하는 분위기가 존재한다. 이는 모두 자신이 성공한 사람이길 바란다는 뜻이다.

한류가 국제적으로 빛을 발한 뒤, 엔터테인먼트 산업에 대한 한국 사회의 인식도 더 이상 보수적이지 않게 되었다. 한국에선 더 이상 젊은이가 학업을 포기하고 연습생이 되는 걸 '빈둥거린다'라고 여기지 않는다. 다만 또 다른 길을 택한 것으로 받아들인다.

미묘가 덧붙였다.

"한국의 경우에 300명마다 한 명꼴로 아이돌 산업의 영향권에 들어간다고 할 수 있어요."

예를 들어, 한국의 청소년이 유명 연예기획사의 연습생으로 뽑힌 것은, 이는 마치 'SKY대(서울대·고려대·연세대)'와 같은 유명 대학에 입학한 것처럼 여기는 것이다. 앞길이 밝고 미래가 준비된 무대 위에 서서 자신을 빛낼 수 있는 존재로 받아들여지는 것이다.

하지만 한국 전체를 통틀어, 수백 개가 넘는 기획사로부터 매년 평균 백 개도 안 되는 소수의 아이돌 그룹만이 데뷔하는 게 현실이다. 엄청난 인기를 누리는 아이돌 그룹은 더욱 손에 꼽힐 정도다.

그렇다면 성공하지 못한 아이돌 그룹들은 모두 어디로 갔을까?

중국 시장이 중요한 이유

인터뷰 도중에 화제가 바뀌었다. 민감한 주제였다.

"중국의 '한한령(限韓令, 禁韓令)'[42]이 케이팝 산업에 끼친 영향이 큰가요?"

"물론입니다. 한국인이라면 누구나 한한령이 취소되길 기다리고 있어요."

미묘는 말을 이었다.

"그것 때문에 걸 그룹 트와이스의 쯔위(Tzuyu)[43]가 등 떠밀려서 사과했

---

42) 2016년, 미국이 한국 영토에 고고도 미사일 방어 시스템(Terminal High Altitude Area Defence, 약칭 '사드(THAAD)')을 설치하기로 결정하면서 촉발된, 중국의 대한(對韓) 경제적 보복 조치이다. 이로부터 몇 년 동안 한국의 대중(對中) 수출은 물론, 드라마 같은 엔터테인먼트 콘텐츠 산업까지 불이익을 받고 막대한 타격을 입고 있다.(네이버 시사상식사전 참고)

43) 원문에는 그녀의 본명인 '周子瑜'라고 표기되어 있다. 이것을 중국어 병음에 따라서 표기하면 '저우 쯔위(Zhōu Zǐyú)'다. 본문에서는 독자의 이해를 돕기 위해서, 그녀의 활동명이자 웨이드-자일스(Wade-Giles) 표기법을 따른 '쯔위(Tzuyu)'라고 표기했다.

어요.44) 연예기획사 JYP의 다른 아이돌 그룹인 갓세븐(GOT7)이 중국 연예 시장에서 큰 인기를 얻고 있었거든요. 그래서 한국의 관련자들은 갓세븐이 중국에서 거둔 성과가 쯔위로 인해 영향을 받을까 봐 긴장했어요."

여기서 JYP 같은 대형 기획사마저 중국의 움직임을 상당히 의식하고 있음을 알 수 있다. 그렇다면 한국의 중소 기획사는 말할 것도 없다.

"어떤 아이돌 그룹은 한국에서 인지도가 거의 없을 거예요. 그런데 중국의 몇몇 지역에서는 톱스타 대접을 받죠."

미묘는 중국 시장을 최우선시하는 한국의 보이 그룹이 적지 않다고 했다. 중국에서의 공연 수익이 한국의 그것보다 수 배가 되고, 또한 케이팝의 영광이 여전히 발휘되고 있어서 한국의 아이돌 그룹이 중국의 일부 지역에서는 제왕과 같은 대접을 받고 있다는 것이다. 2018년 기준으로 정치적 요소로 인해 중국 시장에 문제가 생긴다면, 해당 기획사와 아이돌 그룹은 한국에서 설 땅이 없을 것이다.

한국 시장의 규모가 제한적이기 때문에 아시아 각국에서 멤버를 캐스팅한 한국 아이돌 그룹이 점차 늘고 있다. 해당 멤버의 출신 국가의 시장을 고려해서 한국의 기획사가 내놓은 '상품'이 더욱 국제화되길 바라기 때문이다. 흥미로운 것은 국제적인 위세가 대단했던 모든 사례가 이와 같은 규칙을 따라 성공한 건 아니라는 점이다.

2012년 싸이(PSY, 본명 박재상)의 〈강남 스타일〉이란 노래가 갑자기 선풍적인 인기를 끈 것이 가장 좋은 사례이다. 노래의 가사는, 한국에 대해 아는

---

44) 2015년의 어느 방송에서 쯔위가 대만의 국기인 청천백일만지홍기(青天白日滿地紅旗)를 무심코 흔들었던 장면으로부터 불거졌던 사건을 말하는 것이다. 당시 중국인들이 쯔위를 향해 맹비난을 퍼부었고, 그녀와 소속사(JYP) 측에서 그 장면에 대해 사과하고 나서야 점차 진정되었다. 이 사건은 한편으로는 2016년에 실시된 대만 총통선거에서, 차이잉원(蔡英文) 민주진보당 후보가 국민당의 마잉주(馬英九) 총통을 상대로 승리하는 데 상당한 영향을 끼쳤다는 분석이 존재한다. 관련 내용은 다음 기사들을 참고했다. 김태훈, 「'하나의 중국'을 지지하는 아이돌의 속내는?」, 《경향신문》, 2019. 8. 25./ 양첸하오, 「'쯔위의 사과' 대만 선거에 어떤 영향 미쳤나」, 《한국일보》, 2016. 1. 17.

바가 거의 없는 외국인이 이 노래에 공감하기가 매우 어렵다는 것을 심도 있게 풍자한다. 한편 싸이가 다음에 내놓은 앨범은 〈강남 스타일〉만큼 히트를 치지 못했다. 이로부터 알 수 있는 건, 싸이의 경우 국제적으로 큰 흥행 사례를 남기긴 했어도, 그 성공이 한국의 엔터테인먼트 산업이 기획사와 계획해서 얻은 결과가 아니라는 점이다.

미묘가 말했다.

"기획사와 연예인의 노력이 당연히 중요해요. 근데 이렇게 폭발적인 인기를 예로 들면, 시대적 추세와 운이란 요소에 기댄 측면이 매우 커요."

국제적인 아이돌 그룹 '방탄소년단(BTS)'은 외국인이나 재외동포 출신의 멤버가 없다. 이것도 '계획된' 성공이 어렵다는 것을 증명하는 사례의 하나다.

일정한 조직과 지원이 없었다면 케이팝은 지금의 성취를 이뤄낼 수 없었을 것이다. 이런 현실에서 정부가 기획사 역할을 한 것이 무엇보다 중요하다.

인터넷에서 널리 알려진 이야기가 있다. 한국의 전 대통령 김영삼이 '현대자동차에서 제작된 자동차를 150만 대 팔아야만 영화 〈쥬라기 공원〉의 세계 흥행 기록하고 맞먹을 수 있다'고 했다는 말을 들었다.[45] 그의 후임 대통령 김대중은 한국 미래의 '문화 입국' 정책을 결정했다. 이야기의 진위와 상관없이 1990년대부터 한국 정부와 사회가 문화산업이야말로 미래에 무한한 잠재력이 있다는 데 주목했음을 확인할 수 있다.

대만의 영상 산업과 연예계는 정부가 장기적이고 완벽한 문화산업 발전 계획을 수립하지 않음을 아쉬워한다. 대만의 문화산업과 관련해서 일부 비평가는 정부 지원이 부족해서 국제 시장에서 대만이 독자적으로 문화를 유

---

45) 원문에는 "한국 전 대통령 김대중이 어느 국제회의에서 '현대 자동차에서 제작된 자동차를 150만 대 팔아야만 영화 〈쥬라기 공원〉의 세계 흥행 기록하고 맞먹을 수 있다'는 이야기를 듣고 나서"라고 돼 있다. 그러나 확인 결과 김영삼 전 대통령이었다. 관련 내용은 아래의 기사들에 언급되었다. 김재홍, 「[한국 영화의 미래] 영화 한 편이 중견기업 맞먹는다」,《주간경향》572호, 2004. 5. 6. 이현파, 「돌아오는 '쥬라기'… 다 큰 어른이 예고편 보고 운 이유」,《오마이뉴스》, 2022. 2. 12. 정진홍, 「[정진홍의 컬처 엔지니어링] 현실이 드라마보다 센 나라」,《조선일보》, 2021. 10. 13. 최윤정, 「오징어 게임·BTS·기생충…영국 매체들 '주류가 된 한류' 조망」,《연합뉴스》, 2021. 10. 10.

행시키는 성과를 내기가 어렵다고 지적했다. 그들은 한국의 사례를 자주 인용하면서 대만 정부의 정책을 비판한다. 대만이 한때 아시아의 네 마리 용으로 어깨를 나란히 했던 국가에게서 배우기를 바란다고 말이다. 미묘도 정부의 지원과 계획을 중요하게 여겼다. 그런데 문화산업의 최전선에 선 종사자에게 이와 같은 지적은 외부에서 생각하는 것과 차이가 있다.

"한국 정부는 전폭적으로 지원하지 않아요. 그저 우릴 이용할 뿐이에요."

익명의 한국 엔터테인먼트 산업 종사자가 속마음을 드러내 보이기도 했다.

"제 생각엔 한국의 정부 정책을 좋게 말하는 사람이 거의 없을 거예요. 대부분은 한국 정부가 간섭하지 않았으면 좋겠다고 여겨요. 정부 정책이 제대로 도움이 된 적은 없거든요."

그녀는 말을 이었다. 한국의 박근혜 전 대통령은 외국을 방문할 때 한국의 가수나 톱스타들을 동행시켰다. 이렇게 한류스타의 후광을 통해서 대통령의 순방 일정이 여론의 주목을 받게 되길 바랐다는 것이다.

이로써 한국 정부가 대중문화산업을 지원해서 국제적으로 공격적인 확장을 시도한다는 것을 알 수 있다. 하지만 한국에서 유행하는 산업을 끊임없이 확장하는 상황에서는 정부의 자원도 이를 이끌어 내는 지원 역할만 할 수 있을 뿐이다. 이는 대만의 평론가가 만병통치약이라 여기는 것과는 분명한 차이가 있다.

오늘날의 한류와 케이팝은 한국을 위해 상당히 눈길을 끄는 이미지가 되었다. 게다가 수출 효과와 더불어, 전국적으로 문화산업 외의 여러 산업도 한국의 국제적인 이미지를 상승시키는 데 기여했다. 대만이 예전의 '형제의 나라'로부터 배운다면, 영화 판권을 사 와 상영하거나 케이팝 스타를 대만으로 초청해서 광고를 찍고 콘서트를 여는 데서 머물면 안 된다. 한국을 더욱 철저하게 이해한 후에 대만만의 장점을 찾아 나서는 것만이 올바른 길이다.

3 직접 목격한 대학로의 어두운 현실 I
- 당신은 모를 한국 극단의 현실

무대 위의 연기자와 무용수가 혼신의 힘을 다해 대사를 읊고 과장된 몸짓을 한다. 관객들은 때로는 생각에 잠기고, 때로는 자지러지게 웃었다. '한류'는 최근 몇 년 동안 한국 정부와 관련 단체의 지원을 받으면서 대외적으로 시장을 개척해 나갔다. 영화와 TV 드라마와 아이돌 스타 외에도, 연극 또한 각계각층으로부터 서서히 주목을 받았다.

최근 들어 외국인의 한국 배낭여행이 유행하고 있다. 쇼핑하거나 맛집 투어를 떠나는 것 외에도, 당일치기로 문화예술 프로그램을 즐기는 관광객도 많아졌다. 그들은 서울시 지하철 4호선 혜화역 인근의 대학로 극장으로 향했고, 뮤지컬이나 연극을 집중적으로 관람하기도 한다.

소극장 및 각종 공연장이 밀집한 대학로

대학로는 한국의 공연예술 집단이 가장 많이 위치한 지역이다. 근처에 공공기관인 문예부흥원과 극장(官方的文藝復興院和劇場)[46]이 있는 것 외에도, 다양한 뮤지컬과 연극은 물론, 갤러리 등 여러 예술 전시회가 모두 대학로에 집중되어 있어 한국의 브로드웨이라고 할 수 있다. 무대 위에서의 10분을 위해 지난 10년 동안, 극장 스태프는 무대 뒤에서 부지런히 연출 기교를 갈고 닦는다. 한국의 극장이라는 용광로에는 관객들이 보지 못하는, 또 어떤 내막이 있을까?

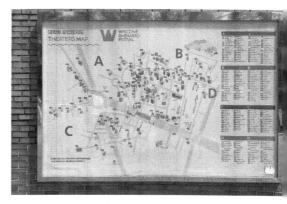

마로니에 공원 입구에 설치된 대학로 공연장 지도

서울연극협회가 포스터로 공연 소식을 알리는 문화 게시판

주인공, 돈 많으면 다야?

모자를 거꾸로 쓰고, 말투에서 연기자의 활발한 기백이 드러나는 '천은성'이 인터뷰를 수락했을 때였다. 그는 풍부한 얼굴 표정과 손동작으로 무대 위에 몸이라도 내맡긴 것 같았다.

---

46) 현재는 한국문화예술위원회(2010년까지 대학로에 있다가 구로동을 거쳐 2014년 나주시로 이전)로 계승된 한국문예진흥원을, 극장은 아르코예술극장을 말하는 듯하다. 한국문예진흥원(1973~2005)은 대학로에 존속하였고, 문예회관(현 아르코예술극장)이 1981년에 설립되었다.

천은성은 서울의 극장에서 오랫동안 작품에 출연해 온 연출자이자 연극 배우다. 그가 출연했던 유명한 작품으로는, 극장판 〈겨울연가〉와 〈지저스 크라이스트 슈퍼스타(Jesus Christ Superstar)〉[47] 등이 있다. 그는 대학로에서 10년 넘는 연출 경력을 가진 연극인이다.

"재밌는 얘기 하나 들려줄까요? 얼마 전입니다. 돈 많은 한 여성이 있었어요. 그녀는 무대 위의 주인공이 되고 싶어 했어요. 그래서 그녀는 극단의 큰손이 되었죠. 그제야 그 극단의 형편이 좀 나아졌어요."

천은성은 웃었다.

"물론 그녀는 그토록 원하던 주인공이 되었고요."

나는 갑자기 궁금했다.

"그녀의 연기는 어땠어요? 관객의 반응은요?"

천은성이 크게 웃었다.

"주인공을 돌아가면서 맡는 연극에서, 그녀도 주인공을 맡았죠. 전문 배우가 출연한 공연을 봤을 때는 관객의 반응이 좋았어요. 하지만 그녀가 주연한 작품은 반응이 시원치 않았을 거예요."

배우, 학력이면 다야?

한국은 고도 경쟁 사회이다. 한국 사회에서는 유명 대학 입학과 대기업 입사가 성공의 척도로 받아들여진다. 경우에 따라서는 외모도 뒷받침해 줘야 한다. 그렇지 않으면 루저 취급당하기 십상이다. 이런 상황은 어렵지 않게 집할 수 있다. 예술계도 예외는 아니다.

한국 남쪽의 대도시 부산의 8월은 찜통더위였다. 나는 인터뷰이와 더위

---

47) 신약성서 내용 중, 예수의 순교를 소재로 만든 뮤지컬이다. 팀 라이스(Tim Rice)가 작사하고 앤드루 로이드 웨버(Andrew Lloyd Webber)가 작곡했다. 이 작품은 1971년 미국의 브로드웨이에서 초연했으며, 한국도 1980년부터 현재까지 꾸준하게 공연해 오고 있다.

를 피해서 야외가 아닌 실내에서 인터뷰를 진행하기로 했다.

부산의 고층아파트 4층에 위치한 6~7평짜리 공연 연습실에 앉은뱅이책 상이 놓여 있었다. 거기엔 유리잔 몇 개와 간단한 안줏거리가 올려져 있었다. 인터뷰이 '백대현'은 건조하면서 흔들리지 않는 목소리로, 자신이 속한 독립 극단이 처한 어려운 현실을 말했다.

검은색 안경을 쓴 백대현은 말할 때마다 안경테를 치켜올렸다. 그는 책 상 위의 청주를 천천히 마신 후에 말문을 열었다.

"그거 알아요? 부산의 몇몇 예술학원과 한국의 유명 예술대학 몇 곳이 '뒷거래'를 한다는 얘기가 있었어요. 돈 내고 학원에서 요구하는 과정만 마치 면, 유명 예술대학에 입학할 수 있다고 하더라고요. 이게 현실이죠."

한국 사회에선 연기자에게도 학력을 요구한다. 그 수준을 충족시키지 못 하면 주류로 받아들여지지 않을뿐더러 작업 기회를 얻을 '인맥'을 쌓기도 어 렵다.

부산에서 많이 알려지진 않았지만, 그렇다고 백대현과 그의 동료 '홍승 이'가 무명의 연극인도 아니다. 나는 그들이 창립한 독립극단 '연극 놀이터, 쉼'을 취재했다.

한국의 예술학원이 대학교와 '떼려야 뗄 수 없는' 유착관계에 있다는 것 은 앞에서 언급했다. 이 두 기관은 형태를 바꿔서 공연예술의 다원성을 독점 했다. 이들은 재능이 충만한 연기자에게서 너무 많은 기회를 빼앗았다. 해당 연기자들의 학력이 사회에서 요구하는 수준을 충족시키지 못한다는 것이 그 이유였다.

백대현은 한숨을 쉬었다. 그는 동료 홍승이가 이런 불문율의 대표적인 피해자라고 나지막이 말했다.

"홍 배우 알지요? 그녀의 독특한 연출이 돋보이는 작품은 전국에서도 찾 아보기 힘들어요. 온몸을 움직여서 표현하는 그녀의 연출력은 관객을 적극 적으로 반응하게 하지요. 그런데 그녀가 대학을 졸업하지 않았다는 이유로

예산을 틀어쥔 공무원과 극장 선배들이 그녀의 작품을 지원 작품으로 선정하지 않았어요. 그녀는 제작비 지원을 받지 못했어요. 저보다도 형편이 좋지 않아요."

예술인의 경제적 어려움은 정부 지원금이 제대로 집행되지 않아서다

백대현은 자신도 정부에 지원금을 신청했다면서 미간을 찡그리며 그간의 난처했던 상황을 얘기했다.

"중앙정부의 예산은 보통 특정한 유명 극단에 집중돼요. 우리는 주로 지방정부에 예산을 신청하지요. 그런데 지원을 신청한 지방정부와 정치적 성향이 다르면 통과되기 쉽지 않아요."

나는 되물었다.

"예술계에서도 정치적 배경에 영향을 받는다고요?"

백대현이 웃었다.

"그럼요. 4~5년 전에 저희 극단은 광주광역시의 관련 부서와 관계가 좋았어요. 근데 계약직 노동자가 늘어나는 현상을 풍자한 연극을 광주에서 공연한 후로는 해당 지자체가 우리를 상대도 하지 않더라고요."

백대현은 그간 부산에서 맞닥뜨린 어려움을 털어놓았다. 부산만이 아니었다. 전국의 거의 모든 연극 배우는 투잡을 뛰어야만 한다. 그는 낮에 영어학원에서 강사로 일한다. 투잡이라도 뛰지 않으면 한국에서 예술인으로 살아가기가 쉽지 않다.

예술인의 빈곤, 정부의 무관심

한국 정부는 2014년 새로 「예술인 복지법」을 개정했다. 극단과 단체를 지원하는 방식이 원안이었다. 그랬던 방식이 예술인 개인에게 지원할 수 있도록 바뀐 것이다. 정부가 예술인의 형편을 바로 알고서, 시급히 개선토록 한 주된 원인은 2011년에 발생한 어느 참극에 있었다. 겨우 서른두 살의 나이에 집에서 굶어 죽은 한국인 여성 시나리오 작가가 있었다. 그녀는 세상을 뜨기 전에 이웃집 문에 작은 쪽지를 붙였다.

"창피하지만 며칠째 아무것도 못 먹어서 남는 밥이랑 김치[48]가 있으면 저희 집 문 좀 두들겨 주세요."[49]

사람이 이렇게나 참혹하게 죽고 나서야, 한국 정부는 방송 관련 비정규 직 종사자의 고통에 제대로 경각심을 갖게 되었다. 정부는 즉각 새로운 조치 를 취하면서 그들의 절망적인 환경을 개선하고자 노력했다.

"예술인과 관련된 법안 제정이 예술인의 생활을 근본적으로 개선시키지 는 못해도 없는 것보다는 있는 게 나아요. 방향도 나쁘진 않고요."

서울에서 활동하는 한 배우가 인터뷰에서 말했다.

"전 작년에 정부 지원금을 신청했는데요. 많진 않더라도, 그럭저럭 도움 이 되었어요."

그녀는 씁쓸해했다. 비교적 안정된 출연료 수입이 있더라도, 투잡을 뛰 지 않으면 생활 형편이 여의찮기 때문이다.

한국의 연극과 영화 등의 소프트 파워 문화산업이 아시아 전체를 휩쓸면

---

48) 원서에는 김치가 '파오차이(泡菜)'라고 표기되어 있다. 이와 관련, 바로잡을 것이 하나 있다. 2001년 이전까지만 해도 중국에서 한국식 김치를 '파오차이'나 '라바이차이'라고 했다. 그러던 중, 2003년 사 스 사태 이후 김치의 인지도가 올라가는 것을 지켜본 쓰촨성(四川省)에서, 2010년경부터 쓰촨 파오차 이(四川泡菜)를 대대적으로 띄우면서 김치를 공격하기 시작했다. 그리고 2020년 12월 초, 중국의 한 매체가 자국의 절임 채소 음식인 '파오차이'에 대한 산업표준이 김치산업 국제표준으로 제정됐다고 보 도하기에 이르렀다. 이는 사실과 다른데, 쓰촨 파오차이는 야채를 주로 식초에 절인다는 점에서 한국 김치와는 완전히 다른 절임음식이다. "생채소를 1, 2차로 나누어 발효시키는 식품은 전 세계적으로 '김치'가 유일하다." 따라서 파오차이는 중국이 김치를 한국 음식이 아닌, 중국 음식이라는 왜곡된 인식 을 심으려는 단어로 전락한 것이다. 따라서 '김치'를 중국어로 표기할 땐, 음역어인 '신치(辛奇)'라고 해야 정확하다.(세계김치연구소, 「〈보도자료〉 한국의 김치와 중국의 파오차이는 전혀 다른 식품」, 2020. 11. 30.)

49) 여기서 언급된 사건 및 쪽지의 전문은 언론 기사를 통해서 확인하고 본문에 삽입했다.(홍석재, 「"남는 밥좀 주오" 글 남기고 무명 영화작가 쓸쓸한 죽음」,《한겨레》, 2011. 2. 8.)

서도, 이런 상황은 사람들이 알지 못하는 구석에 감춰진 얘기다. 비록 한국 사회와 정부가 점차 이를 인지하긴 했어도 예술인의 처우는 나아지기 쉽지 않다. 뮤지컬 배우 정상은의 말이다.

"예술 쪽은 여전히 많은 부분을 사람이 결정해요. 그렇다면 공정하고 투명해야 하지 않나요? 그게 어렵더라고요."

4 직접 목격한 대학로의 어두운 현실Ⅱ
- 공연용 사회운동

"주말에 연극 보러 가자!"

한국과 일본보다 대만에서 상대적으로 많이 듣는 표현이라고 해도 될까. 대만의 극장 공연 산업은 활기차지 않은 듯하다. 일반인은 극장을 '범접할 수 없는(高·大·上)' 예술 공간으로 받아들이는 것 같다. 그래서인가 거리감도 느껴진다.

한국의 극장 공연 산업은 대만에 비하면 성숙한 편이다. 한국의 경우에는 일반적인 연극 작품이나 대중성이 강한 뮤지컬 외에도, 많은 극단이 한국의 사회문제와 연결된 공연을 한다. 그래서일까, 한국 관객은 극장에 자주 가는 편이다.

연극, 성소수자를 조명하다

경제협력개발기구(OECD)의 통계에 따르면, 2015년 한국의 자살률은 2014년에 이어 OECD 가입국 중 1위를 차지했다. 한국인이 받는 스트레스가 다른 나라보다 심해서 자살률이 높다는 것을 알 수 있다.

한국 정부와 민간 조직의 맞춤형 지원 방안은 이런 사회문제를 해결하고자 한다. 내가 취재한 한국의 단체도 저마다 전문 영역에서 여러 활동을 한다. 이를 통해서, 뭐든지 '빨리빨리' 하려는 한국인이 처한 상황을 차분히 생각해 보는 기회를 갖기를 바란다. 나 역시 그들이 더불어 사는 사회에 관심을 갖길 바란다.

서울시 지하철 2호선 서울대입구역 근처의 어느 작은 술집이었다. 명태의 맛은 싱거웠다. 취기가 오른 아저씨 몇 명이 큰 목소리로 말했다. 이번 인터뷰가 더욱 활기를 띠었다.

필명이 '씨앙'인 인터뷰이는 나보다 나이가 많았다. 그는 딱 봐도 연출가였다. 그는 대학로의 독립극단 '맥놀이'를 창립한 사람 중 한 명이었다. 독립극단 맥놀이는 10여 년 동안 LGBT[50]를 위한 연극 공연으로 목소리를 내왔다. 맥놀이는 한국 사회가 자신들의 존재에 거리를 두지 않기를 바랐다.

"대학생 때에 몇몇 친구하고 독서회를 꾸렸어요. 멤버 중 한 명이 게이인 사실을 전혀 모르는 채로 말이지요. 다른 친구들은 여느 한국인처럼, 수다 떨 때마다 게이를 농담거리로 삼았지요. 그런데 언젠가 그가 솔직하게 커밍아웃을 했어요. 나머지 사람들은 한마디로 벙쪘지요. 부끄럽더라고요."

씨앙은 목이 탔는지 맥주를 들이켰다.

"그때, 우리 힘으로 동성애자를 차별하는 사회를 바꿔야 한다고 결심했어요. 그렇게 극단 '맥놀이'를 만들었고요."

듣고 있던 '김쭈야'가 입을 열었다.

"한국의 대부분의 가정은 자식이 동성애자라면 그를 자식으로 여기지 않아요. 그래서 커밍아웃하면 죽기를 각오한 것이나 다름없다고 여기기까지 해요. 한국 사회가 진짜 보수적이죠."

나는 궁금했다.

"그렇다면 가족과의 인연이 끊어진다는 건가요?"

김쭈야가 답했다.

"당신이 커밍아웃이라도 하면, 당신의 집은 한국 사회에서 없는 사람 취급을 받기 쉽기 때문이에요. 가족의 나머지 구성원이 사회적 지위를 유지하기 위해서, 집안의 가장이 당신을 '없는 사람 취급'을 할 기예요."

참석자 모두가 말이 잘 통했다. 갈수록 분위기가 무르익었다. 극단의 다

---

50) 여성 동성애자·남성 동성애자·양성애자·성전환자(Lesbian·Gay·Bisexual·Transgender)를 통칭하는 말이며, 이들 단어에서 머리글자를 땄다. 오늘날에는 '자신의 성 정체성에 의문이 있는 사람'을 뜻하는 'Questioning'도 추가해서, 'LGBTQ'라는 용어도 사용한다. 원래는 본문에 설명되었으나, 문장이 다소 긴 관계로 각주로 옮겼다.

른 멤버도 퇴근하고 자리에 합류했다. 그들은 자신의 경험과 생각을 우리와 나누었다. 단정한 셔츠를 입은 빈틈없는 태도에서 여피(yuppie)[51] 스타일의 기색이 드러나는 이가 있었다. 그는 '저기'라는 예명을 쓰는 배우였다. 그는 맥놀이에서 커밍아웃했다.

"군대든 일반 사회든 한국의 동성애자 차별 풍조는 너무 심각해요. 게다가 차별을 당연한 것처럼 여겨요."

'저기'가 쓴웃음을 지었다.

"대부분의 사람들이 그 같은 언어나 태도에서 차별을 느끼지 못해요. 그래서 자신도 모르게 남에게 상처를 주게 되지요."

나는 저기라는 사람이 궁금했다.

"당신의 가족은 뭐라고 해요?"

그는 다시 쓴웃음을 지었다.

"반응이요? 제 가족은 아직 모르거든요."

그 순간 나는 코가 시큰해졌다.

한국 사회의 스트레스

한국은 가부장제가 뿌리 깊은 사회이다. 한국 사회는 일반적으로, 남성에겐 '책임감'을, 여성에겐 '여성의 도리'를 요구한다. 이런 분위기는 학교와 가정을 비롯해 사회 전반에 걸쳐 매우 강하다. 이 때문에 LGBT 집단은 생존하는 데 어려움을 겪는다. 심지어 그들은 진지하게 자신을 대면할 용기도 없다.

---

51) '전문직에 종사하는 도시의 젊은이(Young Urban Professional)'를 뜻하는 영어 축약어에서 유래한 말이다. 물질주의와 개인의 자유분방함, 인간관계의 세련됨 등이 주된 특징이라고 알려져 있다. 이외에도, 미국의 경우에는 그들이 1984년 대통령 선거의 민주당 경선에 출마한 게리 하트(Gary Hart)의 지지기반이었다는 점이 주목을 받았다. 이에 따라 그들이 진보적·개혁적 정치 성향을 가진 사회적 집단이라는 의미도 추가되었다.(네이버 시사상식사전 참고)

"전 맥놀이에 연출로 참여했어요. 사회 풍조를 바꾸려고 했던 것은 아니었어요. 저는 그저 저와 같은 사람이 스스로를 대면할 용기를 갖게 하고 싶었을 뿐입니다. 그들이 결코 외롭고 이상한 존재가 아니라는 것도 알게 하고요."

'저기'의 눈빛은 결연했다. 그는 자신의 생각을 또박또박 털어놓았다. 이런 상황을 통해서 동성애자를 차별하는 한국 사회의 분위기 때문에 겪는 그의 괴로움을 확인할 수 있었다.

특정 집단이 한국 사회에서 스트레스를 받는 것 외에도, 한국의 학생들이 짊어진 스트레스도 자살률을 높이고 있다. 김쭈야는 자신의 고등학생과 대학생 시절, 그리고 훗날 연극 배우에서 연출로 방향을 바꾸게 된 과정을 들려주었다.

김쭈야는 '명문대'에 합격하지 못해서 재수를 했다. 그 시기가 그녀는 너무 힘들었다. 그녀의 가족은 그녀가 대학에 진학하지 않은 걸 수치스러워했다. 그녀의 고등학교 동창도 그녀를 '동정'할 뿐이었다. 그녀는 스트레스 때문에 자살을 시도했다. 그녀는 목숨은 건졌다.

"저는 연극을 통해서 자살을 시도하려는 사람이 없는 사회를 만들고 싶어요. 제가 겪었던 비참한 상황이 다른 사람에게 발생하는 것을 바라지 않아요."

김쭈야는 쓴웃음을 지었다. 그 속에 그녀의 괴로움이 묻어났다.

이 같은 사회적 문제 외에도, 한국 정부가 공표한 정책에 대해서 공연으로 응답하는 극단이나 연극 배우도 있다. 예를 들어, 2014년 4월 16일 세월호 참사가 발생한 뒤, 많은 극단이 다양한 방식을 통해서 직간접적으로 직무를 저버린 정부를 비판했다. 그중에는 오랫동안 연기를 업으로 삼아온 '이상'이라는 배우도 있었다. 그는 거리공연을 했을 때의 이상(理想)과 목표를 공유하고자 했다.

공연 그 자체가 답이다

'이상'은 항상 웃는 거리 공연자였다. 그의 손과 몸에는 여러 사회운동을 상징하는 문신들이 그려져 있었다.

"제 공연은 사실 관객에게 어떤 메시지를 반드시 드러내지 않아도 돼요. 이를테면, 몇 년 전 제가 카톡에서 본 인물의 옷을 입어봤어요. 그 모습 그대로 의자를 들고 인사동 거리로 나와 제 몸을 묶고 의자에 앉았어요. 사람들이 어떤 반응을 보였을까요?"

나는 궁금했다.

"무슨 이유라도 있었어요?"

"당시 박근혜 정부가 공표한 새로운 법령 때문이었죠. 국민을 대상으로 카톡상의 대화를 감시하겠다는 거예요. 근데, 이건 그냥 인권침해 아닌가요?"

이상은 분노했다.

한국 정부는 2014년 박근혜 정권 시절에 새로운 행정명령을 공표했다. 국가안보를 위한다는 것이 그 목적이었다. 이를 통해서 카카오톡이나 라인 등과 같이 한국인이 많이 쓰는 SNS를 전면적으로 모니터링하기 시작한 것이다. 하지만 반대 의견이 쏟아졌다. 이상도 격렬하게 반대했다.

"그때 거리에서 퍼포먼스를 벌일 때, 처음에 사람들은 그저 바라보기만 하더군요. 그러다 그들 중 몇 명이 의견을 나눈 후에 제 몸을 묶은 끈을 풀어주려고 했죠."

이상은 웃었다.

"끈이 너무 꽉 묶였기 때문에 풀기가 쉽지 않았어요. 많은 사람이 힘을 모았어요. 마지막에는 풀려날 수 있었어요."

이상은 말을 이었다.

"제 공연은 특정한 메시지를 보내려는 게 아니었어요. 사람들에게 그저 뭔가를 일깨우고 싶었을 뿐이죠."

이상과 같은 연기자는 한국에서 드물지 않다. 급진적이라 할 수 있는 NGO나 독립 연기자는 대학로나 홍대, 혹은 인사동 등지에서 공연한다. 대중의 시선을 끌어내 대중 스스로 한국 사회에서 무엇이 바뀌어야 하는지를 한 번쯤 되돌아보게 하려는 것이다.

민간 단체나 극단 외에, 한국 정부도 연극을 통해서 국제사회에 전하고 싶은 메시지를 널리 퍼뜨리는 방식을 효과적으로 활용한다.

정부의 선전도구로서의 연극

한국의 이명박 전 대통령은 취임한 뒤에 '한식 세계화' 정책을 적극적으로 추진했다. 한국 요리를 세계로 진출시키는 것이었다. 세계 4대 요리라고 일컬어지는 중국·일본·프랑스·이탈리아의 뒤를 잇는 5대 미식 국가의 반열에 오르게 하는 것이 그 목적이었다.

한국 정부는 다양한 방식의 박람회와 미식 전시회 개최뿐 아니라, 공연 단체와 합동으로 뮤지컬 〈셰프〉[52]라는 공연을 만들었다. 이 같은 프로그램은 한식 세계화의 정부 정책과 결합되었다. 한류의 문화적 소프트 파워를 수출하는 방식이 활용되어 극장 산업을 다양하게 하는 한편으로 한국 요리를 세계에 알렸다.

〈셰프〉를 제작한 극단은 땅값이 비싼 곳으로 소문난 서울 종로에 대형극장을 소유하고 있으면서 뮤지컬 〈셰프〉의 기념품 특매장도 갖추고 있다. 이를 보면 정부가 극단을 어느 정도로 적극적으로 지원하고 있는지를 알 수 있다.

한국의 연극 단체는 서울 대학로나 부산의 독립극장 할 것 없이 저마다 문제 의식을 갖고 작품을 무대에 올리고 있다. 시민단체나 정부도 대중에게 메시지를 전하는 가장 직접적인 방식으로 연극을 활용한다.

---

52) 원서의 표기는 '비밥쇼(拌飯秀)'이다. 여기에서는 2018년에 이루어진 명칭의 변경을 반영해서 '뮤지컬 셰프'라고 표기했다.

연극은 본래 시청각적인 공연 예술로서 고급스러운 것을 만끽할 수 있도록 최적화되어 있다. 연극은 관객에게 당면한 사회 현실을 직시하게 하면서 대중 친화적으로 사회에 녹아든다.

주카자흐스탄 한국문화원이 카자흐스탄에서 무대에 올린 〈셰프〉의 포스터. '최고의 비빔밥을 위한 셰프들의 화려한 요리 대결!'이라는 카피를 내세우고 세계 31개국에서 공연을 이어가고 있다고 한다. 외국 공연은 대사 없이 행위와 소리, 음악 등을 통해 내용을 전달하는 넌버벌(non-verbal) 퍼포먼스로 진행한다.

2014년 4월 16일 발생한 세월호 참사는 선원들이 승객의 안전은 아랑곳하지 않고 배를 버리고 도망쳐서 비난받은 사건이다. 그 밖에도 한국 정부가 긴급 상황에서 어떤 대책도 펴지 못하고 72시간의 골든타임을 놓치는 사태를 초래한 것도 국민의 비판을 받았다.

사건 발생 직후, 해양경찰은 국민의 정서를 통제하기 위해서, '단원고 학생 325명을 전원 구조했다'라는 거짓된 보도를 발표하기까지 했다. 이 상황은 끝없는 거짓말로 더욱 악화되었다. 한국 정부와 한국 언론에 대한 사회의 신뢰는 바닥으로 추락했다.

서울 광화문 앞 세종대로에 운집한 촛불 시민

Chapter

03

당신은 모를 '헬조선'

1 재벌이 나라를 다스린다고? 무법을 일삼는 재벌이 한국의 명줄을 옥죄다

삼성그룹의 후계자가 된 이재용 부회장이 편백나무로 만든 회의장 탁상을 힘껏 쳤다. 그의 질책에 계열사 대표 수십 명이 놀랐다. 갤럭시 스마트폰 매출 실적이 참담했던 것이다.

이 결과로 곤경에 빠진 사람들이 있었다. 회의가 끝난 뒤, 삼성전자의 전체 직원 중 10%가 정리해고된다는 소식이 알려졌다. 이 뉴스에 한국 사회는 크게 놀라지 않았다. 한국인들은, '온갖 악행을 일삼는' 대재벌의 처지를 흐뭇하게 바라봐야 할지, 아니면 한국을 대표하는 기업의 경영 상태가 좋지 않은 것을 걱정해야 하는지 갈피를 잡지 못했다.

한국인이라면 이런 문제에 난처했을 게 분명하다.

위의 상황은 필자가 상상한 장면이다. 하지만 확실한 것은 매출 성과가 좋지 않은 삼성그룹이 정리해고를 피할 수 없다는 것이다. 대만의 경우라면 회사의 정리해고와 관련된 문제는 사회 전체의 논쟁을 초래하지 않을 수도 있다.

하지만 한국에서의 삼성에 관한 문제는 하나의 사례일 뿐이다. 왜냐하면 한국 경제는 재벌이 좌지우지하고 있다고 해도 지나친 표현이 아니기 때문이다. 특히 삼성그룹의 매출은 한국 국내총생산(GDP, Gross Domestic Product)의 20.1%를 차지했다.53) 한국에서는 의식주·교통·교육·오락 분야 등을 막론하고, 재벌이 고함을 치면 흐르는 물을 얼릴 정도로 힘이 강하다.

---

53) 2021년 기준으로, 삼성의 총매출은 379억 원이었다. 이는 당년 한국의 국내총생산에서 18.3%의 비중을 차지하는 것이다. 참고로, 그해 삼성을 포함한 한국의 주요 대기업의 총매출이 한국 GDP에서 차지하는 비중은 58.3%였다.(이정훈, 「삼성 날고 다른 재벌 '경제력 집중' 커졌는데…윤 정부 정책은 '친재벌'」, 《한겨레》, 2022. 6. 27.)

민의와 동떨어진 조치

2015년 광복절을 앞둔 8월 13일, 박근혜 당시 대통령은 광복절 전야에 특별사면을 실시하겠다고 발표했다. 전국에 걸쳐 수감된 범죄자 중, 총 6,527명이 수혜를 입었다. 그중에는 SK그룹의 최태원 회장처럼 이름이 많이 알려진 경제인 13명이 포함되었다.[54]

한국 사회는 놀랐다. 박근혜는 '국가 경제의 회복을 지원해야 한다'라는 명분을 내걸고 재벌 총수들을 석방했다. 한국인이라면 받아들이기 어려운 조치였다. 최태원이 석방된 후에 실시한 여론조사 결과가 발표됐다. 특별사면에 대한 대중의 의견을 알아보기 위한 조사였다. 응답자 중 54%가량이 특별사면을 반대하고, 35%는 특별사면을 지지한다고 밝혔다.

사면을 단행한 박근혜 대통령을 향해 '국민적 합의'를 뒤집었다며 신랄하게 비판한 《한겨레》 기사 (2015년 8월 14일)

재벌 총수 몇 명을 특별사면해 주면, 그들이 정말로 뼈저리게 뉘우치면서, 게다가 국가의 경제발전을 위해서 온 힘을 다하며, 국민과 정부의 자비에 보답하지 않겠냐고 말하는 사람도 있을지 모르겠다. 여기서 최태원이 왜 감옥에 수감되었고, 그 전에 무슨 일을 했는지 알아보자.

SK그룹은 한국의 5대 재벌에 속한다.[55] SK의 주된 사업은 석유화학과 통신 산업이다. 특히 한국의 통신시장은 SK가 50% 넘게 점유하고 있다.[56]

---

54) 자세한 것은 「〈보도자료〉 2015년 「광복 70주년 특별사면」 실시」, 법무부, 2015. 8. 13. 참고.

55) 2022년 4월 기준, 한국의 5대 재벌은 삼성·SK·현대자동차·LG·롯데이다.(정진호, 「SK, 현대차 제치고 재계 2위 됐다」, 《중앙일보》, 2022. 4. 27.)

56) 정보통신정책연구원(KISDI)의 「2021년도 통신시장 경쟁상황 평가」라는 보고서에 의하면, 한국의 이동통신사 가입자의 점유율은 1위 SK텔레콤(47.7%), 2위 KT(28.3%), 3위 LG U+(24%)의

또한 대만 기업(TSMC나 NANYA 같은)과 직접적인 경쟁 관계에 있는 DRAM (Dynamic Random Access Memory) 제조기업인, SK그룹의 자회사 SK하이닉스는 한국에서 영향력이 크다. 이런 기업이 경영철학이 투철했다면 사회에 크게 기여했을 것이다. 하지만 SK그룹의 총수 최태원의 생각은 다른 듯했다.

최태원이 범죄를 저지른 것이 이번이 처음은 아니었다. 특별사면으로 풀려난 것도 이번이 처음은 아니었다. 그는 2003년에 회계 부정으로 검찰에 기소당했고, 법원으로부터 3년형을 선고받았다. 하지만 그는 수감 7개월 만인 2008년에 이명박 전 대통령의 특별사면 조치로 풀려났다.

최태원은 2008년 465억 원[57] 규모의 회사 자금을 사적으로 유용해서, 주식시장에서 선물옵션 등에 투자한 혐의로 검찰에 고발되었다. 혐의가 드러난 뒤의 최태원은 그룹이 소유한 모든 자원을 써서 항소했다. 하지만 증거가 확실했기 때문에 법원은 그에게 징역 4년형을 선고했다.

최태원은 2013년 1월 수감되었다. 하지만 이번에도 그는 형기를 다 채우지 않았다. 당시 박근혜 대통령이 "국가 발전과 국민 대통합의 계기로 삼고 국민들의 사기를 진작"[58]시키기 위해서라는 이유를 내세워서 그를 석방시켰다.

박근혜 정부의 행보는 한국 사회의 민감한 부분을 건드렸다. 재벌이 한국 사회에서 장기간 '권세를 앞세워 백성을 수탈한 것' 외에도, 박근혜가 2012년 대통령 선거 때 제시한 공약 중 하나가 재벌을 더욱 엄중하게 관리하겠다는 방침을 내걸었기 때문이었다. 게다가 박근혜 정부는 '경제민주화'라는 구호를 제시해서 한국 사회의 빈부격차를 줄이고, 일반 서민의 경제적 부

순이다(2020년 기준).(선담은, 「국내 이통시장 점유율 격차 커져⋯"경쟁 미흡"」,《한겨레》, 2022. 4. 4.)

57) 당시 보도에 따르면, SK텔레콤, SK C&C 등 2개 계열사에서 선지급 명목으로 465억 원을 배돌린 혐의(특정경제범죄가중처벌법상 횡령)를 받았다.

58) 원문은 "'국가 대통합과 경제회복을 실현시키기' 위해서라는 이유(以爲了'實現全國和解及重振經濟'的理由"라고 되어 있다. 보다 구체적인 내용을 언급하는 것이 좋겠다는 옮긴이의 판단 아래에서, 각주 54)의 보도자료에 언급된 내용으로 대체했다.

담을 경감시키겠다고까지 했다.

하지만 2015년 8월 박근혜 대통령의 특별사면은 유권자들과의 약속을 저버린 조치였다. 그 결과 박근혜 정부에 대한 국민의 지지율은 곤두박질쳤다.

이명박 대통령이나 박근혜 대통령이나 수차례 재벌 총수들을 특별사면 조치를 취했다. 이명박 대통령은 특히 2008년이 저물기 전에 3대 재벌 총수59)에 대한 특사 조치를 단행했다. 그중에는 조직폭력배를 동원해 술집 종업원을 폭행한 한화그룹의 김승연 회장도 포함되었다.60) 이 조치는 뜻밖이었다. 한국인의 불만은 최고조에 이르렀다.

이명박 대통령은 2009년 한국이 올림픽 개최지로 선정되는 데 협조를 얻는다는 명분으로 삼성그룹의 이건희 회장에 대해 특별사면 조치를 단행하기도 했다.61) 이는 또다시 한국 국민의 반감을 불러일으켰다.

그런데 일전에 몇 명의 한국인을 인터뷰했을 때 흥미로운 점을 발견했다. 그들 중 대부분은 재벌을 경멸한다고 했다. 하지만 그들은 언젠가 재벌그룹의 일원이 되어서 사회의 기득권이 되길 바라는 열망도 숨기지 않았다.

한국 재벌, 겉으로는 자랑거리, 속으로는 분노의 대상

대만에 워킹홀리데이를 하러 온 '우(禹)' 양이 말했다.

"한국 재벌에 대한 느낌은 국내에 있을 때와 해외에 있을 때가 달랐어요.

---

59) 여기서 '3대 재벌 총수'는 SK그룹의 최태원, 한화그룹의 김승연, 현대기아자동차그룹(현재는 현대자동차그룹)의 정몽구이다.(박영회, 「8.15 광복절 특별사면…재벌 총수 대거 사면」, 《MBC》, 2008. 8. 12.)

60) 본문에 언급된 사건은 2007년 3월에 발생했다. 한화그룹의 김승연 총수는 그 일로 징역 1년 6개월을 선고받았다.(표창원, 「"내 아들 때린 놈이 누구야?" 재벌 회장의 무차별 폭력」, 《한겨레》, 2013. 4. 5.)

61) 이건희 삼성 회장은 2008년 8월에 배임과 조세포탈죄로 징역 3년을 선고받았다가, 수감 4개월 만에 이명박 전 대통령의 특별사면 조치로 풀려났다. 그 명분은 당시 국제올림픽위원회의 위원이었던 그가 2018 평창 동계올림픽을 유치하는 데 필요하다는 것이었다.(석진환, 「MB, 이건희 '1인 특별사면'」, 《한겨레》, 2009. 12. 29.)

한국에서 재벌은 가증스러운 집단으로 받아들여지지만, 제가 만난 외국인들은 삼성과 현대 같은 브랜드가 한국을 대표한다고 생각해요. 그래서 제가 대만인을 포함한 외국인과 삼성에 대해 대화할 때면 제가 한국인인 게 엄청 뿌듯하죠. 삼성의 글로벌 파워가 갈수록 강해지고 유명해지고 있기 때문이에요."

나는 한국의 NGO 단체 참여연대에서 활동하기도 했다. 한국인 동료들은 자신들이 여러 해 한국 국민의 권리 쟁취와 정부를 감시하며 치열하게 살아온 경험을 틈만 나면 내게 들려주었다. 그들은 재벌을 상대로 권리를 쟁취하는 것보다 언론과 민간 단체가 압력으로 정부에 청원하거나 압박을 가하는 것이 쉽다고 여겼다.

한국은 5년마다 대통령 선거를 치러 정권의 향배를 가린다. 그런데 대부분의 한국 재벌은 총수가 세상을 뜰 때까지 그 자리에서 내려오지 않는다.[62] 게다가 한국의 재벌은 언론계와 정치계를 막론하고 영향력을 행사한다. 그래서 이렇게 강한 권력을 가진 재벌에 맞서야 하니, NGO 등의 시민단체들은 고될 수밖에 없다(법이 단죄해도 얼마든지 풀려날 수 있으니까. 그들을 쓰러뜨리기가 그렇게 어려운가?).

한국 재벌은 통제하기 어렵다. 왜냐하면 그들의 권세는 하루 이틀 만에 만들어진 것이 아니기 때문이다. 지난날 한국 정부의 경제 정책 방향이 그렇게 만든 것이다. 그 밖에도 한국의 강렬한 민족주의, 한국 사회의 장유유서(長幼有序) 문화, 뚜렷한 계층구조 등이 재벌을 한국에서 군림하게 만들었다.

---

62) 이에 따라 총수 사망 시, 재벌에선 누가 총수 자리를 이어받을지를 놓고 자식 간의 격렬한 분란이 발생한 사례가 있다. 대표적으로 현대그룹의 사례가 있으며, '형제의 난'이나 '왕자의 난' 등의 이름으로 언론에서 회자되고 있다. 이 내용은 다음의 기사를 참고했다.
김수빈, 「왕자의 난과 갈라진 운명」, 《주간동아》 제1033호, 2016. 4. 11.
김선관, 「정몽구, 갤로퍼의 성공으로 현대차를 품에 안다」, 《한겨레》, 2021. 3. 9.
이승국, 「잊을만 하면 터지는 재계 '형제의 난'…왜?」, 《연합뉴스》, 2016. 6. 17

2 '박근혜 게이트'와 한국인의 '집단주의'

군중이 두 손을 높이 치켜들고 환호했다.

"탄핵안이 통과됐다!"

내 옆의 두 여성은 서로 껴안았다. 그들은 기쁨에 겨워 눈물을 주체하지 못했다.

2016년 12월 9일, 지하철 9호선 국회의사당역에 설치된 TV 스크린 앞이었다. 100여 명에 가까운 군중이 국회가 박근혜 대통령 탄핵안을 통과시켰음을 확인했다. 그 순간 환호성이 터져 나왔다. 나는 스마트폰의 카메라로 사람들이 환호하는 모습을 담았다. 그들은 온몸에 소름이 돋았을 것이다. 그리고 이렇게 생각했을지도 모른다.

'우리가 바꾼 게 맞아?'

2016년 11월 박근혜 하야를 외치던 촛불 시민들이 '기레기'라 부르던 KBS 취재 차량에 분노를 표출하고 있다.

국민의 분노, 국가 개혁을 향한 첫걸음

박근혜 대통령을 탄핵하기 전으로 돌아가 보자. 나는 한국의 유명 신문사에서 근무하는 권 기자와 신촌의 음식점에서 만났다. 우리는 술 한 잔을 마시면서 박근혜 게이트 이후에 사태가 어떻게 전개될지를 놓고 이야기했다.

"지금 사회적 분위기는 1980~90년대의 민주화운동이 벌어질 때와 비슷해요. 한국인이라면 누구나 세상 돌아가는 얘기에 자신의 의견을 마음껏 드러내고 있죠."

우리 뒤편에 앉은 아저씨들이 별안간 목청을 높였다. 그들은 박근혜란 인물이 대통령감인가를 화제로 놓고 말싸움을 벌이고 있었다. 별안간 아저씨 한 명이 자리를 박차고 일어났다. 의견 차가 좁혀지지 않은 듯했다. 그는 뒤도 돌아보지 않고 나갔다. 남은 일행은 당황했다.

권 기자가 웃었다.

"봤죠? 진짜 '화끈하게' 싸우지 않나요?"

이를 보면서 나는 한국에 처음 와서 참여연대와 함께 한미 FTA 반대 시위에 참가했을 때를 떠올렸다.

2011년 11월이었다. 기온은 0℃를 가리켰다. 천여 명의 군중은 추위를 두려워하지 않았다. 경찰은 물대포를 쐈다. 군중은 물대포를 맞고 고통스러워했고 추위에 떨었다. 보통 사람이라면 견디기 힘들었을 것이다.

물론 나는 한국인의 민족성과 그들의 정치 참여에 대한 열정을 여러 차례 느꼈다. 이 때문에 나는 '해바라기 운동(太陽花運動)'[63]을 경험하지 않은 대

---

63) 2014년 3월 18일~4월 10일까지 대만에서 전개된 반정부시위이다. 3월 17일에 대만 정부(당시에는 국민당의 마잉주 정권)가 중국하고 일종의 대·중(臺·中) FTA라 할 수 있는 양안경제협력기본협정(兩岸經濟合作架構協議, Economic Cooperation Framework Agreement)의 일환인 '양안서비스무역협정(海峽兩岸服務貿易協議, Cross-Strait Service Trade Agreement)'을 체결한 것이 발단이었다. 해당 기간 동안, 대학생들이 대만 경제의 대중국 종속이 가속화될 것이라고 항의하며, 대만 입법원(立法院, 한국의 국회에 해당)을 점거했다. 이후 한 달여의 기간 동안 경찰과의 대치 끝에 대만 정부로부터 관련 협정을 진행하지 않겠다는 약속을 받고 해산되었다.(귀

만인으로서 부러움을 느꼈다. 그 시간은 내가 한국의 사회운동을 가까이에서 관찰할 좋은 기회였다. 나는 부러운 한편으로 회의감을 떨치지 못했다.

지난날 한국 사회에서 보수와 진보 진영은 끊임없이 격렬한 논쟁을 일으켰다. 그런데 그들은 어째서 2016년 국정농단 사태 때 함께 손을 잡고 반정부 시위에 나섰는가? 그들은 왜 박근혜 정부 반대 시위에 참가했는가? 한국인 기자 몇몇이 흥미로운 답변을 내놓았다.

국민이 책임을 면할 수 있을까?

"박근혜 사태가 터지니까 제가 다 창피했다고요."

권 기자가 답했다. 난 물었다.

"왜죠?"

그는 잠시 뜸을 들였다.

"그건… 박근혜는 우리 국민이 민주적인 선거 과정을 거쳐서 뽑은 대통령이기 때문이에요. 그러니 한국인이라면 이번 사건에 책임이 있는 거죠."

몇몇 한국인 친구도, 시위하게 한 가장 큰 원인은 '수치스러움'이었다고 털어놓았다. 그 밖에도 몇 가지 의견을 들려주었다. 나는 한국인이 국가에 강한 책임 의식을 가지고 있다는 것을 확인하고 놀랐다.

한편으로 회의감도 들었다. 한국인의 집단주의(Collectivism)가 그렇게 만든 것이 아닌가 하고. 단순히 집단의 일원으로서 부끄러울 뿐일까, 아니면 사회적 책임과는 관련이 없을까?

대만에도 이와 비슷한 정서가 있다. 몇 년 전, 세계 곳곳에서 사기 사건이 발생했다. 여기에 연루된 상당수가 대만 사람이었다.[64] 이 때문에 대만은

팅위(郭婷玉)·왕핀한(王品函)·쉬야링(許雅玲)·좡젠화(莊建華), 천쓰위(陳思宇) 감수, 신효정 역, 『도해 타이완사(圖解臺灣史)』(글항아리, 2021.)의 389~393쪽 및 허영섭, 「[허영섭의 대만 이야기] '해바라기 학생운동'이 뭐길래」,《The AsiaN》, 2014. 5. 10 참고)

'사기꾼의 섬'이라는 오명까지 얻게 되었다.

나는 이런 호칭 때문에 적지 않은 사람이 부끄러워할 거라고 생각했다. 나는 천수이볜(陳水扁, 제10·11대, 임기 2000~2008) 퇴출 운동[65])이나 마잉주(馬英九, 제12·13대, 임기 2008~2016) 반대 운동[66]) 시기의 상황을 떠올렸다. 보통의 경우라면 '사기꾼 집단'은 양심의 가책을 느끼지도 않고 수치라고 여기지도 않았을 것이다.

하지만 한국의 '박근혜 게이트' 사례를 보면, 그에게 투표했건 하지 않았건 유권자들은 모두 부끄러워했다. 그 때문에 한국 국민이 거리에 나선 것이다.

박근혜 정권의 예상치 못했던 정치적 추문은 정권 내부의 문제뿐 아니라 부정 부패와 직무 유기와 상관없이 권력자에게 모든 책임이 있었다. 한국 국민은 그렇게까지 양심의 가책을 느끼지 않아도 되었을 텐데 말이다.

국격을 가장 소중히 여기는 한국인의 집단주의

"제가 한국인의 특성 중에 가장 싫어하는 것이 바로 집단주의예요."

'토미'가 말했다. 그는 5년 전에 뉴질랜드에서 한국으로 이주했다. 그는 2018년까지 국제앰네스티(Amnesty International)[67]) 한국지부에서 활동했다.

---

64) 2016년경에 세계 곳곳에서 보이스피싱 용의자가 체포되었는데, 이들 중에 상당수 포함된 대만인이 중국으로 송환된 것을 말하는 것 같다.(박은경, 「양안 갈등으로 번진 중국 보이스피싱 사기」, 《경향신문》, 2016. 5. 11. 및 최현석, 「대만, '석방 논란' 국제 전화사기 용의자 18명 구금」, 《연합뉴스》, 2016. 4. 21.)

65) 100만인 천수이볜 퇴출운동(百萬人倒扁運動)이다. 이 사건은 천수이볜 정권 시기에 비리가 끊임없이 부고된 것을 계기로, 2006년 8월 12일부터 천수이볜 총통의 하야를 요구하는 캠페인 및 시위가 벌어지기 시작되었다.(위키피디아 및 송의달, 「믿었던 동지들마저… 천수이볜 下野 촉구 확산」, 《조선일보》, 2006. 8. 17. 및 모종혁, 「노무현과 비교되던 천수이볜, 이대로 몰락하나」, 《오마이뉴스》, 2009. 9. 17. 참고)

66) 2008년 8월 30일에 시작된 대규모 시위이며, 마잉주 총통 취임 100일 차에 시작되었다. 당시에 야당이었던 민주진보당이 주요 단체로 참여했고, 온 대만인이 정부의 친중국 행보에 반대 목소리를 높였다.(하종대, 「"親中 마잉주 퇴진" 30만여명 시위」, 《동아일보》, 2008. 9. 1.)

67) 1962년 7월 1일에 창립되어 1964년에 UN 자문기구의 지위를 얻고, 1977년에 노벨평화상을

"전 한국인이 남녀노소 가리지 않고 거리 시위에 참여한 데서 위안을 받았어요. 하지만 그들이 집단주의 때문에 나왔다는 당신의 얘기를 듣고, 좀 실망했어요."

뉴질랜드가 서구 사회가 중시하는 개인주의에 비교적 강한 영향을 받은 나라인 데다, 국제앰네스티의 사명이 인권 쟁취였기 때문이었다. 그곳에서 일하는 토미가 한국인의 생각에 공감하지 못하는 것은 의외의 일이 아니었다.

나 역시 흥미로운 사례를 경험했다. 한국에 사는 친구의 경우였다. 그 한국인 여성은 재벌이 한국 내부에서 '권세를 내세워 일반 국민을 수탈하는' 상황을 혐오했다. 그런데 그녀가 대만인 친구들을 만났을 때였다. 그들이 삼성전자 휴대폰에 대해서 이야기하자, 그녀도 곧바로 삼성이 한국 브랜드라고 자랑스럽게 말했던 것이다. 나중에 나는 그녀에게 물었다.

"재벌을 싫어한다고 했잖아요. 근데 왜 외국에선 태도가 확 바뀌지요?"

그녀가 답했다.

"어쩔 수 없어요. 재벌이 막돼먹었지만, 우리 한국인이 외국에서는 뭉쳐야 하잖아요. 국격이 중요하다고 여기기 때문이죠."

재벌의 착취에 반대한다면서 외국에 나가면 왜 태도가 바뀌는 걸까?

그 이유는 바로 집단주의가 한국인의 무의식을 지배하기 때문이라고 할 수 있다. 한국의 경우에는 거대 재벌이 수단과 방법을 가리지 않고 노동자를 착취해도 국제적으로는 '대를 위해 소를 희생해야 한다'라며 국가를 개인의

수상한 단체이다. 2022년 현재까지, 전 세계 160개국에 걸쳐 왕성하게 활동해 온 '세계 최대의 인권 단체'이다. 이 단체는 1961년 5월 28일에 영국인 변호사인 피터 베넨슨(Peter Benenson, 1921~2005)이 두 포르투갈인 청년이 리스본에서 자유를 외친 죄로 7년형을 선고받았다는 소식을 듣고, 신문사《옵저버(Observer)》에 「잊혀진 수인들(The Forgotten Prisoners)」이란 논설을 기고한 것을 계기로 탄원 운동이 전개된 것을 그 시작으로 한다. 참고로 한국에도 1972년에 지부가 설립된 이래, 군사정권에 맞서 문익환 목사 석방 및 김대중 당시 야당 정치인 가택연금 해제 등을 앞장서서 촉구했다. 이후에도, 위안부 할머니와 평택 미군기지 건설 문제로 인해 거주지에서 추방된 주민들의 편에 섰고, 한미 FTA 반대시위 강경진압 중단 촉구 및 국가보안법 폐지 운동과 낙태죄 폐지 운동 등에 앞장서는 등, 열성적인 활동을 전개하고 있다.(국제앰네스티 한국지부 홈페이지 참고)

이익보다 우선시하는 것이다.

　이 역시 현대의 한국 사회에서 만들어진 많은 불공정한 사례 중 하나이다. 특히 재벌 총수의 범죄가 법원에서 심판받기라도 하는 경우에는 정부가 도리어 '국가 경제'를 명분으로 번번이 총수들에게 특별사면 조치를 내리는 것도 그런 사례 중 하나이다. 한국인에게는 마음이 내키지 않아도, '국익' 앞에서는 침묵하는 경우도 있는 것이다.

　한국처럼 고압적인 사회에서도 부당함에 앞장서서 항의하는 특정 부류의 사람들이 여전히 활동하고 있다. 그러나 이들은 '유별나고 애국하지 않는다'라는 죄 아닌 죄를 뒤집어쓰기까지 한다. 그 때문에 저항의 목소리가 한국 사회의 주류로 자리 잡기가 쉽지 않다.

　한국인은 남녀노소 가리지 않고 박근혜 대통령을 반대한다고 외쳤다. 대통령이 잘못했고 정부가 마땅히 책임져야 한다고 여겨서 거리 시위를 벌였다. 세계적인 추문 때문에 나라의 체면이 말이 아니라고 느낀 사람도 있었을 것이다. 권 기자처럼 한국 국민의 일원이어서 국가가 이렇게 된 것에 반드시 책임을 져야 한다고 여기는 사람도 있었을 것이다.

　한국인은 거리 시위에 참여해 정부에 대한 불만을 강력하게 표출했고, 박근혜 정권을 끌어내렸다. 한국 사회의 민주화는 시민의 적극적인 관심을 표출하는 정치적 행동을 통해서 더욱 심화되었다. 그들은 거리에서 어떤 마음가짐이었는지에 상관없이 자신이 한국 사회의 일원이고 '대한민국 국민'으로서 책임을 짊어지도록 서로를 독려했다.

3 침몰한 여객선과 신전의 제단에서 떨어진 공주

2014년 4월 16일, 봄볕이 따뜻해지기 시작할 무렵이었다. 제주도로 향하던 중량 6천여 톤의 여객선 '세월호'가 오전 8시경에 구조요청 신호를 발신했다. 곧이어 한국은 물론 전 세계가 배에 탄 476명(단원고 2학년 학생 325명 포함)의 구조 상황에 온 관심을 기울였다.

세월호는 4월 18일 바다 속으로 완전히 가라앉았다. 정부의 최종 보고에 따르면, 사망 295명, 부상 172명, 행방불명 9명으로 집계되었다(행방불명자 중에서, 4명은 2017년에 세월호 선체를 인양한 뒤 시신을 찾았다. 하지만 나머지 5명의 시신은 2018년까지도 수습하지 못했다).

2014년 5월 15일, 배를 버리고 먼저 도망간 선장과 3등 선원을 검사 측은 살인죄로 고소했다. 다른 선원 12명도 유기치사죄로 고소당했다. 사람들은 이들 두고 사건이 일단락되었다고 생각했을 것이다. 하지만 시간이 흐를수록 비극적인 진실을 마주하게 되었다.

2014년 4월 16일 세월호 참사는 선원들이 승객의 안전을 최우선으로 여기지 않고 배를 버리고 도망쳐서 비난받은 사건이다. 이외에 한국 정부가 긴급 상황에서 아무것도 하지 못하고 72시간의 골든타임을 놓치는 사태를 초래했던 점도 국민의 비판을 받았다.

사건 발생 직후, 해양경찰은 국민의 정서를 통제하기 위해서 '단원고 학생 325명을 전원 구조했다'는 거짓 보도를 발표하기까지 했다. 이런 상황은 끝없는 거짓말로 더욱 악화되었다. 한국 정부와 한국 언론에 대한 국민의 신뢰는 바닥으로 추락했다.

박근혜 당시 대통령도 5월 19일 비통해하며 TV를 통해 대국민 사과를 했다. 그리고 박 대통령은 직무 유기를 저질렀다고 비판받던 해양경찰청을 해산시키는 한편으로 국민안전처를 신설했다. 이곳에서 세월호 생존자의 구조 및 수색 작업과 해양 순찰 업무를 맡게 되었다.

하지만 이렇게 모든 상황이 종결되었을까?

세월호 참사 직후, 이정현 당시 청와대 수석비서관이 두 차례나 전화로 KBS에 압력을 가했다. 정부에 비판적인 내용으로 보도한 기사들을 전부 내리라고 요구했던 것이다. 이 내용이 담긴 전화 녹취록은 2016년 6월 말까지 세상에 드러나지 않았다. 녹취록 폭로 후에 정부가 의도적으로 세월호 참사에 대한 언론의 보도를 통제하려고 한 것이 만천하에 드러났다.

한국 현대사에서 정부가 언론을 통제하거나 국가가 폭력을 휘두른 사례는 드물지 않다. 한편 한국인은 보수와 진보를 막론하고, 세월호 참사가 심각한 '인재'라고 한목소리로 외쳤다. 그리고 정부가 언론 동향을 조작했던 행위는 한국 사회를 더욱 분노로 들끓게 했다.

신전의 제단에서 떨어진 공주

박근혜 전 대통령은 2012년 제19대 한국 대통령 선거에서 득표율 과반 (51.6%, 맞상대는 득표율 48%로 2위에 오른 문재인 당시 민주통합당 후보)을 획득하여 당선되었다. 그러나 세월호라는 비극이 발생하기 직전, 59%였던 박근혜 대통령 지지율은 사건이 발생한 뒤에 48%로 급락했다. 한편 2015년 4월 초 전직 국회의원인 성완종이 자살하면서 남긴 9명의 명단(일명 '성완종 리스트') 이 박근혜 내각의 부패 스캔들을 터뜨렸다.[68] 당시 제43대 국무총리를 맡고

---

68) 경남기업 회장을 역임한 뒤에 제19대 국회의원(2012~2014, 충청남도 서산시·태안군 지역구)을 지냈던 성완종이 분식회계 및 개인 비리 등의 혐의로 검찰 조사를 받던 도중인 2015년 4월 9일에 자살하면서 남긴 한 장의 메모에서 불거진 사건이다. 그에게 뇌물을 받은 사람 9명의 이름 및 액수가 담겨 있었던 것이다. 참고로, 여기에 연루된 인물 중 한 명이 당시에 경상남도지사(제35~36대, 재직 2012~2017)였으며, 현직 대구광역시장(제35대, 재직 2022~현재)인 홍준표이다.(김경희·위성욱, 「성완종, 자살 전 '홍준표 1억 전달자' 지목한 윤씨 만났다」, 《중앙일보》, 2015. 4. 13. 참고)

있던 이완구가 이 사건에 연루되어 총리직을 사퇴했다. 이번 사건도 발생 직전에 40%였던 대통령 지지율의 하락(34%)을 초래했다.[69]

물론 박근혜 정부의 지지율이 외교 성과로 한 차례 상승하긴 했다. 하지만 2016년 10월 24일, 결국 최순실 게이트(일명 '국정농단 사태')의 내막이 고발되면서 사태가 커졌다.[70] 2016년 말, 박근혜 대통령의 지지율은 한 자릿수로 떨어졌고 역사상 최저치(4~5%)를 기록했다.

2016년 12월 9일, 한국의 제20대 국회는 찬성 234표·반대 56표·기권 2표·무효 7표로 박근혜 대통령 탄핵안을 통과시켜서, 대통령의 권한을 정지시켰다.[71] 이에 따라 황교안 제44대 국무총리(재임 2015~2017)가 대통령 권한을 대행하게 되었다.

2016년 한국의 겨울은 항의 시위를 하러 거리로 뛰쳐나온 시민들의 촛불로 인해, 살을 에는 듯한 추위와는 전혀 다른 풍경으로 펼쳐졌다. 새해의 시작을 알리는 밤에는 시민들이 서울 광화문광장에 모여서, 무대 진행자의 외침을 따라 질서정연하게 자신들의 주장을 외쳤다.

물론 소수의 박근혜 대통령 지지자들은 완강하게 버텼다. 태극기를 흔들며 박 대통령을 지지한다는 구호를 외치기도 했다. 하지만 당시의 여론조사 수치가 말해주듯, 대세는 이미 기울었다.

---

69) 원문에는 '박근혜 대통령 지지율은 하락했다'라고만 서술되었다. 하지만 옮긴이가 한국 갤럽 홈페이지를 참고해서 보충 및 수정했다.

70) 2016년 최순실 게이트와 관련된 고발 및 분석 기사는 그야말로 방대해서, 여기에 열거할 수 없을 정도이다. 따라서 다음의 글에 언급된 기사들을 참고하면 된다. 민주언론시민연합, 「2016년 '올해의 좋은 보도상'은 한겨레와 JTBC의 '박근혜 최순실 게이트' 보도」, "민언련선정 이달의 좋은 보도", 2016. 12. 14.

71) 박근혜 대통령 탄핵안은 국회 내부에서 한 달여 기간에 걸쳐 논의한 끝에 2016년 12월 2일에 발의해서 9일에 표결 처리했다. 이날 재적의원 300명 중 299명이 표결에 참여, 본문과 같이 가결정족수(전체 국회 의석(300석) 중, 2/3(200석)에 해당)를 넘긴 결과가 나왔다. 참고로, 당시 새누리당 소속 국회의원(제17~20대, 2004~2019, 경상북도 경산시 지역구)이자, 제2대 부총리 겸 기획재정부장관을 겸직(재임 2014~2016)하던 최경환이 유일하게 불참했다.(이승관·현혜란, 「국회, 차대통령 탄핵…찬성 234표·반대 56표(3보)」, 《연합뉴스》, 2016. 12. 9.)

2017년 2월, 매서운 추위에도 아랑곳없이 시민들은 박근혜 탄핵을 외치며 광화문광장에 모였다.

2017년 3월 10일, 한국 헌법재판소의 법관 8명[72]은 만장일치로 박근혜 대통령의 파면을 의결했다. 이리하여 박근혜는 사상 처음으로 탄핵을 받아서 직위를 상실한 대통령이 되었다(노무현 전 대통령이 2004년 처음으로 국회에서 탄핵당했다. 그러나 헌법재판소에서 최종적으로 기각되었다). 그리고 박근혜 전 대통령이 기소당하고 구치소에 수감된 뒤, 2018년 4월 6일 16가지 혐의로 징역 24년 및 벌금 180억 원을 선고받았다.[73] 그 뒤에는 기타 혐의로 징역 8년을 추가로 선고받기도 했다.[74]

박근혜 전 대통령은 '독재자' 박정희 전 대통령의 딸로서, 모친 육영수 (1925~1974)가 세상을 떠나고부터[75] 한국의 퍼스트레이디 역할을 대리 수

---

72) 헌법재판소의 정원은 본래 9명이다. 그런데 박한철 당시 헌법재판소장이 2017년 1월 31일에 임기가 만료되어서, 남은 8명이 박근혜 전 대통령에 대한 탄핵을 의결하게 되었다. 박근혜 지지자들은 이를 근거로, 대통령 파면 결정은 무효라고 주장하며 이듬해에 행정소송을 제기했다. 물론, 법원의 결정은 소송 각하였다.(정은혜, 「법원 "박근혜 파면 재판관 8인, 문제없어…朴 지지자 소송 각하"」,《중앙일보》, 2018. 3. 29.)

73) 박근혜의 16가지 혐의는 경제계·스포츠계·문화예술계 등에 걸친 직권남용 및 뇌물수수와 관련된 것들이었다.(장예진, 「[그래픽] '국정농단' 박근혜 혐의별 1심 유·무죄 판단」,《연합뉴스》, 2018. 4. 6.)

74) 기타 혐의는 박근혜가 대통령 재임 시절에 국가정보원의 특수활동비를 받았고, 당시 여당인 새누리당의 2016년 총선 공천에 불법적으로 개입했다는 것이었다.(송진원·이보배, 「박근혜 '특활비·공천개입' 1심서 징역 8년 늘어…총 징역 32년(종합)」,《연합뉴스》, 2018. 7. 20.)

행했다. 박정희는 1979년 10월 26일에 암살당했다. 이후 박근혜는 정치계에 입문해서 보수당[76]의 지도자가 되었으며, 한국의 국가원수라는 지위를 거머쥐는 데 성공까지 했다. 하지만 탄핵을 당한 시점에서는 당시 그녀를 지지했던 사람들이 서글픔을 주체하지 못했다.[77]

언제나 외국인들에게 들을 수 있었던 한국에 대한 평가는 '극단적인' 나라라는 것이었다. 한국인의 민족성이든 국가의 지향점이든 한국은 매번 세계를 놀라게 할 정도로 발전했다. 박근혜가 수형자로 전락한 뒤, 진보 성향의 제20대 대통령인 문재인 정부(재임 2017~2022)가 출범했다. 그가 소속된 더불어민주당은 2018년 제7회 지방선거에서 완승했다.[78] 이로써 한국 정치 세력은 불과 몇 년 만에 전면적으로 바뀌었다.

"제가 느끼기론, 문재인은 자기를 구세주라고 여기는 듯했어요. 그래서 별로네요."

2018년 여름, 오랫동안 한국 평화운동에 참가한 친구가 내게 전한 말이었다. 문재인 대통령에 대해 그렇게 느낀다는 것이었다. 그때 나도 모르게 여러 상황을 떠올렸다. 박근혜가 높은 지지율을 배경으로 대통령에 취임했을 때부터 마지막에 무참히 끌어내려지기까지. 다만 나는 문재인 대통령이 박근혜 전 대통령과 같은 일을 되풀이하지 않기만을 빌었다.

---

75) 육영수는 1973년 8월 15일, 서울 장충동 국립중앙극장에서 열린 광복절 29주년 기념식에 참석했다가 저격당해 숨졌다. 범인은 재일동포 신분인 문세광이었으며, 박정희 당시 대통령을 암살하고자 쏜 총을 그녀가 맞았던 것이다. 자세한 것은 강준만, 『한국 현대사 산책 1970년대 2 – 평화시장에서 궁정동까지』, 인물과사상사, 2009. 및 전국역사교사모임, 『살아있는 한국사 교과서 2 – 20세기를 넘어 새로운 미래로』, 2016(개정판) 참고하기 바란다.

76) 박근혜의 정치계 입문 당시, 한국 보수당의 이름은 한나라당(1997~2012)이었다. 이후 2012년에 그녀의 주도로 당명을 새누리당으로 변경했다.

77) 이후 박근혜는 2021년 말, 문재인 당시 대통령에 의해 특별사면 조치되었다.(성도현, 「박근혜, 4년 9개월 만에 풀려나…병실서 '사면·복권장' 직접 수령」, 《연합뉴스》, 2021. 12. 31.)

78) 이 선거에서, 당시 여당인 더불어민주당은 대구·경북(TK) 지역과 제주도를 제외한 모든 지역에서 과반을 넘는 득표율로 압승했다. 참고로, 이 선거에서는 박정희 전 대통령의 고향이자, 이른바 '보수당의 아성'이라 일컬어지던 구미시장도 처음으로 민주당이 차지했다.

4 한국과 미군의 애증 관계

"동맹국들은 당연히 자신의 안전을 위한 비용을 지불해야 합니다. 그런데 왜 우리가 그 비용을 지불해야 합니까?"

미국의 도널드 트럼프(Donald John Trump)[79]가 2016년 미국 제45대 대통령 후보 시절에 공화당 전당대회에서 한 발언이다. 미국은 동맹국에 병력을 장기간 주둔시켜 왔다. 그리고 이를 대가로 해당국에 많은 '보호비'를 요구했다. 한국도 당연히 그중 하나였다.

그해 트럼프는 전 세계 사람들의 예상을 깨고 미국 제45대 대통령(재임 2017~2021)에 당선되었다.[80] 그 결과로 트럼프가 뭐라 하든 간에 신경 쓰지 않던 한국이 이젠 정말로 '트럼프식' 큰형님 스타일을 대면해야 함을 의미했다.

2017년 7월 9일, 고고도 미사일 방어체계(THAAD, Terminal High Altitude Area Defense, 이하 '사드')[81]가 경상북도 성주군 부지에 들어왔다. 이로써 한국은 미국의 동아시아 미사일 방어 시스템의 일부가 되었다. 트럼프는 한국 정부가 10억 달러[82]를 지불해야 한다고 재차 요구했다. 이는 '한국을 위해

---

79) 원문에는 트럼프가 '川普'(Chuānpǔ)라는 표기로 기술되어 있었다. 반대로, 중국에서는 '特朗普'(Tèlǎngpǔ)라는 표기를 사용한다.

80) 2016년 11월 8일에 치러진 미국 대통령 선거에서, 도널드 트럼프 공화당 후보는 힐러리 클린턴 (Hillary Diane Rodham Cilnton) 민주당 후보와 맞붙었다. 트럼프는 득표율에서 46.1%로, 힐러리가 획득한 48.2%에 밀렸다. 그러나 그는 선거인단을 304명 확보, 227명을 확보한 그녀에게 승리했다. 이것은 아무개 후보가 어떤 주에서 한 표 차라도 이기면, 그 주의 선거인단을 독식하는 미국의 독특한 대통령 선거 방식으로 인해 벌어진 일이다. 참고로, 이런 상황은 2000년 미국 대통령 선거 이후에 또다시 벌어졌다. 당시에 조지 W. 부시(George Walker Bush) 공화당 후보가 득표율 47.9%와 선거인단 271명을 확보하여, 득표율 48.4%와 선거인단 266명 획득한 앨 고어 (Albert Arnold Gore Jr.) 민주당 후보를 상대로 승리했던 것이다.

81) 원문에는 '사드 미사일 방어 시스템(薩德反飛彈系統)'라고만 되어 있다. 여기서는 구체적인 명칭을 적용했다.

82) 2017년 평균 환율(1,130원) 기준, 한화 약 1조 1,300억 원.

좋은' 방공 시스템의 유지 비용이었다.

성주에 주둔한 사드의 범위는 한국의 수도 서울이 포함되지 않았다. 그런 데다가 환경 보호와 지역 거주민의 건강이 염려되었다. 하지만 보수당(새누리당) 정권인 박근혜 정부가 사드 설치를 강행했다. 이는 한국 국민 전체를 분노하게 했다. 심지어 보수당 텃밭인 성주의 주민까지 격렬하게 항의했다. 한국의 사드 배치 반대 세력은 박근혜 정부의 결정에 반대하는 것 외에도, 미국의 거침없는 행태에 불만을 표출했다.

왜 트럼프 행정부가 이끄는 미국은 한국을 이처럼 마음대로 부릴 수 있는가? 남의 나라에 군대를 파견했는데, 상대 국가에 유지 비용을 지불하라고 해도 괜찮다는 것인가? 한미 관계는 처음부터 불평등했다. 양국이 정상적인 국가 대 국가로서 평등한 왕래가 이루어졌다 해도, 역사적인 원인으로 인해 양국 간의 관계는 특수하게 전개되어 왔다.

특히 2018년 기준, 주한미군[83]이 한국에서 준수하는 규범인 '주한미군지위협정(US-ROK Status of Forces Agreement, 이하 'SOFA')'에 따라 미군은 아직도 한국에서 특수한 신분으로 규정되어 있다. 전쟁이라도 발생하면, 한국의 병력을 미군 사령관이 지휘한다.

이 같은 현상은 전 세계의 왕조 국가 역사에 나타나는 예외 사항이 아니더라도, 일반적으로 종속된 국가들에서나 나타나는 상황이라고 할 수 있다. 하지만 한국은 미국의 위성국가가 아니다. 그런데 왜 이 같은 상황이 벌어진 걸까. 먼저 제2차 세계대전 때 있었던 한 비밀회의부터 언급해야 한다.

---

[83] 2018년 기준, 주한미군의 규모는 다음의 표와 같다(주한미군 공식 홈페이지(United States Forces Korea Official website)). 이는 본문에 실린 표로 편의상 각주로 옮겼다.

주한 미군 병력 요약표(단위: 명)			
육군(제8군)	19,755	해군(제7함대+주한미군 해군)	274
공군(제7공군)	8,815	해병대	242
총인원		29,086	

한국은 '대전협정'에 속박되었다

1944년 미국·소련·영국 등으로 이뤄진 연합국이 프랑스에서 노르망디[84] 상륙작전을 성공시켰다. 그 후로 제2차 세계대전의 전황이 점차 바뀌고 있다는 것을 연합국의 수장들도 알게 되었다. 이에 연합국은 한자리에서 종전 이후의 세계에 관한 결정을 내려야 했다.

1945년 2월 4일부터 11일에 걸쳐, 유럽의 흑해 북쪽에 위치한 크림반도(Crimea)[85]의 얄타(Yalta)에서 미·소·영 3국의 지도자들[86]이 회담을 가졌다. 그들이 상의한 내용 중에는 한반도의 미래와 명운을 가를 결정도 포함되어 있었다. 이 회의는 역사적으로 '얄타 회담(Yalta Conference)'이라 불렸다.

1945년 8월 미군은 6일과 9일에 일본의 히로시마(廣島)와 나가사키(長崎)에 원자폭탄을 투하했다. 이로써 제2차 세계대전의 아시아 전선이 종결되었다. 한반도도 얄타 회담에 근거하여, 북위 38도선을 기준으로 남북 양쪽에 신탁통치구역이 획정되었다. 그 결과로 1945년 9월부터 1948년 8월까지의 3년여 기간 동안, 한반도 남쪽을 미국의 '재조선 미국 육군사령부 군정청(United States Army Military Government in Korea, 통칭 '미군정')'이 신탁통치하게 되었다.[87]

만일 이 시기에 어떤 사람이 범죄를 저질렀다면, 미군이 개설한 법정에

---

84) 원문에는 노르망디가 '諾曼第'(Luòmàndì)라고 표기되어 있다. 하지만 중국어에서는 '諾曼底'(Luòmàndǐ)가 더 많이 통용된다.

85) 본래 이곳은 우크라이나의 영토였지만, 2014년에 러시아 영토로 합병되었다. 이때부터 2023년 현재까지, 이들 양국은 해당 지역의 영유권을 놓고 분쟁 중이다.

86) 그들의 신원은 미국 제32대 대통령 프랭클린 D. 루스벨트(Franklin Delano Roosevelt, 1882~1945, 재임 1933~1945), 소련 공산당 초대 서기장 이오시프 스탈린(Iosif Vissarionovich Stalin, 1878~1953, 재임 1922~1952), 영국 제61·63대 총리 윈스턴 처칠(Winston Churchill, 1874~1965, 재임 1940~1945, 1951~1955)이다.

87) 여기까지의 역사적 경위는 강만길, 『고쳐 쓴 한국현대사』(창작과비평사, 1994.) 및 강준만, 『한국현대사 산책 1940년대 편 1 – 8·15 해방부터 6·25 전야까지』(인물과사상사, 2004.) 등을 참고하면 좋다.

서 재판이 영어로 진행되는 것이 원칙이었다. 모든 것이 미군의 규율과 준칙으로 표준화되었고, 자주권은 거의 없었다 해도 과언이 아니었다.

1948년 8월 15일 대한민국 정부가 수립되었다. 이때부터 1949년 6월까지 한국을 신탁통치하던 미군이 점진적으로 철수했다. 한국과 미군 양측은 '한·미 군사안전잠정협정'88)의 세부 사항을 정했다. 그 내용 중에는 미군이 한국에 치외법권을 계속해서 보유하는 조항이 포함되었다. 하지만 한국 측에서는 언젠가 정상적인 국가의 형태를 갖춰서 미국에 대한 의존도를 어느정도 줄일 수 있기를 바랐다.

하지만 1950년 6월 25일, 한국전쟁(한국에서는 '6·25 전쟁'이라고도 함)이 발발했다. 이로써 독립된 자주 국가를 바라던 한국의 열망은 잠정적으로 가로막히게 되었다. 그 와중에 한국의 대미 의존도는 더욱 강화되었다. 한국의 초대 대통령 이승만(1875~1965, 재임 1948~1960)은 한국군과 미군이 좀 더 효율적으로 북한의 공격에 대응할 수 있도록 1950년 7월 미국과 '대전협정'89)을 체결했다. 그 결과, 한국의 군사 지휘권을 미군이 맡게 되었다. 이것은 특수한 시기에 취해진 특별지위였다. 하지만 그 후로 한국이 미국이라는 '큰형님'의 통제에서 벗어나는 데 어려움을 겪게 되었다.

---

88) 원문에는 '과도기 잠정 군사안전 행정협정(過渡期暫定軍事安全行政協定)'이라고 되어 있다. 이는 공식 명칭인 '대한민국 대통령과 주한 미군사령관 간에 체결된 과도기에 시행될 잠정적 군사안전에 관한 행정협정'하고 뉘앙스가 가장 비슷하다. 이 두 명칭이 전부 과도하게 긴 관계로, 본문에서와 같이 대체했다.('한·미 군사안전잠정협정', 행정안전부 국가기록원 자료 참고)

89) 정식명칭은 '재한 미국군대의 관할권에 관한 대한민국과 미합중국간의 협정'이다. 이것은 이승만 당시 한국 대통령과 미군·UN군 총사령관 더글러스 맥아더(Douglas MacArthur, 1880~1964)가 당시 한국의 임시수도였던 대전에서 조인한 협정이다. 이것을 근거로 한국군의 작전 지휘권(통제권)이 미군에 넘어갔으며, 1953년 7월 27일에 체결된 휴전협정의 과정에서 한국이 협의 당사자 자격을 갖지 못했다. 이후 1966년에 '주한미군지위협정(SOFA)'로 대체되었으며, 1994년 12월 1일에야 평시작전 통제권만이 한국군에 환수되었다. 그 상태로 2024년 현재까지 이르고 있는 것이다.(한국민족문화대백과사전, '대전협정' 및 「〈역사속 오늘〉 [1950년 7월 12일] 대전(大田) 협정 조인」,《YTN》, 2010. 7. 12. 참고)

미군 = 구세주?

한국전쟁은 북한이 남침해서 벌어진 폭력이었다. 한국은 미군의 원조를 받아서 북한의 침략을 막아냈다. 따라서 역대 한국 정부는 미군을 매우 긍정적으로 선전한다. 이 때문에 한국 사회에서 미국은 일반적으로 '구세주'와 같다는 인식이 널리 퍼져 있다. 특히 한국의 서울 지하철 4·6호선 삼각지역 근처에 위치한 전쟁기념관에는 미군의 한국 원조를 상당히 찬양하는 역사적 장면을 재현한 선전물이 현재도 여전히 많이 전시되어 있다.

전쟁기념관 입구

한반도의 특수한 지정학적 요소와 더불어 한국이 장기간 군사독재정권의 지배를 받았던 점도 이와 관련해서 적잖은 영향을 미쳤다. 이 때문에 한국 사회는 미군이 한국전쟁 기간에 한국에 주둔하면서 행한 행동에 관해서는 좋은 면만 보려고 할 뿐, 나쁜 면은 보려 하지 않는다.

한편으로 시대적 상황이 변하면서 한국에서 군사정권이 퇴진하고 민주주의가 구현되었다. 그 결과로 갈수록 많은 한국인들이 미군은 곧 구세주라는 역사적 역할에 의문을 제기했다. 그동안 밝혀지지 않은 역사적 사실도 세상에 많이 알려지기 시작했다.

1950년 한국전쟁 초기, 북한군은 파죽지세(破竹之勢)로 한미연합군을 패퇴시켰다. 한미연합군 사이에서는 후퇴에 급급했다는 좌절감과 북한의 간첩이 도처에 잠복해 있다는 불안감 등이 널리 퍼져 있었다. 이것도 당시 사람들에게 '백 명을 잘못 죽이더라도 한 명을 놓쳐서는 안 된다'는 인식이 생기게 했다.

1950년 7월 26일, 충청북도 영동군 황간면 노근리 부근에서 이른바 '노근리 양민학살사건'이 발생했다. 당시 미국 제1기병사단은 북한군의 전략으로 인해 포위당해 있었다. 미군의 장비와 물자가 실린 트럭과 피난길에 오른 난민이 한데 뒤엉켰다.

미군은 군사 행동이 갈수록 늦춰졌다. 게다가 난민 틈에 북한에서 보낸 첩자가 잠복해 있다는 정보까지 접수했다. 그 때문인지, 미군은 북한 간첩의 침투를 두려워한 나머지, 무차별 사살을 허용한다는 방침을 굳혔다. 미군 전투기는 노근리 상공에서 난민을 향해 무차별적으로 총알을 난사했다. 한 시간 만에 주검이 온 들판을 메웠다. 죽은 자는 헤아릴 수 없었다.

운 좋게 시체를 엄폐물 삼아서 살아남은 사람들도 있었다. 하지만 이 사건은 한국 정부와 미군의 의도적인 은폐 때문에 말할 수 없는 비밀이 되었다. 1994년 노근리 주민은 진상조사위원회를 설치했다. 그들은 한·미 양국 정부에 노근리 사건의 전개 과정을 조사할 것을 요구했다. 하지만 이들의 요구는 '증거 부족'을 이유로 거절당했다.

1997년 관련 유가족이 지역 검찰청에 다시 소송을 제기했다. 하지만 같은 이유로 기각되었다. 1999년, 《AP통신》 기자가 노근리 사건을 보도해서, 국제적 차원으로 관심 수준을 끌어올렸다. 그제야 한·미 양측이 노근리 사건을 비로소 심각하게 받아들이기 시작했다.

미국 42대 대통령 빌 클린턴(Bill Clinton[90][91], 재임 1993~2001) 재임기였던 2001년 1월 11일, 미국 행정부 차원에서 노근리 사건에 대한 사과가 정식으로 이루어졌다.[92] 미국 국방부 측에서는 대외적으로, 노근리 사건을 '전시

---

90) 여기서 '빌(Bill)'은 '윌리엄(William)'의 애칭이다. 따라서 그의 풀네임은 '윌리엄 클린턴(William Jefferson Clinton)'이다. 참고로, 그의 본명은 '윌리엄 블라이드 3세(William Jefferson Blythe Ⅲ)'였다. 그런데 그는 태어나기도 전에 생부와 사별했고, 이후 그가 8살이 되었을 때 모친이 재혼해서 현재의 이름을 갖게 되었다.(위키피디아 참고)

91) 원문에는 '柯林頓'(Kēlíndùn)이라고 표기되었지만, 중국 대륙에서는 '克林頓'(Kèlíndùn)이라는 표기를 주로 사용한다.

92) 당시에 빌 클린턴 미국 대통령은 성명서를 통해서 '깊은 유감(deeply regret)'을 표명했다. 그리고 미국에 의한 모든 민간인 희생자를 위한 추모비 건립비용 및 유가족을 위한 장학금 명목으로 400

상황에서 피할 수 없었던 비극'이었다고 발표했다.

한국 정부는 2005년 관련 보고서를 통해서, 노근리 사건 때 총 163명의 사망자와 55명의 부상자가 발생했다고 밝혔다. 하지만 등록 또는 발표되지 못한 사상자가 여전히 많다는 점도 명시했다.

어쨌든 오늘날에 다시 한 번 생각해 보자. 만일 《AP통신》이 심층 취재와 보도를 하지 않았다면 어땠을까. 아마도 이 사건은 한미 양국 정부에 의해 영원히 은폐되어 거론되지도 않았을 것이다.

'노근리 양민학살사건'을 증언하는 총탄 자국. 1950년 7월 26일부터 3일간 미군은 전투기까지 출격해 이 쌍굴과 인근 철로 주변으로 피신한 피난민들에게 무차별 총격을 가했다. 미군이 떠난 뒤 근처에는 300여 구의 시신이 뒤엉켜 있었다고 한다.

만 달러를 지원하겠다고 했다. 하지만 노근리 사건의 유가족들은 그 돈이 장학금 내지는 위로금에 불과할 뿐만 아니라, 아직 밝혀지지 않은 또 다른 민간인 학살사건의 피해자들이 배상 및 보상을 요구하기 어려워지게 될까 봐 받지 않았다. 그 돈은 2006년에 미국으로 환수되었다.(김종철, 「"노근리에 1달러도 안 와… 미국은 부끄러워해야"」, 《한겨레》, 2018. 7. 28. 및 이상원, 「72년간 1달러도 받지 못한 노근리 사건 피해자들」, 《시사IN》 776호, 2022. 8. 2.)

미군이 정의롭다고?

1980~1990년대 한국은 군사정권의 시대였다. 이 때문에 미군과 연관된 많은 사건이 당국에 의해 은폐되거나, 국가 안전을 핑계로 '검열'[93]되었다. 미군이 한국에서 행했던 모든 것은 한국이 민주화된 뒤에야 민주 사회 차원에서 조사가 이루어지기 시작했다.

1992년의 어느 날이었다. 경기도 동두천시에 위치한 크라운클럽의 종업원[94] 윤금이의 퇴근길을 주한미군 이등병 신분의 케네스 마클(Kenneth Lee Markle)이 몰래 뒤따라갔다. 그는 그녀의 집에 불법으로 침입해서, 그녀를 잔혹한 수법으로 성폭행하고 살해했다.[95]

2002년 6월 13일, 경기도 양주시[96]에서 군사훈련을 하러 이동하던 주한미군의 장갑차에 당시 14세의 한국 여중생이었던 신효순과 심미선이 깔려 죽는 사건이 발생했다. 사건 현장과 장갑차에는 흔적이 남아 있었다.[97] 이런 범죄자들은 미군 신분이었기 때문에 특별대우를 받았다. 이것이 피해자 가

---

93) 원문에는 "'하해(河蟹)'(화해(和諧)'라고 되어 있다. 이 두 단어는 모두 중국어로 '허셰(Héxié)'라고 발음한다. 차이가 있다면 '河蟹'는 '민물 게'를 뜻하는 단어이고, '和諧'는 중국 후진타오(胡錦濤, 제6대, 재임 2003~2013) 정권의 캐치프레이즈인 '화해사회(和諧社會, 조화로운 사회)'의 준말이었다. 중국은 인터넷에 올린 모든 글·동영상·사진 등이 자극적이거나 정부에 비판적이라고 판단되면, 주저 없이 검열·삭제하고 있다. 중국 네티즌은 이렇게 '검열당했다'는 것을 '화해당했다'라고 표현했다. 그러다가 '화해'란 단어까지 검열 대상이 되자, 중국어 성조가 비슷한 '하해' 단어를 대체해 사용하기에 이른 것이다.(나무위키 참고)

94) 원문에는 '서울 이태원의 술집에서 일한 종업원'으로 서술되었다. 그러나 오류를 확인하고 정정했다.(고나무, 「윤금이 살해한 미국 범죄자는 지금 어디에」, 《한겨레21》 제885호, 2011. 11. 10.)

95) 케네스 마클은 1심에서 무기징역형을 선고받았다. 하지만 가해자 신분인 그의 항소로 2심에서 15년형으로 감형되었다. 최종적으로, 그는 한국 감옥에 13년 수감된 뒤에 미국으로 돌아갔나.(원분 주)

96) 원문에는 경기도 의정부시로 되어 있다. 하지만 확인 결과, 경기도 양주시(당시에는 '양주군')였다.(강민진, 「2002년 효순·미선이 '억울한 죽음' 5가지 기록」, 《한겨레》, 2017. 11. 27.)

97) '효순이·미선이 사건'의 당사자인 두 명의 주한미군 운전병들은 사건 발생 뒤, 한국 사법절차에 따른 재판에 송치되지 않았다. 당시 한국 정부가 주한미군에 대한 사법 관할권이 없었기 때문이었다. 물론 이 사건의 당사자인 마크 월터(Mark Walter)와 페르난도 니노(Fernando Nino)가 미군에 의한 과실치사(Negligent homicide)라는 판결을 받기는 했다. 하지만 그들은 끝내, 미국 본국으로 송환되었다.(원문 주)

족의 불만이었다. 모든 한국인이 분노했다.

이들 사건 때문에 한국 사회에서 주한미군에 대한 분노의 목소리가 더욱 커졌다. 이는 미군은 원래부터 정의롭다는 이미지에 심각한 영향을 끼쳤다. 한국인들도 'SOFA'에서 미군에 치외법권을 주는 근거 조항을 수정하라고 요구하기 시작했다.

2002년 SOFA를 개정하기 이전까지만 해도 미군 신분으로 살인이나 성폭력을 저지른 중범죄자들은 미국 측 사법기구에 의해서만 구속 또는 체포가 가능했다. 하지만 해당 사항이 개정된 후에는 한국 사법기관에서 그들을 맡게 되었다. 그 밖에 2013년에는 미군이 소유하고 있던 영외사법권도 개정되었다. 미군이 한국에서 역사적 사정 때문에 누려오던 특권이 점차 축소하고 제한되었다. 한국 사회에서 미군이 가진 지위는 수십 년에 걸쳐서 바뀌었다. 하지만 국가안보 차원의 문제가 발생하기라도 한다면 미군은 여전히 한국에서 큰 권력을 누리고 있다.

2017년, 보수 성향의 박근혜 전 대통령이 탄핵되었다. 그 직후에 치러진 2017년 대통령 선거에서 진보 성향의 문재인 후보가 압도적인 지지를 등에 업고 대통령으로 취임했다.[98] 그해 9월 문재인 대통령은 미국과 이른 시일 내에 SOFA의 규정을 수정하는 담판을 짓겠다는 의견을 피력했다. 전시 상황이 발생하면, SOFA에 근거하여 '한미연합사령부(ROK/US Combined Forces Command)'에 이관하게 되어 있는 한국군 전시 작전권을 회수하겠다는 것이 주요 내용이었다.[99] 그는 이를 통하여, 한국이 정상적인 국가가 되기를 희망한다고도 했다.

---

98) 2017년 대통령 선거에서, 문재인 더불어민주당 후보는 득표율 41.1%를 획득하여, 24%를 득표한 홍준표 자유한국당 후보와 21.4%를 득표한 안철수 국민의당 후보에 승리했다. 1·2위 간 표차는 약 17.1%로, 역대 최고치였다. 이때 문재인은 진보 성향의 대통령 후보 신분으로, 강원도·부산광역시·울산광역시에서 처음 승리했다.

99) 한국이 전쟁 위기에 직면하면, 한국군은 SOFA의 규정에 의거하여 한국의 민선 대통령이 아닌, 한미연합사령부의 지휘를 받는다. 사령관은 주한미군사령관이 겸임하고, 부사령관은 한국 육군의 대장급 장교가 맡는다.(원문 주)

이 규정은 한국전쟁이라는 특수한 시공간적 배경 때문에 생긴 협의 사항이다. 오늘날에 이르러, 이 규정에 변동 사항이 생기기는 했다. 그렇다 해도, 그것은 시대에 뒤떨어진 조항이라는 비판의 목소리가 한국 사회로부터 여전히 나오고 있다.

1994년 이전의 한국군은 전시 상황이나 평시 상황 할 것 없이, 최고지휘권이 한미연합사령부에 귀속되어 있었다. 1994년 한국이 평시 작전권을 회수했다. 2005년 노무현 대통령은 정식으로 미군으로부터 전시 작전권을 반환받는다는 담판을 제기했다. 그리하여 한·미 양측은 2012년의 협의를 통해 모든 지휘권을 한국 대통령에게 반환한다고 결정했다. 하지만 이명박 대통령 재임기 때, 반환 시점을 2015년으로 연기했다. 그 이후에는 한술 더 떠서, 2014년의 결의를 통해 한국군 지휘권의 전환을 완료하는 시점을 2020년대 중반으로 다시 연기시켰다.

미군의 이익 = 한국의 이익?

미군과 한국의 관계에서 SOFA는 중요한 역할을 담당해 왔다. 1953년 휴전협정이 체결된 뒤에 한국과 미군 간에 조인된 '한미공동방위조약(Mutual Defense Treaty Between the United States and Republic of Korea)'도 양국 관계를 안정시키는 데 중요한 기능을 했다. 이 조약에 따르면, 한·미 양국은 아시아·태평양 지역이 공격당하면 다른 한쪽이 군사적으로 지원할 의무가 있다.

이 협정 때문에 미군이 장기간에 걸쳐 한국 영토에서 북한의 침입에 대처하고 있는 것이다. 한편으로 한국도 베트남전쟁이나 이라크와 중동 지역의 재건 등과 관련, 군 병력을 차출해 많은 국가들에서 미군을 보조했다. 물론 한국 사회에서 적지 않은 사람들은 한국군이 외국에서 미군의 전쟁을 돕는 게 '형제가 함께한다'는 개념으로 당연하게 받아들인다. 하지만 이와 관련해서 반대의 목소리도 있다.

"중동 지역에 있는 모든 한국 병사들을 철수시켜야 해요. 우리가 평화 유지를 위한다는 이유로 임무에 참여하고 있는 게 아니니까요. 진짜 이유는 미국 때문에 우리가 가야 하는 거라고요."

한국 NGO 단체 참여연대의 활동가 김희순은 짜장면을 능숙하게 섞었다. 그녀는 주한미군에 대한 분노를 숨기지 않았다.

한국 사회에서 참여연대처럼 진보 성향의 NGO 단체는 미군 관련 이슈에 예민한 편이다. 한국군은 해외에서 미국의 국익을 위해 선봉에서 활동한 사례가 적지 않다. 또한 제주도 서귀포시의 강정마을에 해군기지를 건설해서 이 작은 섬이 중국과 미국이라는 양대 강대국이 힘을 겨루는 최전선이 되도록 했다.

2007년부터 제주도에서 벌어진 해군기지 건설에 대한 항의 활동이 시작되었다. 한국 정부가 이곳에 건설한 해군기지가 현지 생태계에 영향을 미친다는 이유로 반대의 소리가 높았다. 미군이 해군기지를 SOFA에 근거해 묻지도 따지지도 않고 사용해서 제주도가 제2의 오키나와[100]처럼 되는 것이 두려워서 반대하는 사람들도 있었다. 이것이 현지 주민과 참여연대가 강정마을 해군기지 건설에 반대하는 가장 큰 이유였다.

하지만 한국에선 미군의 주둔으로 한국 국민을 '보호'하는 것을 지지하는 목소리가 가장 크다. 의정부 미군기지 근처에서 나고 자란 김민성이 대표적이었다. 그는 인터뷰에서 한국은 미군의 보호를 계속해서 받아야 한다고 했다. 또한 그는 특히 남북한은 여전히 전시 상황에 있기 때문에(평화조약 없이 휴전협정에만 서명했다), 긴장을 늦추기 어려운 상태로 여기고 있었다.

---

100) 2022년 기준, 일본 전체 국토 면적(약 37만 7,975㎢)의 0.6%가량을 차지하는 오키나와(약 2281㎢)에 주일(駐日) 미군기지 전용 시설의 70%가 집중되어 있다.(박은하, 「오키나와 일본 본토 반환 50주년, 더 멀어진 평화의 섬」, 《경향신문》, 2022. 5. 15.)
이곳의 자세한 사정은 이명원, 『두 섬: 저항의 양극, 한국과 오키나와』(삶창, 2017) 및 다카하시 데쓰야(高橋哲哉), 한승동 역, 『희생의 시스템 후쿠시마 오키나와(犠牲のシステム 福島·沖縄)』(돌베게, 2013) 등을 참고하면 좋다.

"어쨌든 먼저 전쟁부터 이겨야 해요. 싸움에서 이기지 못하면 담판이고 뭐고 아무것도 할 수 없지요."

김민성은 진지했다. 그는 미군이 한국인이 싫어하는 행위를 많이 저질렀지만, 그 역시 어쩔 수 없다고 여기는 듯했다. 한국인은 미군의 주둔을 받아들일 수밖에 없다는 것이 그의 생각이었다.

2018년 문재인 대통령과 김정은 북한 국무위원장, 그리고 트럼프 미국 대통령과 김정은 간의 세기적인 정상회담이 연달아 개최되었다. 이는 한국과 국제 사회에게 미래의 한반도가 발전될 가능성을 좋게 보이도록 했다. 하지만 역사적으로 북한은 외교적 수단으로 활용하기 위해 핵 보유라는 목표를 달성하려고 했다. 북한의 그와 같은 행동은 주변 당사국의 신뢰를 얻지 못했다.

한국에서의 미군의 신분은 시대의 흐름에 따라서 변화했다. 하지만 북한이라는 존재 때문에 한반도에서의 미군의 역할이 여전히 중요하다. 한편으로 미군이 계속해서 한국에 주둔하고 있기 때문에 북한이 자신의 안전을 위협받는다는 이유로 끊임없이 군비 확장을 벌이고 있는 것이라는 의견을 밝히는 사람도 있다. 이와 같은 의견을 밝힌 사람은 남북 간의 일은 남북한이 해결하게 하고 미군은 개입해서는 안 된다고 했다.

미군은 더 이상 천상의 구세주처럼, 높디높은 지위에 올라 있지 않다. 하지만 미군은 남북한이 대치한 상황에서 여전히 상당한 영향력을 행사하고 있다. 설령 한국이 문재인 대통령의 재임기에 전시 작전권의 회수에 성공했더라도, 한국에 대한 미국의 지위는 '횡포한 큰형님'이라는 과거의 지위에서 배후의 '그림자 권력'[101]으로 바뀔 뿐, 사라지지는 않을 것이다.

---

101) 본문에는 '그림자 권력'이라고 표기했지만, 원래는 '그림자 무사'를 뜻하는 '카게무샤(影武者)'라는 일본어이다. 이 단어는 전근대사회의 일본에서, 권력자 및 장수와 비슷하게 생긴 사람을 대역으로 세운 것으로부터 유래한다. 즉 전투에서 적을 속여 양동작전을 벌이거나, 부상 및 부재를 숨기기 위해 사용한 일종의 '작전 카드'였던 것이다. 이는 사진이 개발되지 않은 시대에 권력자 및 장수의 얼굴을 아는 사람이 드물었기 때문에 가능한 일이었다.(위키피디아 참고)

북한 인민은 김씨 정권의 철권통치 아래 자유를 누리지 못하고 있다. 인권 혹은 생명과 행복을 추구할 자유는 꿈도 꾸지 못했다. 이 때문에 1980년대 말부터 북한 사람들은 국경을 넘어 중국으로 탈출하기 시작했다.

북한을 탈출하는 사람들은 갈수록 늘어났다. 2012년 김정은이 김씨 왕조의 제3대를 세습한 후부터 국경 통제가 엄격해졌다. 그제야 탈북자의 규모가 서서히 줄었다. 이 탈북자들이 모두 정치적인 이유로 북한을 떠났을까? 그들은 한국 언론에서 말하는 대로, 북한 정부에 원한을 갖고 있었을까?

중국 장백 조선족자치현에서 압록강 너머로 바라다본 북한의 양강도 혜산시

Chapter

04

알 수 없고 신비한 나라, 북한

1 북한과 교류한다고? 김씨 왕국과 대만의 관계

잊힐 만하면 북한은 미사일 시험 발사와 핵 실험을 벌인다. 그러면 전 세계의 이목이 한반도에 집중된다. 이렇게 '미사일로 도발하기'를 즐기는 북한에게 미국·중국·일본 등의 대국은 속수무책(束手無策)이었다.

이렇게 비난의 대상이 되어 세상 사람들의 골머리를 앓게 한 나라와, 그로부터 남쪽으로 직선거리 약 2천㎞가 떨어져 있는 대만은 어떤 관계인가? 대만과 북한 양국이 역사적으로 교류한 적이 있었나? 대만이 세계와 단절한 나라와 무역 거래를 한 적이 있었나? 대만 사람이 북한에 가서 거리를 자유롭게 다닐 수 있나?

평양 만수대의 김일성·김정일 동상

모든 일은 첫발을 떼야 한다

리덩후이(李登輝) 전 대만 총통의 최측근 인사였던 류타이잉(劉泰英)[102]은 자서전에서, 1992년 대만이 한국과 단교한 뒤부터 북한 관료와의 접촉을 시도하기 시작했다는 것을 언급했다. 이 방식을 통해서라면, 대만이 한반도와

---

102) 류타이잉은 중화개발공사(中華開發公司) 이사장 및 국민당 투자관리위원회 책임위원을 지냈다. 그는 이런 경력으로 대만 정부의 재정에 깊숙이 관여한 한편, 뛰어난 사업 수완으로 리덩후이 총통의 총애를 한 몸에 받았다. 그는 2002년에 금융비리 혐의로 수감되었고, 이듬해 대만 화폐로 6천만 위안가량의 보석금을 내고 석방되었다. 그리고 2008년에는 「은행법」 위반 등의 혐의로 재수감되어, 2014년에 가석방되기도 했다.(바이두 참고)

그 건너편에서의 다툼 중에 모든 것을 잃진 않을 것이라고 희망했기 때문이었다.

당시 북한은 대만에게 미화 2억 달러의 차관을 요구했다. 이 차관은 대만의 타이베이101(臺北101)에 버금가는 평양 유경호텔(북한에서는 '류경호텔'이라 부름)을 완성하는 데 보태기 위함이었다. 대만 정부는 이 차관이 북한으로 넘어갔다가 혹시라도 회수되지 않을 것을 염려했다. 이에 대만 정부는 북한의 요구대로 따르지 않았다. 양국은 담판을 거쳐, 완공된 유경호텔 근처에 대만과 북한 양국의 무역특구를 건설한다는 데 합의했다.

당시 북한은 한국과 중국의 수교가 불만이었기 때문에 매우 적극적으로 대만의 요구에 응했다. 따라서 대만과 북한 양국의 관료도 상호 방문해서 이런 교류의 세부 사항을 논의하는 데 착수하기 시작했다.

하지만 안타깝게도 대만 관료로부터 말이 새 나갔다. 엉클 샘(Uncle Sam)[103], 곧 미국이 눈치를 챘다. '제왕의 말씀'이 내려졌다. 장기간에 걸쳐 미국의 '젖'을 먹어온 대만은 그 말씀을 받아들여야 했다. 대만과 북한의 왕래는 그것으로 끝이었다. 왕래가 없던 과거 상태로 되돌아갔다.

위의 이야기는 중화민국 정부가 1949년 대만으로 후퇴한 뒤, 처음으로 이루어진 북한 관료와의 접촉과 관련된 것이다. 하지만 시작이 있으면 그다음이 있는 법, 류경호텔 계약이 파기된 후에도 대만과 북한은 교류를 멈추지 않았다. 결국에는 1996년 북한이 타이베이에 해외총대리사무소를 설립하는 데 성공했다. 양국의 여행과 관광 관련된 사무를 이곳에서 처리했다.

---

103) 엉클 샘은 미국을 의인화한 캐릭터이다. 흰 머리·염소 같은 턱수염·성조기를 연상시키는 옷을 입은, 나이 든 백인 남성으로 묘사되는 이 캐릭터의 유래를 살펴 보면, 미국 독립전쟁 때 불린 〈양키 두들(Yankee Doodle)〉이라는 노래에서 처음으로 이름이 언급되었다. 그리고 1852년에 그림으로 등장하기 시작했다는 것 외에는 알려진 것이 없다. 다만, 뉴욕주의 정육업자였던 사무엘 윌슨(Samuel Wilson, 1766~1854)이 군납 고기에 'E.A-US'라는 도장을 찍던 것이 시초라고 알려져 있다. 여기서 US는 미국(United States)을 뜻하는 약어였으나, 그의 동료가 '(계약자) 앨버트 앤더슨(Elbert Anderson)과 샘 아저씨(Uncle Sam)'라고 농담했던 게 캐릭터로 굳혀진 계기라는 설에 따른 것이다.(위키피디아 참고)

2009년 마침내, 대만대외무역협회(臺灣外貿協會)가 대만조선무역협회(臺灣朝鮮貿易協會)를 설립해서, 양국 간의 무역 교류를 책임졌다. 양국 간에 공식적인 국교 관계는 수립되지 않았지만, 이로써 합법적인 상업 무역이 시작될 수 있었다.

"북한 상인은 정말 순박해!"

대만의 타이베이 신이구(信義區)의 어느 식당이었다. 이곳에서는 매주 수요일마다 중국어와 한국어를 교환하며 익히는 활동이 있었다. 식당으로 들어가서 나랑 인터뷰 약속을 잡은 장(張) 양을 찾았다. 유창한 한국어로 이야기하는 남녀들이 모여 있었다. 그곳의 분위기는 한국과 다를 바 없었다.

"아는 후배가 그러더라고요. 북한의 무역 대표가 이곳에 처음 왔을 때, 그들이 사람을 대하는 태도가 정말 순박했다고요."

장 양은 대북 무역과 관련된 대만 회사에서 오랫동안 근무했다. 그녀는 인터뷰하는 내내 손을 가만히 두지 않았다. 장 양은 북한 상인하고 교류할 때의 상황을 내가 이해하길 바랐다.

"북한 상인들과 통화할 때였어요. 그들의 한국어 억양이 남한 사람들과는 달랐어요. 특히 말투가 딱딱했죠."

장 양은 흥분했다.

"우리 쪽에서 북한에 전화를 걸려면 먼저 그들이 중앙접속센터와 비슷한 곳에서 신호를 받아요. 그다음에는 북한 신문에 우리 회사의 코드 네임과 교섭하고 싶어 하는 북한 회사를 게재해요. 그 후에 우리 회사와 연결되었어요."

나는 눈이 휘둥그레졌다.

"북한의 통제가 삼엄하네요."

장 양의 회사가 북한과 거래한 지는 15년에 가까웠다. 그녀의 회사는 마그네슘 광석을 주로 수입했다. 구매한 원료를 다시 포모사 플라스틱(Formosa

Plastics, 臺灣塑膠公司)과 차이나 스틸(China Steel, 中國鋼鐵股份有限公司) 등, 대형 제조업체에 팔았다. 그녀의 회사는 이렇게 생긴 가격 차액으로부터 이익을 챙겼다.

"우리 회사가 북한 상인들과 첫 비즈니스를 시작했을 때는요, 일 년에 두세 차례 북한에 입국했어요. 북한 사람들은 삼 년에 한 번 왔고요, 한 번 오면 일주일을 넘기지 않았어요. 교역 초기에는 분위기가 경직됐지만, 사석에선 농담을 건네기도 하고, 술 마시면서 방귀를 트기도 했어요."

장 양은 당시를 회상했다.

"북한 사람들은 우리 회사 임원진과 대화할 땐 신중했어요. 근데 우리 같은 평사원과 거리낌 없이 어울렸어요. 자동차 위에서 북어포를 함께 뜯어 먹을 수 있을 정도로요. 그들은 우리 회사의 부사장에게 술을 권하기도 했어요. 재미있었어요."

특수한 국가의 암묵적 관행

"이따금 북한 상인들이 샤워젤이랑 샴푸 같은 생활용품을 구매할 때면 우리에게 도움을 청했어요. 우리는 컨테이너에 물품을 실어 그들에게 보냈죠."

나는 궁금했다.

"그밖에 북한 상인들이 어떤 물건을 사려고 했나요?"

"뭐더라, 그들이 중고 컴퓨터를 사고 싶어 했어요. 저는 북한 사람들이 컴퓨터를 개조할 목적으로 샀을 거라고 생각했어요. 그런데 그 거래는 성사되시 못했어요. 그 후에 북한 사람들은 대만의 다른 회사에 가서 물건을 샀어요. 그 회사는 한국으로부터 제재를 당했던 거 같아요."

그 말을 듣자 뉴스 하나가 떠올랐다.

"아, 그 사건, 들은 적 있어요. 그 뉴스로 한참 동안 시끄러웠어요."

2006년 북한이 핵 실험을 했다. UN은 징벌적인 금수조치를 취했다. 같은 해 대만의 경제부 국제무역국도 제한 법규를 채택했다. 대만 회사가 '전략적 하이테크 상품'을 북한에 수출했다가 UN 결의안을 위반하는 것을 방지하는 게 목적이었다. 해당 회사는 군사·산업용 컴퓨터와 통신전자장비 등과 같은 제한성 상품을 북한에 수출하다가 관련 법규를 위반해 제재받았다. 한편 대만은 대북 무역에서 주로 광물이나 인삼 등을 수입했다. 북한은 대만에서 화학 원료와 음료수 일부만을 수입했다. 양국의 무역량은 많지 않았다.

대만 회사는 북한하고 왕래할 때 법규 위반을 방지하고자 했다. 또한 대만 회사는 한국에 대한 북한의 적개심 때문에 북한 측 당사자들과 의사소통할 때는 암묵적인 관행도 지켜야 했다. 예를 들어 한국을 언급할 때는 '남조선'이라는 호칭을 사용해야 했다. 또한 북한은 '북조선'으로 불러야 했다. 물론 남북한 간의 사안과 정치에 대한 이슈는 되도록 언급하지 않으려고 했다.

"아는 후배가 겪은 일이에요. 그녀는 아무런 생각 없이 '한국'이라는 표현을 사용했대요. 그러자 북한 사람이 갑자기 태도를 바꾸더니 아는 체도 하지 않더래요. 정말 싸하지 않나요."

장 양이 북한과 교류한 경험을 자세히 들려줬을 때, 몇 가지 생각이 떠올랐다. 사실 대만의 무역회사가 법규 위반으로 국제 사회의 반발을 사기도 했고, 대만의 국영기업이 일부 민감한 이슈 때문에 국제적인 반발의 대상이 되기도 했던 것이다.

대만전력공사가 북한에 핵폐기물을 묻으려 했다고?

1997년 대만전력공사(臺灣電力公司)는 북한과 모종의 계약을 체결했다. 계약의 내용은 6만 배럴의 저방사성 핵폐기물을 북한 황해북도의 평산 지역에 매장한다는 것이었다.

이 소식이 알려지자, 한국 정부와 사회는 강하게 반대했다. 북한은 완벽하게 핵폐기물을 매장할 능력이 없는 국가여서 사고라도 발생하면 동족인 북한 인민의 건강을 크게 해칠 거라 여긴 것이다. 따라서 한국은 반대 의견을 표명하기 위해, 당시 대만에 소문이 퍼지는 것을 제한해야 한다고까지 했다.

대만의 경우에는 적지 않은 민족주의자들이 거리로 나와서 한국이 대만의 내정에 간섭했다고 항의했다. 김영삼 당시 한국 대통령의 사진이 불태워지기도 했다. 마지막에는 한국 정부의 강한 반대 의견 때문에 중국과 일본 정부도 상당한 불만을 가진 데다, 미국까지 암암리에 대만에게 압력을 가했다. 그 때문에 대만전력공사는 1999년 자체적인 핵폐기물 매장지를 건설하게 되었다. 그제야 북한에 핵폐기물 매장지를 건설한다는 계획이 사그라졌다.

2013년 북한 정부는 관련 담당자를 대만으로 파견해서 교섭을 벌였다. 그들은 대만전력공사가 당시에 야기한, 대만 화폐로 3억 위안[104]의 손실을 배상할 것을 요구했다. 그때 이르러 이 이슈는 사람들의 뇌리에서 서서히 잊혀 갔다.

여전히 교류하나? 대만이 '북한'이란 카드를 쓸 수 있다고?

일반인이 관광 혹은 학술 교류를 목적으로 북한에 입국할 수 있을까? 북한은 1988년부터 나라를 개방했다. 처음에는 중국 랴오닝(遼寧) 지역을 대상으로만 개방시켰으며, 이후에 개방 범위를 점차 확대했다.

대만의 관광 단체도 서서히 입국 단계를 밟아나갔다. 처음에는 중국 동북부를 거쳐 북한에 입국했으며, 나중에는 직통 루트로 북한에 들어가는 여행 단체도 나타났다. 하지만 북한은 역시 철권통치 국가였다. 북한에 입국이 가능한 여행객의 규모는 일정 수준으로 제한되었다. 게다가 북한에 입국해서도 북한의 규칙을 철저하게 준수해야 했다.

한편 대만과 북한 사이에 학술 교류가 거의 진행되지 않았어도, 간접적

---

104) 2013년 당시 평균 환율(36.88)로 보면, 한화로 약 110억 원이다.

방식으로는 대만인이 대북 교류에 참여할 수 있었다. 학술 교류를 하러 방북한 적이 있는 천이판(陳奕帆)은 인터뷰에서 이렇게 말했다.

천이판은 2012년 미국 버클리(Berkeley) 대학105) 참관방문단 소속으로 북한이라는 '신비의 나라'에 입국했다고 했다. 당시 그는 북한의 외교부 차관급 인사를 만나기도 했다. 그는 방북했을 때 중화민국의 여권으로 세관에 들어갔다는 데도 입국 절차가 까다롭지는 않았다고 했다.

대만은 그때 몇 년 동안 북한과 교류했다. 어쩌면 이것이 애초에 '북한 카드'를 써서 동북아 정세를 견제하려는 의도였을 수도 있다. 하지만 엉클 샘(미국)이 개입하는 바람에 대만의 바람대로 일이 풀리지 않았다. 당시는 대만과 북한 양국이 많은 측면에서 상반된 차이가 있었음에도 불구하고, 무역과 관광에서의 교류는 차츰 증가하고 있었다.

대만은 정치 분야에서 북한이란 카드를 써서 동북아 정세에 영향을 미치길 원했다. 하지만 대만 정부는 곤경에 빠졌다. 국제적인 시각에서 보면, 대만이 바라는 것을 북한이 원하는지 여부와 미국의 허락 문제가 당시에는 극복하기 어려운 장애 요소였다. 만일 대만과 북한 양국이 비정치적 차원에서 직접적인 왕래를 조금이라도 증가시켰다면, 서로를 더 파악했을 것이다. 따라서 큰 장애 없이 순차적으로 일이 돌아가게 될 수도 있었을 것이다.

---

105) 이곳의 정식 명칭은 '캘리포니아대 버클리캠퍼스(University of California, Berkeley)'이다.

2 '통일', 할 것인가, 말 것인가? 한국인의 견해를 묻다

남북한 접경 지대에 위치한 금강산 관광특구에서 남북한 양측의 이산가족이 인산인해를 이루었다.

"살아 있었네!"

"다시 보게 되다니!"

"한시도 잊은 적이 없어!"

반평생 떨어졌다가 다시 만난 사람들의 한 맺힌 울음소리가 금강산 면회소에서 울려 퍼졌다.

한국전쟁 휴전 후 2015년 10월, 제20차 남북 이산가족 상봉 행사가 열린 것이다. 이산가족 상봉 행사가 거듭될수록 그들의 한 맺힌 눈물은 그칠 줄 몰랐다. 시간이 흐를수록 헤어진 시간이 더 길어졌다. 게다가 이산가족 중에 고령자의 경우에는 생전에 혈육과 다시 만날 기회가 갈수록 줄고 있다.

1953년 7월 27일 한국전쟁 휴전협정이 조인되었다. 1983년에 이르기까지 북한 지도자 김일성 주석(1912~1994, 재임 1948~1994)과 전두환 한국 대통령(1931~2021, 제11·12대, 재임 1980~1988)은 양측이 대표를 파견해서 담판을 짓기로 결정했다. 그리고 마침내 남북한이 공동으로 이산가족 상봉 행사를 개최한다는 합의가 이루어졌다. 그 후, 박근혜 한국 정부와 김정은 북한 정부에 이르기까지 이산가족 상봉 행사가 간헐적으로 개최되었다. 그것이 어느덧 제20차까지 온 것이다.[106]

---

106) 1985년 역사적인 첫 상봉이 이뤄진 뒤, 2000년 김대중 대통령과 김정일 위원장 간에 열린 6·15 남북정상회담을 계기로 그 해 제1차 대면 상봉을 시작으로 2018년 제21차까지 이어졌다. 2007년 제16차 대면 상봉까지 매해 행사가 진행되었다. 2007년까지는 한 해에 두 차례 이상 상봉이 이루어지는 등 행사가 활발했으나, 이후에는 간헐적으로 열렸다.

'조국 통일'에 대한 남북한과 중국·대만의 차이

남북한과 양안(兩岸, 중국과 대만)은 지금껏 서로 비교의 대상이었다. 하지만 이들 양자는 많은 것이 다르다. 남북한과 양안의 관계가 서로 다르게 된 데는 국민의 바람이 서로 다른 것 외에도 지리적 위치의 차이에도 그 원인이 있다.

남북한과 양안의 가장 큰 차이점은 다음과 같다. 먼저 중국과 대만은 각각 대국과 소국으로서 크기의 차이가 있다. 또한 그들은 대만해협을 사이에 두고 떨어져 있다. 반면에 남북한의 경우에는 영토 규모가 비슷하다. 양국의 경계는 휴전선 하나에 불과하다. 그래서 남북한은 저마다 군사훈련을 하다가 의도치 않게 충돌할 가능성을 갖고 있다.

양안 통일에 대한 대만인의 관점은 시간이 흐르면서 변했다. 그렇다면 남북통일에 대한 한국인의 생각은 어떨까? 머지않은 미래에 통일되어 이산가족이 다시 한데 모이기를 바랄까? 아니면 서로 침범하지 않기를 바라면서 현상 유지를 원할까?

2012년 내가 한국 NGO에서 일할 때였다. 고참이 술자리에서 취한 목소리로 크게 말했다. 그것도 입사한 지 얼마 안 된 대만인인 나에게.

"그거 알아? 사실 북한이 되게 좋아. 난 북한이 완전 좋다고. 이명박 정부는 썩어빠졌는데! 우리 한반도는 빨리 통일해야 해!"

옆에 있던 동료들은 고참을 제지하지 않았다. 함께 있었던 동료들은 웃고 마시고 떠드느라 바빴다. 나는 표정을 드러내지 않았다. 하지만 마음속에선 의문이 떠올랐다.

'한국 사람이 모두 북한을 싫어하는 건 아니네.'

'이러면 다른 사람한테 따돌림당하지 않나.'

'한국에서 북한을 공개적으로 찬양하면 위법 아닌가.'

고참의 열변 때문에 내가 막 한국에 발을 내디뎠을 때만 해도 갖고 있던,

한국 민간 사회에 대한 정치적 인상이 크게 바뀐 계기가 되었다.

대다수의 대만인은 남북한이 분단되었다는 상황에 익숙하다. 그래서 한국 사람들이 남북통일을 갈망하는지에 대해서는 충분히 알지 못한다. 한편 한국인은 대만과 중국이 오랫동안 분리되었기 때문에 대만 민간 사회의 기대가 달라졌다는 것을 전혀 모른다.

내가 한국 친구를 만났을 때였다. 나는 대만과 중국이 분리된 채 현상이 유지되기를 바라거나, 아니면 아예 독립해야 한다고까지 말하는 대만인이 점차 늘고 있다고 했다. 그녀는 이해되지 않는다는 표정을 지었다.

"당연히 통일해야죠. 대만인은 왜 그렇게 생각해요?"

물론 나는 친구에게 양안의 현황과 발전에 관해 설명해 줬다. 하지만 그녀의 생각은 쉽게 바뀌지 않았다. 양안과 남북한이 각자 분단된 현실은 일시적일 뿐, 미래에는 필연적으로 통일이 이루어질 것이라는 생각 말이다.

분단을 막으려는 노력, 수포로 돌아가다

남북한은 어떻게 통일해야 할까. 통일을 논하기에 앞서, 우리는 분단을 거론해야 한다. 대부분의 한국인들은 한국전쟁의 결과로 한반도가 남북한 두 나라로 나뉜 것으로 알고 있다. 하지만 1945년 제2차 세계대전이 종전된 뒤에 미국이 소련과 함께 한반도를 남북으로 분할시킨 것이다. 당시에 많은 한국인은 미·소 양국의 의사에 순순히 따르려 하지 않았다. 상당수의 한국인들로부터 존경을 받는 백범(白凡) 김구(1876~1949)가 한반도 분할을 격렬하게 반대한 대표적인 인물이었다.

백범 김구는 제2차 세계대전 때, 중국 상하이(上海)에 있는 항일유격대에 참가했다. 이 부대는 훗날 북한의 지도자가 되는 김일성이 중국 동북부에서 조직한 공산당 항일부대와는 성격부터 달랐다. 김구와 김일성 양쪽의 주된 요구사항은 일본에 맞서 나라를 되찾는 것이었다. 김구의 '나라'는 통일된 한국(혹은 고려)이었다. 따라서 그는 한반도가 나뉘어서 통치될 것이라는 생각을 꿈에도 하지 않았다.

1919년 4월에 조직한 상하이 대한민국 임시정부 요인들. 이 사진은 1921년 1월 1일, 임시정부·임시의정원 요인 58명이 모여 신년 축하식을 하며 찍은 사진이다. 1열의 ❶백범 김구를 비롯해, 2열에도 ❷성재(誠齋) 이동휘(1873~1935), ❸우남(雩南) 이승만, ❹도산(島山) 안창호(1878~1938) 등 주요 인물이 함께했다.

　　1945~1948년의 해방정국은 미국과 소련이란 양대 강대국이 '조국'을 분열시키려는 작업을 한창 진행한 시기였다. 이런 급박한 위기 상황에서, 김구는 「삼천만동포에게 읍고(泣告)함」[107]이란 공개서한을 발표했다. 그 서한은 조국의 분열을 막아야 한다는 내용으로 가득했다. 사람들은 큰 자극을 받았다.
　　김구는 북쪽으로 올라갔다. 그는 당시 북쪽의 지도자인 김일성과 대면했다. 그 둘은 통일이란 대업을 주제로 토론했다. 김구는 남쪽으로 돌아와 미국이 지지하는 이승만과 경쟁을 펼쳤다. 하지만 김구 세력은 패배했다.[108] 이

---

107) 이 서한은 1948년 2월 11~12일에 걸쳐, 《서울신문》·《경향신문》·《조선일보》에 게재되었다. 전문은 '국사편찬위원회'의 〈한국사 데이터베이스〉에서 확인할 수 있다.
108) 원문에는 '선거전을 펼쳤지만, 끝내 패배했다(展開選戰, 但最後戰敗)'고 되어 있다. 그러나 확인

듬해인 1949년 백범 김구는 암
살당했다(적지 않은 한국 사람들은
겉으로는 드러내지 않았지만 이승만
이 정적을 숙청하려 암살자를 보냈
다고 애석해하기도 했다).

1950년 한국전쟁이 발발했
다. 여기에 미국과 중화인민공화
국[中共]109)이 개입했다. 이외에
도 많은 외세가 한반도 통일 문

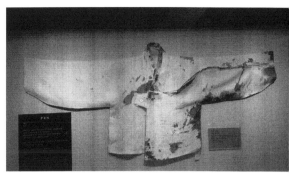

1949년 6월 26일, 경교장에서 김구가 안두희에게 총격당했을 때
입고 있던 옷

제에 직접적으로 개입했다. 그 결과, 상황은 더욱 복잡해졌다. 그래서일까,
한국인에게 있어 '조국 통일'의 길은 점점 멀어져 가는 듯했다.

남북통일의 방법은

1953년 한국전쟁의 휴전협정이 조인되었다. 그 후 남북한 정부는 자기
만의 통일 방안을 잇달아 내놓으며 적극적으로 선전하고 교류했다.

먼저, 한국 정부가 '남북연합'이란 방안을 처음으로 제기했다. 이것은 국
제 사회에 존재하는 '국가연합' 혹은 '연방'과 비슷한 형태의 기구를 설립하

결과, 백범 김구가 이끈 정치세력인 '한국독립당'은 1948년 5월 10일에 치러진 제헌 총선에 불참
했다. 참고로 총 200석을 선출한 제헌 총선의 결과, 85명(42.5%)이 무소속으로 당선된 가운데
이승만의 정치세력인 '대한독립촉성국민회'가 55명(27.5%)의 당선자를 배출하여 제1당에 올
랐다. 이후 그해 7월 17일에 제헌 헌법이 제정 및 공포되고, 사흘 뒤에 이승만이 초대 대통령으로
취임했다. 그리하여 1948년의 광복절에 대한민국 정부가 수립되었다.(강준만, 『한국 현대사 산
책 1940년대 편- 8·15해방에서 6·25 전야까지』 2(인물과 사상사, 2004) 및 〈5·10 총선거〉,
'우리역사넷' 참고)

109) 본문의 '중공(中共)'은 1949년 '중화인민공화국'의 건국을 주도한, '중국 공산당'의 약자이다. 과
거에 한국에서는 중국을 '중공'이라고 불렀다. 이는 대만의 정식 국명인 '중화민국'의 별칭인 '자유
중국'하고 구분하기 위한 것이었다. 물론, 오늘날에는 '중공'과 '자유중국'이란 명칭 둘 다 거의
사용하지 않고 있다.

는 것이었다. 이는 남북한이 상호 교류와 화해를 거쳐 통일이란 목표를 달성하길 바란 것이다.

북한의 초대 지도자 김일성은 1980년 '고려민주연방공화국'이라는 전혀 다른 통일 방안을 제기했다. 그는 남북한 정부가 상대의 존재를 서로 승인한 뒤, 공동으로 민족통일연방정부를 설립하기를 바랐다. 그에 따르면, 통일된 연방헌법 아래에서는 남북최고민족회의를 조직해 입법기구를 대신한다. 그리고 고려민주연방공화국만이 대외적 외교 실체로 존재할 뿐, 두 개의 한국이라는 상황은 나타나지 않을 것이다.

하지만 남북한 정부는 상대방의 제안에 불만을 드러냈다. 자신의 방안이 더욱 타당하다고 여겼기 때문이다. 양쪽 정부는 중간에 여러 차례 담판을 벌였지만 끝내 합의된 결과를 만들어 내지는 못했다.

그러다 2000년 6월, 남북한의 접촉이 한차례 고조되는 사례가 나왔다. 김대중 한국 대통령의 '햇볕정책'이 바로 그것이다.[110] 이 햇볕정책을 바탕으로, 김대중 대통령과 북한의 2대 지도자 김정일은 평양에서 역사적인 정상회담을 진행했다. 그리고 '남북공동선언'을 조인하는 한편, '개성공단'을 열고, '금강산 관광특구'를 설치했다. 그리하여 남북한의 관계가 전에 없던 조화로운 상태로 접어들었다.

김대중 정부의 뒤를 이어서 출범한 노무현 정부도 햇볕정책을 계승했다. 노무현 전 대통령은 전례 없는 남북 합작을 전개해서 평양과 서울을 잇는 철도를 건설하려고 했다. 그는 2007년에 평양으로 가서 김정일을 만났다. 두 지도자는 남북 합작에 대해 토론했다. 이로써 남북한은 공동의 목표인 '조국

---

110) 햇볕정책은 김대중 전 대통령이 제시한 대북정책에서 기인한다. 즉, 그는 평화적 방식으로 남북한의 교류를 진행하고, 나아가 미래에는 남북통일이라는 목적을 달성하기를 희망한 것이다. 이 정책의 명칭은 『이솝우화(Aesop's Fables)』의 「바람과 햇님」(원제는 '보레아스(Boreas, 북풍의 신)와 헬리오스(Helios, 태양의 신)')에서 비롯되었다. 「바람과 해님」은 바람과 해님이 갖은 수를 써서, 어느 길 가는 나그네의 외투를 벗기는 내기를 했다는 이야기다. 여기서 바람은 전력을 다해 강풍을 휘몰아쳤다. 하지만 나그네는 외투를 벗기는커녕, 옷을 더 여몄다. 그리고 해님은 따사로운 햇볕을 비춰, 나그네가 더위를 못 견디고 스스로 외투를 벗게 만들었다.(원문 주)

통일'의 달성을 향해 한 걸음 나아갔다.

　하지만 안타깝게도 이런 노력은 예기치 못한 사건으로 인해 기대했던 성과를 낳지 못했다. 서로에 대한 의심과 미움도 극에 달했다. 끝내 철도는 건설되지 못했고, 금강산 특구와 개성공단도 폐쇄되었다.[111]

방문증명서. 김대중 정부 이후 남북 교류가 활발해지면서 북한 방문자에게 발급해 주었던 증명서다. 「남북교류협력에 관한 법률」에 의거, 통일부 장관이 방문 승인을 하고 이 증명서를 발급해 북한 방문 시 소지하도록 했다. 사진은 2005년 노무현 정부 당시 발급해 준 수첩형 증명서(제공자 사생활 보호를 위해 사진 및 인적 사항은 블러 처리했다).

　그런데 이런 정책 변화가 남북통일에 대한 한국인의 견해에 영향을 끼쳤을까? 그리고 한국 정부는 그저 자기 얘기만 했고, 그것이 국민의 인식하고 완전히 괴리되었을까?

한국인은 미래에는 남북통일이 될 거라 믿는가?

　한국의 서울대학에서 2015년 8월 여론조사를 했다. 조사 결과에 따르면, 남북한이 미래에는 통일될 것이라고 응답한 비율이 86%로 나왔다. 이는 역대 최고치였다. 여기서 매우 흥미로운 점은 민주당 정권(1998~2008, 김대중 정부와 노무현 정부 집권기) 때와 2015년 시점하고 비교하면, 당시 남북한의 교류가 거의 없다시피 했다는 것이다(적어도 공개석상에서의 접촉과 비공식적 만남으로는). 하지만 남북한이 미래에는 통일을 달성할 수 있다고 믿는 사람의 숫자가 뜻밖에 관련 여론조사가 실시된 이래 최고치였다.

---

111) 금강산 특구는 이명박 전 대통령의 재임기인 2008년, 남한의 관광객 신분으로 금강산에 온 박왕자 씨가 휴전선 부근에서 북한군에 피살된 사건으로 인해 폐쇄되었다. 그리고 개성공단은 2016년, 박근혜 당시 대통령이 그곳의 수익이 북한의 핵무기 개발 비용으로 흘러간다는 주장을 내세우며 폐쇄시켰다. 해당 사항은 다음 기사를 참고했다. 장용훈, 「〈금강산관광 10년〉 남북관계 '긴장 상징'으로」, 《연합뉴스》, 2008. 11. 16. / 김호준, 「정부, 개성공단 가동 전면중단… 北핵·미사일 첫 독자제재(종합3보)」, 《연합뉴스》, 2016. 2. 10.

《조선일보》의 보도에 따르면, 여론조사기관 한국갤럽의 관련 데이터는 다음과 같다. 1995년(김영삼 정부 집권기) 82%, 2001년(김대중 정부 집권기) 79.6%, 2005년(노무현 정부 집권기) 80%, 2010년(이명박 정부 집권기) 80%, 2013년(박근혜 정부 집권기) 70.2%였다.[112]

이외에도, 남북통일의 소요 시간에 대한 질문에 응답한 사람 중에 27.5%가 20년 이후라고 답했다. 그리고 15~19년이라고 답한 사람은 28%, 10~14년이라는 사람은 12.5%였다. 그리고 15년 내에는 통일될 수 있다고 생각한 사람은 3.2%뿐이었다.

이로써 알 수 있다. 한국인들은 통일이 피할 수 없는 추세이나, 이른 시일 안에 이루어지지는 않을 것이라고 여기고 있다.

무력으로 북한 사람들을 구원하자는 보수, 평화통일을 주장하는 진보

한국인은 남북통일에 어떻게 생각할까? 간단히 말하면 양쪽으로 나뉜다. 한쪽에는 북한 정권을 증오하는 보수진영이 있다. 이들은 한국이 무력으로 북쪽을 전복시켜, 도탄에 빠진 동포들을 구원하기를 바란다(글쎄…). 그 반대편에는 김대중 전 대통령의 햇볕정책을 지지하는 진보진영이 있다. 그들은 북한 정권의 존재를 인정하고, 남북한이 대화와 교류로써 통일이라는 최종 목적을 달성하기를 바란다.

물론 이것은 거칠게 나눈 것이다. 하지만 한국에서 남북한과 관련된 이슈와 관련해서 보수와 진보 양쪽 진영은 다른 의견을 내고 있다. 아무튼 양쪽에서 한반도 통일을 대하는 태도는 명확하다. 단지 그 방법론이 다를 뿐이다.

남북한 양측의 통일에 대한 인식은 일종의 민족주의적 감정과 정부의 교

---

112) 여기서 언급된 여론조사 결과들은 《조선일보》가 광복 70주년 기념으로, 서울대 아시아연구소와 공동으로 여론조사를 실시하면서 함께 정리한 것이다.(홍영림, 「국민 86% "南北통일 가능하다"」, 《조선일보》, 2015. 8. 10.)

육의 결과로 만들어진 것이다. 하지만 현실적 측면으로 돌아와서, 한국인에게 조국 통일이란 신성한 목적이 이루어져야 한다는 바람이 있을까? 흥미로운 사례가 있다. 바로 이명박 전 대통령이 추진했지만, 국민 여론의 거센 반발을 불러일으킨 '통일세'이다.

2010년 이명박 대통령은 자신의 대북정책인 '3단계 통일방안'[113]을 제시한 것 외에도, 한국 국민에게 '통일세'를 징수하겠다는 의견을 냈다. 남북한이 통일을 진행한다면 대만 화폐로 약 61조 위안[114]이 넘게 든다는 점도 지적했다. 이 비용을 전부 지불하자면 60년 전후가 걸릴 것이라고도 했다.

이 소식이 발표된 직후에 실시된 여론조사에 따르면, 통일을 지지한다는 응답자의 수가 대폭 하락했다. 예전에 비해 20%가량이 줄어, 약 60% 정도를 기록했다.

통일세를 왜 내야 하지?

통일세의 가장 중요한 목적은 남북한이 미래에 통일되었을 때를 대비하기 위함이다. 또한 남북한의 교류를 준비하기 위한 자금이기도 하다. 이는 독일 통일이라는 반면교사가 있었기 때문에 제시될 수 있었다. 독일은 1990년에 통일되고부터 2010년까지, 유럽 화폐로 2조 유로[115]에 가까운 비용을 치

---

113) 이명박 전 대통령은 2010년의 광복절 기념 경축사를 통해, '평화공동체 → 경제공동체 → 민족공동체'라는 3단계를 거쳐서 남북통일을 달성하겠다고 했다. 그리고 여기에는 북한의 완전한 비핵화라는 전제가 깔려 있었다.(노재현, 「'8.15경축사' 3단계 통일방안 의미」, 《연합뉴스》, 2010. 8. 15.)

114) 61조 위안이면 한화로 2,200~2,300조 원에 이른다. 당시 언론에서는 "일부 국제 국제금융기관과 투자은행이 통일비용을 3,000조 원 이상으로 추정"한다며 호들갑을 떨기도 했다. 과도한 추산으로 여론을 호도한 경향이 강했다. 간단히 얘기해 2023년 기준 57조 원에 이르는 국방비만을 고려해도 통일비용에 관한 논란의 여지는 차고 넘친다.

115) 원문에서는 2조 유로가 대만 화폐로 70조 위안에 맞먹는다고 언급되어 있었다. 2조 유로든 70조 위안이든, 원화로 약 2,600~3,000조에 해당한다. 바로 앞 각주에서 언급한 대로 과도한 추산을 그대로 옮겨 적은 것이다.

러야 했다. 즉, 옛 동·서독 지역 간의 사회경제적 격차 및 생활 수준의 격차를 줄이는 데 그 정도의 비용이 든 것이다.

2021년을 기준으로, 한국은 세계 10위의 경제 대국이다(독일은 4위).116) 이와 같은 경제 규모를 갖춘 한국이 단기간에 옛 동독보다 빈곤한 북한을 받아들인다면, 소요 비용이 추정치보다 훨씬 더 많이 나올 가능성이 매우 크다.

이로써 한국인이 일반적으로 통일에 대한 신성한 사명감을 갖고 있지만, 현실적 차원에서는 다른 반응을 보일 가능성이 있다는 것을 알 수 있다. 특히 신세대로 자리 잡은 한국 청년에게 북한이란, 그저 뉴스나 교과서에서나 접한 고유명사일 뿐이다. 따라서 한국 청년은 기성세대에 비하면, 북한에게 깊은 유대감을 느끼지 못하고 있다. 따라서 그들은 통일에 대한 사명감도 상대적으로 옅다.

2018년에 이루어진 문재인 한국 대통령과 김정은 북한 지도자의 남북정상회담과 도널드 트럼프 미국 대통령과 김정은의 북미정상회담 이후에 한반도의 상황이 극적으로 변화되었다. 남북한의 교류가 더욱 빈번해지고 정상화되었다. 이외에도, 여러 분야에서의 교류 개시도 전망할 수 있게 되었다.

물론 남북한이 통일을 달성하려면 양측의 정부와 국민은 여전히 먼 길을 가야 한다. 앞으로의 일을 제대로 말해줄 사람은 없다. 게다가 한반도의 일은 당사자인 남북한 외에도, 중국·미국·러시아·일본 등의 주변국들도 영향을 주고받을 것이다.

그럼, 미래는 한반도가 통일될까, 안 될까? 어떻게 해야 할까? 이를 알기 위해서는 여러 나라 지도자들의 지혜를 살펴보아야 한다.

---

116) 원문에는 한국이 '현재 세계 12대 경제대국'이라고만 표기되어 있다. 『2022 대한민국 경제 (Economic Overview of the Republic of Korea 2022)』, 국회예산정책처, 2022. 8.을 참고해 10위로 수정했다.

3 탈북자의 다른 면
– 나는 도망친 반역자가 아니다

"왜 우리나라는 개방을 안 할까요? 우린 돈 벌러 나왔어요. 그 돈을 고향에 보내야 나중에 고향에서 건설 지원을 할 수 있다고요. 그런데 계속 이런 식이면 희망이 없어요."

우여곡절을 거쳐 북한에서 한국으로 입국한 탈북 여성 강 씨가 얼굴을 찡그렸다.

"솔직히 북한이 개혁개방을 할 수 있다면, 전 돌아가고 싶어요. 남한에 올 생각이 없었거든요."

탈북자, 그 이면의 진실

탈북자, 말 그대로 북한을 탈출한 사람을 가리킨다. 그들의 사연은 다음과 같다. 북한 인민은 김씨 정권의 철권통치 아래에서, 인신의 자유를 누리지 못하고 있다. 인권 혹은 생명과 행복을 추구할 자유는 꿈도 꾸지 못한다. 이 때문에 1980년대 말부터 북한 사람들은 국경을 넘어 중국으로 탈출했다.

북한을 탈출한 사람의 규모는 해마다 상승했다. 2012년 김정은이 김씨 왕조의 제3대를 세습한 이후부터 국경 통제가 엄격해졌다. 그제야 탈북자의 규모가 줄었다. 하지만 탈북자 모두 정치적 배경 때문에 북한을 탈출했을까? 그늘 전부가 한국 언론에서 말하는 대로, 북한 정부에 뼈에 사무친 원한을 갖고 있을까?

서울 김포공항역에서, 두어 정거장 정도밖에 안 떨어져 있는 서울 지하철 5호선 방화역 출구로 나왔다. 한국의 겨울은 얼마나 추웠는지, 거리의 사람들이 호주머니에서 손을 꺼내지 못했다. 추위를 피해 사람들이 상대적으로 덜 추운 지하철역으로 발걸음을 재촉했다.

갈색 겉옷을 맵시 있게 입은 젊은 여성이 내게 다가왔다. 그녀는 유창하지 않지만, 중국 동북부 억양이 짙은 중국어로 말을 걸었다.

"실례지만, 혹시 대만인 기자세요?"

인터뷰를 승낙한 강 씨였다. 그녀는 유행하는 옷을 입고 있었다. 하지만 행동거지에서 토종 한국인이 아닌 티가 났다. 그녀는 2007년 1월 고향인 북한 함경북도에서 두만강을 건너 중국으로 갔다.

강 씨는 이렇게 오랫동안 북한을 떠나 있을 생각이 없었다. 처음에는 중국에서 장사로 돈을 벌어, 금의환향하겠다는 생각만 했다. 하지만 한번 넘은 국경을 되돌아갈 수가 없었다.

"고향에선 암시장에서 행상을 했어요. 그때 국경에서 밀무역을 하는 사람을 알게 되었어요. 그와 함께 중국에 가서 장사를 하고 싶었어요. 그에게 속을 줄은 꿈에도 몰랐지만요."

강 씨는 눈살을 찌푸렸다. 그녀는 중국 지린성(吉林省)의 창춘(長春) 같은 대도시에서 장사로 돈을 벌려고 했다. 하지만 그녀는 중국 랴오닝(遼寧) 지역의 시골로 팔려 가서, 그곳에 사는 중국인 농부와 결혼해야 했다.

"그곳은 그냥 동물원이었어요. 자유? 그런 거 없었죠."

강 씨는 중국 시골에서 6여 년 동안이나 살았다. 그녀는 쓴웃음을 지었다. 첫해에 아이가 태어났기 때문에 오래 머물 수밖에 없었다. 아이만 아니었다면 그녀는 일찌감치 도망쳤을 것이다.

"사실 전 운이 좋았어요. 브로커가 저더러 대도시로 가서 성인노래방 종업원으로 일할 건가, 이니면 시골에서 다른 사람의 아내로 살 건가, 이 중에서 택하라고 했거든요. 선택의 여지가 없었죠."

강 씨는, 자신이 머물던 동네에서만 다섯 명의 북한 출신 여자가 있었다고 했다. 마을의 어느 집에서 북한 여자를 '구매'한 것을 보고 다른 집에서도 덩달아 따라 했다는 것이었다. 그 결과, 백여 명밖에 살지 않는 촌 동네에 북한에서 팔려 온 여자가 다섯 명이나 되었던 것이다.

"참고 지내기가 너무나 힘들었어요. 아무 데나 돌아다닐 수도 없었으니까요. 사람답게 살 수 있는 삶이 아니었어요. 아이 생각을 하지 않기로 독하게 마음을 먹었어요. 북한 여자와 함께 둘이서 마을을 빠져나왔죠."

강 씨는 끝내 눈물을 흘렸다. 그녀는 애써 울음을 참았다.

"모질지요? 아이를 두고 온 게."

나는 어떻게 반응해야 할지 몰랐다. 그저 대화 주제를 바꾸려 했다.

왜 탈북했나?

이 물음은 의미 없는 것처럼 비칠지도 모른다. 하지만 그렇지 않다. '탈북자' 문제는 특정 부류가 제3자의 시선으로 바라보듯이 그렇게 단순하지 않다. 탈북자 모두가 북한 정부에 반감을 가지고 있거나, 먹고사는 게 힘들어서 북한을 탈출한 게 아니다.

예를 들면, 강 씨처럼 중국에 밀입국해서 돈을 번 뒤, 고향으로 돌아가려고 한 부류도 적지 않다. 하지만 그들은 브로커에게 속아서, 일부는 중국 각지의 유흥가에 팔렸고, 다른 일부는 강 씨처럼 촌구석에 팔렸다.

탈북자가 한국에 입국하는 데 성공하는 몇 가지 루트는 다음과 같다.

첫째, 중국과 몽골 사이에 있는 고비사막을 넘어, 몽골로 입국하는 것이다. 몽골 정부의 규정에 따르면, 붙잡힌 탈북자는 한국 정부 측에 인계된다. 이에 따라 탈북자는 몽골 정부의 보호를 받고 한국에 들어올 수 있다.

둘째, 중국 북방지역에서 동남아시아로 넘어가는 것이다. 즉, 먼저 동남아의 여러 나라에 입국한 후에 그 나라에서 한국으로 인도되는 것이다.

이 외에 강 씨처럼, 중국에서 직접 배를 타고 한국에 밀입국하는 경우도 있다. 이때는 중개인에게 수수료를 좀 더 지불해야 한다.

"북한의 고향에 연락하려면 어쨌든 돈이 들어요. 우리가 집으로 송금하면 전달 과정에서 뜯기는 돈이 꽤 돼요. 적게는 30%에서 많게는 50~60%까지 되죠."

강 씨는 브로커에게 착취당한 사연을 자세히 들려주었다.

"가끔 돈을 받고서 도망가는 사람이 있었어요. 하지만 우리는 고향에 연락할 다른 방도가 없어서, 그저 운에 맡기고 그들을 믿을 수밖에 없었어요."

북한과 중국을 오가는 브로커는 중국의 시골과 도시에 탈북자를 팔아넘겨서 이득을 본 것 말고도, 중국에서 일하고 싶어 하는 탈북자를 속이기도 했다. 탈북자를 속여서 한국으로 데리고 갔다. 그리고 탈북자를 전문적으로 지원하는 '자선단체'에 그들을 맡겨 두둑한 포상을 받기도 했다.

이는 탈북자의 한국 생활 적응을 돕는 NGO 단체 '성통만사 한국지부(PSCORE Korea)'[117]의 전문 요원 '남바다'의 인터뷰에서도 증명된 것이다.

"이런 상황이 흔하진 않아요."

이 때문에 북한을 벗어난 후에도 탈북자가 특수한 처지로 인해 위험을 무릅쓰고 도망치고 또 도망치면서 이동해야 했던 것이다.

"어디로 도망쳤고, 얼마나 머물렀나요?"

강 씨는 함께 도망간 북한 여성과 헤이룽장성(黑龍江省)의 무단장시(牡丹江市)에서 약 2년간 머물렀다. 그 후에 시골의 남편에게 자신의 소재지를 들켜 그곳에서 도망쳐야 했다.

"두 번째로 도망친 곳은 상하이였어요. 그곳에서 중국의 여러 지역에서 온 탈북자들을 만났고요. 서로의 말투나 신분을 의심하지는 않았어요."

"한국에는 왜 왔나요?"

나는 궁금해졌다.

"그건요, 2016년 중국 정부가 신분증을 전부 교체할 거라고 했거든요. 저

---

117) 북한 인권·탈북자의 정착 지원, 남북통일 등의 문제에 관심을 가진 NGO로, 원래 이름은 '성공적인 통일을 만들어가는 사람들(People for Successful COrean REunification)'이다. 2006년에 설립되었으며, 대표는 전직 군인 출신의 김영일 씨이다. 그는 일가족과 함께 한국으로 탈북한 사람이다.(성통만사 홈페이지 참고)

는 예전에 구한 가짜 신분증을 사용했기 때문에 걸릴 수밖에 없었어요. 그래서 브로커에게 한국 돈으로 270만 원 정도를 다시 주고서 한국으로 온 거예요."

일반적으로, 북한 출신으로 한국에 입국한 사람들은 한국 정부로부터 일련의 절차를 거쳐서 탈북자, 즉 난민으로 인정받게 된다. 그 후에는 북한으로 돌아가는 것이 사실상 불가능하게 된다.

한국에 온 뒤에는?

합법적 방식으로 한국에 입국하는 탈북자의 경우에는 한국 사회에 '정착'하기 전에 먼저 국가정보원에서 조사를 받아야 한다. 그 과정에서 북한의 간첩이 아니라는 것이 확실해지면, 3개월 또는 6개월 동안 하나원118)에서 교육을 받는 것이다.

탈북자는 하나원에서 한국에서의 일상생활과 관련된 것들, 즉 기본적 법률 상식·생활 필수기술·인터넷 사용법 등을 학습한다. 탈북자가 한국 사회에 좀 더 빠르게 적응할 수 있도록 도움을 받는 것이다.

"하나원에선 기본적인 것만 배워요. 필요한 내용이지만 많이 모자라죠."

'새조위'119)의 대표 '신미녀'가 인터뷰에서 한 말이다. 한국 정부가 탈북자가 한국 사회에 적응할 수 있도록 돕는 시스템을 구축해 놨다지만, 여전히 부족하다.

"탈북자들은 이곳에서 좌절해요. 감당할 수 없는 부담을 느끼고 북한으로 돌아가고 싶어 하는 사람들까지 있죠."

---

118) 탈북자의 한국 사회 정착을 돕기 위한, 통일부 산하의 기관이다. 1999년 7월에 개원했으며, 한국으로 온 탈북자에게 의료지원 및 재사회화를 위한 교육 등을 실시하고 있다. 이곳은 보안상의 이유로 일반인에게 공개되지 않는 관계로, 다음의 기사를 참고했다. 이예진, 「하나원, 어떤 곳인가요?」, 《자유아시아방송(Radio Free Asia)》, 2016. 11. 18./ 이제훈, 「탈북이주민이 처음 만나는 한국사회 '12주의 감옥' 하나원」, 《한겨레》, 2010. 11. 14.(2016. 5. 24.에 수정됨)
119) '새롭고 하나된 조국을 위한 모임'의 준말이며, 서울 지역의 탈북자의 안전한 정착을 비롯한 다양한 것을 돕기 위한 단체이다(문장이 다소 긴 관계로, 본문에서 각주로 옮겼다).

2015년 새조위의 보고에 따르면, 탈북 여성 중 약 60%는 한국에 입국하기 전에 성폭력을 당했다고 한다. 그들은 한국에 온 뒤에도, 배우자의 가정폭력에 시달려서 상당히 고통스럽게 살고 있다고도 했다.

"우리 단체는 일반적인 교육 과정이나 의료 상담을 제공해요. 그 외에 북한 사람들이 도망치다가 겪은 심리적 트라우마에서 벗어나도록 돕는 것이 중요 업무예요. 그들이 한국 사회에서 살아갈 역량을 갖추도록 돕는 거죠."

신미녀는 통역사를 통해서, 탈북자가 한국 사회에서 직면하는 어려움에 대해 천천히 알려주었다.

"탈북 여성은 가정폭력의 위협에 노출되어 있어요. 게다가 아이를 키우는 것도 큰 문제 중 하나예요. 돈 문제만 있는 게 아니에요. 특수한 가족 구성 때문에 곤경에 처하기도 해요."

신미녀는 한숨을 쉬었다.

"탈북 남성은 양질의 일자리를 찾는 데 어려움을 겪어요. 그 때문에 친구를 제대로 사귀기가 힘들죠. 또한 차별을 당해서 심리적으로 좌절하기도 해요. 게다가 술에 의존하거나 좋지 않은 습관에 빠지기도 해요. 그렇게 한국 사회에 제대로 녹아들지 못하고 있어요."

전체 탈북자의 80%는 북한 북방의 함경남·북도[120] 출신의 농민이다. 그들은 이렇다 할 기술을 가지고 있지 않다. 이 때문에 그들은 한국에서 양질의 직업을 구하지 못한다.

일반적으로 탈북자들은 국정원과 하나원에서의 신원조사를 우선 통과해야 한다. 그러고 나서, 그들은 한화로 2천만 원 상당의 정착 지원금을 받는다. 이후 5년 동안 월 30만 원의 지원금을 받을 수 있다. 그런데 탈북자의 한국에서의 실업률은 20%가량이나 된다. 이는 한국인보다 6배나 높은 수치이다.

---

120) 원문의 '북한 북방의 함경남·북도'는 한국 측 행정구역에 근거했다고 할 수 있다. 그런데 이는 북한 측 행정구역에서, 함경남도·함경북도·양강도(兩江道, 북한에서는 '량강도'라고 부름)·나선특별시(羅先特別市, 북한에서는 '라선특별시'라고 부름)에 해당한다.

중국 장백현에서 압록강 너머로 바라다본 북한 양강도의 어느 시골 마을

이 때문에 탈북자의 학습 지원을 전문적으로 담당하는 단체인 '성통만사'가 필요한 것이다.

"탈북자에게 가장 필요한 기술은 인터넷 사용법같이 기본적인 것들이에요. 물론 영어도 필요하죠."

이 같은 지적은 남바다와의 인터뷰에서도 나왔다.

"탈북자를 돕는 NGO 단체가 적지 않더라도, 한국에서 탈북자들은 온갖 단체들한테 이용당해요. 선전도구가 되기도 하고, 거액의 보조금을 신청하기 위한 지렛대로 이용되기도 하고요."

한마디로 탈북자들은 북한 당국이 남한을 지칭하는 '남조선괴뢰정권'이 통치하는 땅에 발을 내디디라고는 생각도 못 했을 것이다. 그들은 '반역자'라는 딱지를 어쩔 수 없이 붙이고 있다.

탈북자는 반역자라고?

"제 아버지는 대학교수셨어요. 하지만 제가 북한을 떠난 탓에 면직되었죠. 집도 북한 정부한테 몰수당했고요."

강 씨는 불안감을 드러냈다.

"제가 지금 한국에 있다는 걸 북한 정부가 알면 큰일 나요. 가족들이 더 엮일 수도 있으니까요. 제가 상하이를 떠나기 전에 가족들하고 전화 통화를 한 게 마지막 연락이었어요. 그 뒤로 어떻게 됐는지는 몰라요."

강 씨는 북한에서 사범대 체육과를 졸업했다. 그녀는 북한을 떠나기 전, 함경북도의 소학교(초등학교)에서 교편을 잡았다. 이는 강 씨가 북한의 시골 출신들과 비교해서, 상대적으로 고등교육을 받은 지식인이었음을 의미한다. 따라서 그녀가 북한을 떠난 이유는 생계 문제가 전부는 아니었다. 새로운 세계에 대한 갈망 또는 자신의 미래에 대한 기대도 있었던 것이다.

강 씨는 말했다.

"우리 같은 탈북자들이 자기 나라를 원망한다고 말하는 사람들이 많죠. 그 말이 모두 맞는 건 아니에요. 북한에서 도망쳐 나온 사람들 대부분은 북한에서 먹고사는 게 힘들어서 중국에 밀입국하는 거예요. 생계 수단을 찾으려고요. 하지만 이게 우리가 국가를 사랑하지 않는다는 증거는 아니에요."

나는 한국의 언론인이 아니다. 그 때문에 강 씨가 내게 속마음을 한 마디 한 마디 또박또박 말할 수 있었다. 그렇게 나는 한국의 주류 언론에서 보도하는 탈북자에 대한 이미지와는 다른 또 하나의 실상을 마주할 수 있었다.

한국 친구가 이렇게 말한 적이 있다. 탈북자는 한국에서, 일반적으로 극우파로 분류된다고 말이다. 그는 탈북자들이 다양한 방식으로 북한의 김씨 정권 타도를 지지한다고 했다. 하지만 생각해 보면 한국에 들어온 탈북자들이 북한이 몹시 원망스럽다고 부르짖으면서, 그런 자신의 입장을 한국 사회에 분명히 밝히지 않으면 한국에서 살아갈 수 있을까?

탈북자는 북한에서 갖은 괴로움에 시달렸기 때문에 그곳을 떠났다. 그리고 환상의 세계인 남쪽으로 왔다. 그런데 한국 사회에서 차별받는 것 외에도 북한에 있을 때와 비슷한 대우를 받게 된다. 이는 전혀 예상하지 못한 것이다. 아이러니하게도, 그 점 때문에 탈북자는 진심을 말할 수가 없는 것이다.121)

4 특별 인터뷰
– 남북한 경계를 자유로이 넘나든 김진경 선생

1945년 제2차 세계대전이 종전되었다. 뒤이어 한반도는 남북 분단과 한국전쟁이라는 비극을 겪었다. 1953년 7월 27일, 남북한 양국은 휴전협정을 조인했다(2013년 북한이 일방적으로 그것을 파기했다). 한반도는 북위 38도선 부근을 경계로, 칼로 무 썰듯이 둘로 나뉘었다. 그 때문에 남북한 사람들은 오늘날에도, 서로 자유롭게 왕래하지 못하고 있다. 북한 사람이 한국에 들어오는 게 불가능하다.

탈북자들이 한국에 입국할 때, 보통의 경우라면 중국 국경을 넘어 산 넘고 물 건너면서 체포를 피하는 여정을 거친다. 그 후에 정치적 난민의 신분을 한국에서 얻게 된다. 한편 양측의 정부 인사도 복잡한 절차를 거쳐야 한다. 외교적 임무를 담당하는 사람은 특정 구역만을 왕래할 수 있으며 그 경내에서 자유롭게 이동하지 못한다.

그런데 분단된 지 70여 년 된 한반도에서, 평생을 사심 없이 남북한을 오가면서 양국의 관계 형성 개선에 인생을 바친 나이 80세의 노(老) 선생이 있다. 그는 양국 정부의 인가를 받아서, 마침내 남북한의 국민 신분을 획득했다. 따라서 그는 세상에서, 두 나라를 모두 자유로이 오갈 수 있는 유일한 사람이다. 그는 바로, '김진경' 선생이다.

한국전쟁의 최연소 지원병

나는 연변대학 과학기술학원(이하 '연변과대') 교장실로 들어갔다. 한쪽 벽

---

121) 본문에서 다룬 통일과 탈북민 등의 이야기와 관련, 공용철·신석호·왕선택·장용훈, 『북한 취재·보도 가이드– 전문기자가 말하는 통일언론』, 평화문제연구소(2017)을 참고하면 좋을 것 같다.

은 여러 나라에서 받은 표창장으로 도배되어 있다시피 했다. 김진경 선생은 이렇게 입지전적인 인물로서 연변과대 교장이었다. 선생은 나를 보고 자리에서 일어났다. 그는 내 손을 잡으면서, 함박웃음을 지으며 환영해 주었다. 잠시 인사말이 오갔다. 그는 몇 평밖에 되지 않는 교장실에서 자신의 삶과 관련된 남북한의 역사를 흥미진진하게 이야기하기 시작했다.

1950년 6월 25일, 중국에서는 '항미원조전쟁(抗美援朝戰爭)'이라 부르는 한국전쟁이 발발했다. 소년 김진경은 당시에 열다섯 살로서 남한의 중학교 3학년 학생이었다. 전쟁이 발발한 지 얼마 되지 않았을 때, 그는 학교 근처의 징병소로 가서 군인으로 참전하고 싶다고 말했다.

"그때 담당자들은 제 나이가 어려서 병사로 받아들일 수 없다고 했습니다. 전 급한 마음에 땅바닥의 유리 조각을 집어 들고는 그걸로 검지를 그었습니다. 그리고 천 쪼가리에 나라를 위해 싸우고 싶다는 혈서를 썼지요."

김진경 선생은 손을 내저으며 웃었다.

"마침내 그들은 제가 지원병으로 참전하는 걸 허락했습니다. 그것도 가장 나이가 적은 군인으로 말이지요."

살육의 현장과 소중한 평화

한국전쟁은 3년간 지속되었다. 휴전협정이 조인되기 전, 김진경 선생과 같은 지원병은 모두 800여 명이었다. 그러나 전쟁이 끝날 때쯤에는 17명 정도만 살아남았다. 전쟁의 잔혹함을 생생하게 목격한 선생은 『성경』을 우연히 접했다. 이는 전쟁이 끝난 뒤, 그가 온 힘을 다해 남북한과 중국의 사람들을 돕기로 결심한 계기가 되었다.

"전쟁이 끝나자마자, 유럽과 미국에서 유학했습니다. 장사도 해보았고요. 그때 제2차 세계대전 당시에 서로 싸운 나라들이 의외로 서로의 입장을 다 내려놓을 수도 있다는 걸 깨달았습니다. 거대한 유럽연합으로 통합에 성공하는 걸 본 것이지요. 이게 바로, 아시아가 마땅히 배워야 할 길이자 모델이었던 겁니다."

김진경 선생의 눈빛은 확고했다.

"그래서 1986년 중국으로 향했습니다. 그곳의 접경지대를 거쳐 북한으로 들어갔지요. 그때부터 도움이 필요한 북녘 동포들을 돕기 시작했습니다."

1980년대 말, 중국은 개혁개방을 펼치면서 북한과 거리를 두기 시작했다. 반대로, 한국과는 1992년 수교했다. 앞서 1991년 소련이 붕괴되면서, 오랜 기간 이어진 북한에 대한 공산주의 국가들의 원조가 뚝 끊겼다. 게다가 1990년대 초 북한은 전국에서 가뭄 때문에 기근이 발생했다. 그 때문에 북한이라는 국가가 절망에 빠졌다.

"그때 저는 북·중 접경지대에서 490마리의 소를 북한으로 보냈습니다. 게다가 대규모 농장까지 세웠지요."

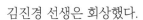

용산 전쟁기념관 정원에 세워진 〈형제의 상〉. 한국전쟁 당시 한국군과 인민군으로 서로 적이 되어 전쟁터에서 만난 실존 형제의 비극을 작품화했다. '동족상잔의 비극'이라는 전쟁의 성격을 극명하게 보여주는 조형물이다. 하부의 양쪽으로 찢어진 돌이 위로 갈수록 아무는 형태는 남북통일에 대한 간절한 염원을 표현한 것이다.

김진경 선생은 회상했다.

"그때 북한의 김일성 주석과 만났습니다. 김 주석은 저를 신임했어요. 1988년에는 중국으로부터 치과 병상 백여 개를 들여와서, 5년을 들인 끝에 북한 최초의 치과병원을 개업했습니다."

드라마틱한 고난의 생존자

1994년, 김일성 북한 주석이 사망했다. 김정일이 그 뒤를 이었다. 왕이 바뀌면 신하도 물갈이되는 법. 새로 들어선 평양의 북한 정권은 한국과 미국의 국적을 보유한 '자선가'를 의심하기 시작했다.

김진경 선생은 '황태자'의 시기를 핑계로 북한을 떠나지 않았다. 대신에 그는 인도적으로 사람을 돕는 활동을 계속했다. 하지만 1998년 북한의 김정일 정권은 선생을 간첩죄로 체포해서 사형을 선고했다.

김진경 선생은 감옥이라는 죽음의 문턱에 놓였다. 당시에 선생은 세 통의 유언장을 작성하고, 한 통은 집에, 나머지 두 통은 북한 정부와 미국 정부에 보냈다. 그는 유언장에 북한 사회에 자신의 장기를 기증하기를 원한다고 적었다. 아울러 미국 정부가 자신의 죽음을 빌미로 북한에 보복하지 말 것을 요구했다. 그는 이런 오해 때문에 북한 인민이 또 전쟁의 고통에 빠지는 것을 바라지 않았다.

"42일 정도 갇혔습니다. 그 후에 풀려났지요."

김진경 선생은 눈을 크게 떴다.

"김정일 위원장이 제 유언장을 읽었을 겁니다. 죽음을 앞둔 사람은 거짓말을 하지 않는다는 것을 확실하게 깨달았을 겁니다. 제가 간첩이 아니란 걸 확인하고서야 석방시켜 주었습니다."

구사일생으로 살아난 김진경 선생이 중국의 베이징공항에 도착했다. 선생은 공항 밖에서 자신을 오랫동안 기다린 수많은 외국 기자들을 일부러 모른 척했다. 자신을 가두었던 북한 정부의 범죄 행위를 해외 언론인들 앞에서 비난하지 않기로 마음먹었기 때문이었다.

김진경 선생이 석방된 지 3년 정도 되었을 때였다. 북한 정부가 연변과대 사무실로 연락을 해왔다. 선생에게 특사를 보내서, 몇 가지 합작과 관련된 사무에 대해 토론하기를 바란다는 뜻을 밝혔다.

"곧바로 답했습니다. 결과가 어땠을까요? 구금 당시 나를 고문해서 자백을 받아내려 했던 북한의 관료가 찾아왔소이다."

김진경 선생은 나를 믿는다는 듯이 눈을 크게 뜨고 물을 한 모금 마셨다.

"연변에서 대학을 짓는 데 성공한 저의 사례를 북한 정부가 그제야 주목했습니다. 평양에도 그와 비슷한 학교를 세우길 바라서 저의 도움을 구한 것입니다."

독재국가에서 세상을 보는 창

김진경 선생은 북한 정부의 요구를 받아들였다. 그 결과, 2004~2008년 사이에 중국인 기술자와 북한 노동자를 모집하고, 북·중 접경지대에서 건축 자재를 반입했다. 2010년 평양과학기술대학(이하 '평양과기대')이 정식 개교했다.

"이 학교는 북한 정부의 소유가 아닙니다. 외교 영사관과 같은 특수한 지위를 갖는 곳입니다. 어느 정도는 학교의 독립성을 지킬 수 있지요."

김진경 선생은 자랑스러워했다.

"전 이 학교가 북한의 발전을 도울 수 있다고 믿습니다. 10년 뒤에는 북한이 크게 바뀔 것입니다."

나는 궁금해졌다.

"근데 말입니다, 선생님. 혹시 선생님을 노벨평화상[122] 후보로 추천한

---

122) 다이너마이트의 발명을 바탕으로, 막대한 재산을 축적한 경력이 있는 노르웨이 화학자 알프레드 노벨(Alfred Bernhard Nobel, 1833~1896)의 유언에 따라 만들어진 노벨 재단에서 수여하는 상이다. 노벨상은 1901년부터, 물리학·화학·생리의학·문학·경제학 등의 분야와 더불어, 인류 평화에 기여한 사람에게 수여한다. 노벨평화상은 독일의 알베르트 슈바이처(Albert Schweitzer, 1875~1965, 1952년 수상), 미국의 마틴 루터 킹(Martin Luther King Jr, 1929~1968, 1964년 수상), 남아프리카 공화국의 데스먼드 투투(Desmond Mpilo Tutu, 1931~2021, 1984년 수상), 티베트의 달라이 라마(14th Dalai Lama, 본명 텐진 갸초(Tenzin Gyatso), 1935~현재, 1989년 수상) 등과 같이 인권·박애·민주주의와 같은 가치에 헌신한 사람에게 수여하고 있다. 참고로 한국인의 경우에는 노벨상 전체를 통틀어서, 김대중 전 대통령이 한국의 민주화와 남북한의 관계 개선을

사람은 없었습니까?"

김진경 선생은 손을 내저었다.

"있었습니다만, 전 무슨 상 같은 것을 타려고 이 일을 한 게 아닙니다. 고통당하는 북한 사람들을 위해서였지요."

인터뷰가 잠시 끝났다. 김진경 선생은 할아버지처럼 다정하게 나의 손을 잡았다. 선생은 나를 한쪽 벽으로 데려갔다. 그곳에는 조선노동당123) 로고가 박힌 액자 같은 것들이 가득했다.

"김정일 위원장이 세상을 떠나기 석 달 전, 저에게 '평양 명예시민'이란 신분을 수여했습니다. 보다시피 내가 제1호입니다. 이건 나를 위해 만들어진 것이죠. 김 위원장이 자기가 세상을 떠난 뒤에도 내가 보호받을 수 있도록 손을 쓴 겁니다. 이 학교(평양과기대)가 계속 유지될 수 있도록 한 것이기도 하고요."

평양 명예시민증 옆에는 한국의 경기도에서 준 명예시민증도 걸려 있었다. 그 옆에는 김진경 선생이 역대 한국 대통령들이나 김정일 북한 지도자와 대면하거나 악수를 나누는 장면이 찍힌 사진들이 걸려 있었다.

나는 생각했다.

'남북통일은 지난 70여 년 동안 이루어지지 못했다. 하지만 김진경 선생에게는 그것이 이미 이루어졌다.'

위해 노력한 공로로 2000년에 노벨평화상을 수상한 것이 유일하다.(네이버 지식백과 참고)

123) 1949년에 공식 창당한 이래, 북한의 입법·사법·행정을 전담하면서 북한 사회를 이끄는 유일한 정당이다. 이 정당은 1945년에 결성한 조선공산당 북조선분국을 연원으로 하며, 북한의 중심 이데올로기인 사회주의와 주체사상을 표방하고 있다.(네이버 지식백과 참고)

5 기적의 학교, 김진경 선생이 꿈꾸는 동북아 평화

9월 9일은 북한의 국경일이다. 2016년 9월 9일, 북한은 제5차 핵 실험을 진행했다. 미국·중국·일본 3국의 지진관측기는 북한 동북부 지역에서, 리히터 규모 5에 진원지로부터 심도 0의 지진이 발생했다는 관측 결과를 내놓았다. 중국은 북한의 인접 국가인 만큼 핵 실험으로 발생한 진동을 더욱 직접적으로 느꼈다.

한국·미국·일본 등의 국가들은 즉시 북한을 규탄했다. 유엔안전보장이사회(UN Security Council)[124]가 긴급 소집되었다. 그리고 안보리가 설치된 이후로 가장 매서운 대북 제재안이 통과되었다. 이번에는 북한의 오랜 우방인 중국까지 제재안에 찬성표를 던졌다.

동북아시아 정세의 위기는 북핵 문제만 있는 것이 아니다. 한국·중국·일본·러시아·몽골·북한처럼 주변 국가의 복잡한 이해관계가 낳은 결과이다. 섬과 암초 등을 둘러싼 영토 문제 외에도 더욱 복잡해진 역사적 원인도 있는 것이다. 이 국가들은 2018년까지도 서로 자신의 의견만을 고집하고 있다. 그 결과, 그렇지 않아도 긴박하게 흘러가는 동북아 정세가 여태까지 제대로 풀리지 않은 것이다.

---

124) 미국·중국·러시아·영국·프랑스의 5개 상임이사국과 2년 임기의 10개 비상임이사국으로 구성되어 있다. 이곳에서 이루어지는 모든 결정은 만장일치 통과를 원칙으로 하고 있다. 참고로, 유엔 안보리의 설립 당시에는 중국(중화인민공화국)의 자리에 중화민국(대만)이 있었고, 러시아의 자리에는 소련이 있었다. 그리고 중국이 1971년의 결의에 따라 대만의 자리를 대체하고, 소련이 1991년에 해체되고 러시아로 국가 이양된 상태로 현재에 이르고 있다.(위키피디아 참고.)

평화와 합작의 가능성을 발견한 유럽 유학

　상호 비방과 군비 경쟁을 거듭해 온 분위기에서도 북·중 접경지대에 상주한 사람이 바로 김진경 선생이다. 그는 남북한과 미국 시민권, 그리고 중국 영주권을 모두 소유했다. 그는 이 지역의 평화를 위해 혼신의 노력을 다했다.

　김진경 선생은 한국전쟁 당시에 지원병으로 복무했다. 1962년 선생은 부산 영도에 위치한 기독교 신학원 고신대학에 복학해서 남은 공부를 끝마쳤다. 1992년 그는 중국 지린(吉林)의 연변조선족자치주로 향했다. 그곳에서 김진경 선생은 중국 최초의 사립대학인 '연변과기대'를 설립했다. 그 후에 그는 과감히 북한으로 달려들었다. 그리고 북한 당국의 신임을 얻었다. 2010년 북한의 최초이자 유일한 사립대학인 '평양과기대'를 설립했다. 김진경 선생은 교육과 지적 역량을 통해 군사주의적인 땅에 변화의 계기가 마련될 수 있기를 바라고 있다.

　"내가 젊었을 때 유럽으로 유학을 다녀왔어요. 그 무렵 17개 국가들이 서로 학교 개방 정책을 시행한 것을 보았지요. 각국의 학생들이 비자 신청을 일일이 하지 않아도 여행 교류를 할 수 있게 하는 정책이었습니다. 10년이 지나자 그것이 점차 심화되었습니다. 확실한 건, 이런 몇 가지 정책의 영향으로 두 차례 세계대전 때 적대 관계였던 나라들이 원한을 슬그머니 내려놓고 유럽연합을 만들 수 있게 되었다는 겁니다. 학술 교류야말로 여러 나라가 힘을 합치는 첫걸음인 거지요."

　김진경 선생은 커다란 캐비닛에서 자료 한 묶음을 꺼냈다. 자신이 개혁 개방 초기의 중국과 독재 정부가 다스리는 북한에 학교를 세운 과정이 담긴 자료집이었다. 그 과정은 고난의 연속이었다. 하지만 그 결실은 달콤했다.

　유럽 국가들의 경우에는 정부 차원에서의 협력을 통해 자유롭게 교류할 수 있었다. 이와 달리 김진경 선생은 북한이라는 폐쇄적인 국가로 자신이 직접 들어가는 방식을 취했다. 즉, 학교를 세우고 외국의 사상을 들여와서, 해당 국가의 사상을 점진적으로 바꿔 나가려 한 것이다. 그는 '호랑이를 잡으려면 호랑이 굴에 들어가야 한다'고 생각한 것이었다.

사랑주의, 폐쇄적 국가를 여는 길

김진경 선생은 여러 문건을 펼쳐놓고, 동북아시아의 국제 관계에 대한 생각을 설명했다. 1976년 중국은 문화대혁명[125]이 끝난 직후라서 고등교육을 받은 교사가 부족했다. 이 때문에 1986년 중국과학기술연구학원은 김진경 선생을 중국의 학교로 초빙했다. 그는 몇 년간 중국을 돕고 나서, 1989년 천안문사건[126]을 겪은 지 얼마 안 된 그곳에 사립학교를 지었다.

김진경 선생은 마지막으로, 중국과 북한의 접경 지역인 연변조선족자치

---

125) 1966~1976년의 기간에 걸쳐, 중국 전역을 뒤흔든 사건이다. 문화대혁명의 근본적인 원인은 중국의 초대 주석 마오쩌둥(毛澤東, 1893~1976, 재임 1949~1959)과 2대 주석 류사오치(劉少奇, 1898~1969, 재임 1959~1968) 사이의 권력 다툼이었다. 그리고 직접적인 계기는 마오쩌둥이 『해서파관(海瑞罷官)』(1961)이라는 희곡에 대한 평가를 처음에는 매우 긍정적으로 내리다가, 자신을 비판하는 내용이라는 부정적인 평가로 선회한 것에서 비롯되었다. 이를 계기로, 그는 자신의 권력을 강화해서 자신에 반대하거나 비판적인 사람을 중국 정치·사회의 일선에서 축출할 생각을 품게 되었다. 그리하여, 그는 1966년 8월에 '반항은 정당하다(造反有理)'면서 '사령부를 포격하라(炮打司令部)'는 메시지와 함께, 중국의 젊은이들을 대거 홍위병(紅衛兵)으로 조직하여 끌어들였다. 홍위병은 반동분자를 색출하겠다며 지식인들과 마오쩌둥의 반대파 인사들을 잡아들여 고문과 집단린치를 가했다. 이로 인해 헤아릴 수 없을 정도로 많은 사망자가 발생하고, 그보다 많은 이들이 물리적·정신적 폭력을 당했다. 그리고 그들은 봉건시대의 낡은 잔재를 청산한다는 명목으로 중국 전역의 역사 유적지·불교 사원·전통 사당 등을 파괴하는 만행을 저질렀다. 이 사건은 마오쩌둥이 사망한 1976년에야 사실상 종료되었다.(김창규, 「문화대혁명, 그 기억과 망각」, 《민주주의와 인권》 제10권 2호, 2010. 참고)

126) 중국 공신당 제12·13대 중앙위원회 총서기 후야오방(胡耀邦, 1915~1989, 재임 1982~1987)이 생을 마감한 1989년 4월 22일부터, 그해 6월 4일까지 대학생들이 중국 베이징의 천안문 앞에 모여서 농성을 벌인 사건이다. 그들은 중국의 사회주의적 정치체제 내에서의 민주주의 확대, 관료와 공산당 간부의 부패 척결, 표현·언론·사상의 자유 등을 요구했다. 하지만 중국 정부는 군대에 무력 진압을 지시해서, 끝내 피로써 끝을 보았다. 중국 정부는 2023년 현재까지도 이 사건을 '반체제적 성격을 지닌 폭동'으로 규정하고 있다.(이홍규, 「1989년 천안문 운동의 성격과 역사적 의미: '사회주의민주'의 구현을 위한 체제 내 민주화 운동」, 《중국지식네트워크》 제14권 제14호, 2019. 참고)

연변대학 정문

주에 학교를 설립했다. 원래 학교명은 '고려대학'이었으나, 이는 중국 정부가 민감해하는 요소여서 지금의 '연변과기대'로 바뀌었다(중국 정부는 다른 나라의 명칭을 가져와서 학교명을 짓는 것을 좋아하지 않는다). 그 후에는 중국 정부의 정책에 따라, 연변의과대학과 연변농과대학 등의 여러 교육기관을 아우른 연변대학 시스템을 갖추었고, 연변대학 과학기술학원으로 개명했다. 이 대학은 1992년부터 2021년까지 2,600여 명이 넘는 졸업생을 배출했다.[127) 이 학교의 졸업생들은 1990년대 초부터, 국제 사회와 교류가 적었던 중국과 북·중 접경지대를 위한 한줄기 물과 같은 존재가 되었다.

　이외에도, 김진경 신생은 2010년 상상도 못한 일을 끝마쳤다. 신생이 보기 힘든 다양한 여정을 거친 후, 전 세계에서 가장 폐쇄적인 나라인 북한의

127) 안타깝게도 연변과기대는 2021년 6월부로 폐교되었다. 그 이유는 중국 정부와 30년으로 계약한 대학 부지의 임대 기한을 연장하는 데 실패했기 때문이었다.(박준우, 「[르포]한민족 네트워크 역할 '옌볜과기대'…이젠 폐허로」, 《문화일보》, 2022. 9. 5. 참고)

수도 평양에 북한 최초의 사립대학을 건립했던 것이다.

"평양과기대의 교직원은 모두 미국과 유럽 출신입니다. 따라서 모든 교사는 영어로 수업합니다. 이를 통해 북한 학생들이 외국의 정보를 습득할 수 있기를 바라고 있습니다."

평양과기대의 학생 대부분은 북한 정부가 심혈을 기울여서 선발한 고위층 자제이다. 그들은 졸업생이 되었을 때, 북한 내에서 근무하지 않고, 북한 정부의 주요 인사가 아닌 외교관이 되어 외국에 파견되고 있다. 선생은 북한이 이렇게 국제 사회에 유입되는 게 북한에 도움이 될 것이라 보고 있었다.

연변과기대에는 커다란 조경석이 놓인 정원이 있었다. 그 조경석에는 한글과 영어로, 연변과기대와 평양과기대의 건교 이념인 '사랑주의(LOVE-ism, 眞愛主義)'가 새겨져 있었다. 김진경 선생이 학교를 세워 이루고자 한 것은 다음과 같다. 즉, 한국·중국·북한·일본·러시아·몽골 등과 같은 동북아시아 국가를 하나의 운명공동체로 만듦으로써, 이 지역에서 예상치 못한 마찰과 충돌을 줄여서 전쟁의 위험에서 벗어나는 것이다. 인터뷰 도중, 나는 궁금해졌다.

"하지만 선생님께서 말씀하신 '동북아연합'이라는 모델은 말이죠, 사실, 예전의 6자회담[128]과 비슷하지 않습니까?"

김진경 선생은 답했다.

"아닙니다. 6자회담이 이렇게 오래 거론되었던 것은, 근본적으로는 정치적 의미가 너무 무거운 나머지, 그 무엇도 타결해 낼 방도를 찾을 수 없었던

---

128) 1990년대부터 불거지기 시작한 북한의 핵 문제를 놓고, 한국·미국·일본·중국·러시아·북한의 6개국이 2003~2008년에 걸쳐 한 테이블에 모인 것을 말한다. 이를 통해 대표적으로, 2005년 9월 19일과 2007년 2월 13일의 합의를 통해서, 북한의 완전한 핵무기 보유 및 관련 계획의 포기·북-미 관계 및 북-일 관계의 정상화·경제적 대북 지원·동북아 지역의 평화를 전제로 한 안보체제의 구축 등을 결의했다. 그러나 이를 위해서 쏟아부은 각국의 노력은 애석하게도 북한이 2009년에 핵 실험을 재개하면서 사실상 물거품이 되었다.(백태열, 「북한의 핵문제- 중국의 이중적 태도에 대한 원인분석과 평가」, 《사회과학연구》 제20권 제1호, 2013. 및 홍현익, 「북핵문제와 6자회담: 전개과정, 평가 및 과제」, 《한국과 국제정치》 제24권 제1호, 2008. 그리고 외교부, 북핵외교기획단, 〈[제4차 6자회담 2단계회의] 9.19 공동성명(국문)〉, 2005. 9. 19.와 〈[제5차 6자회담 3단계회의] 2.13 합의- 9.19 공동성명 이행을 위한 초기조치〉, 2007. 2. 14. 참고)

탓이 큽니다. 오히려 각국이 더 적극적으로 군비를 강화하게 되었으니까요. 학술과 민간 차원에서 교류를 시작해야지만 그 결실을 볼 수 있습니다.”

주목받지 못한 동북아연합, “내가 민간에서 추진하겠네!”

김진경 선생은 동북아 국가들이 힘을 합쳐야 한다고 말하는 정도로 그치지 않았다. 선생은 이름이 알려지지 않았을 때도 남북한과 중국 각지를 돌아다녔다. 해당 국가의 지도자들과는 동북아의 미래에 대한 토론도 했다.

“한국의 역대 대통령들은 취임만 하면, 다들 내게 전화를 걸어왔습니다. 나랏일 몇 가지에 대해서, 자문을 구했습니다.”

김진경 선생은 인삼차를 마시면서 진한 향을 음미했다.

“그들은 그저 듣기만 했습니다. 내가 제안한 동북아연합을 실행도 하지 않았습니다. 생각해 보시오. 이 지역 국가들이 힘을 합친다면, 분쟁이 발생하지 않을 수 있습니다. 나는 동북아 지역에 평화가 찾아온다면 전 세계 어느 곳에서도 전쟁이 일어나지 않으리라고 생각합니다. 그래서 내가 이 일을 그만둘 수 없는 것입니다. 나라도 민간 차원에서 추진해야 합니다.”

김진경 선생의 굳은 의지는 눈빛만 봐도 알 수 있었다. 하지만 호랑이 굴 같은 ‘위험한 곳에 깊이 들어가는’ 선생의 방식은 반대에 부딪히기도 했다.

2014년 말, 『당신이 없으면, 우리도 없다』라는 책이 중국어로 번역되어, 대만에서 출판되었다.[129] 저자 김숙희는 2011년 7월부터 12월까지 김진경 선생이 세운 평양과기대에서 교편을 잡았다. 그녀의 본업은 작가였다. 그녀는

---

129) 확인 결과, 이 책의 저자는 한국계 미국인이었다. 해당 서적의 원문(영어) 제목과 중국어판(대만) 번역본 및 한국어판 번역본의 제목은 다음과 같다. Suki Kim, 『Without You, There Is No Us- My Secret Life Teaching the Sons of North Korea's Elite』, Rider, 2015./ 金淑姬(Suki Kim), 莊靖 譯, 『沒有您, 就沒有我們: 一個眞空國度, 270名權貴之子, 北韓精英學生的眞實古事』, 臉譜, 2014./ 수키 김, 홍권희 역, 『평양의 영어 선생님- 북한 고위층 아들들과 보낸 아주 특별한 북한 체류기』, 디오네, 2015.

자신이 보고 들은 것을 기록해서 그것을 USB에 숨겼다. 그녀는 이를 북한에서 가지고 나온 후, 북한에 대한 1차 보도물로서 이 책을 써서 호평을 받았다.

하지만 이 같은 행위는 평양과기대와 김진경 선생에게 상당한 부담이 되었다. 교사를 고용할 권한이 대학 측에 있었지만, 그것은 선생과 북한 정부의 상호 신뢰를 바탕으로 확립된 것이었다. 하지만 김숙희는 자신만의 방식으로, 베일에 싸인 북한 고위층 자제들의 비밀을 드러내려고 했던 것이다. 결과적으로 그녀의 책은 김진경 선생과 평양과기대를 기만했다. 내가 선생에게 그녀에 대해서 언급했을 때였다. 그는 그렇지 않다고 여겼다. 그리고 아무 말도 하지 않겠다고 했다.

한편 한국 사회의 이른바 보수파의 대부분은 김진경 선생을 전형적인 '종북좌파'로 여긴다. 그들은 선생의 모든 행동을 북한 정부에 협력해서 미래의 북한 지배층을 양성한 반역 행위로 여겼다. 하지만 김 선생은 남북한과 동북아 지역에 평화와 안정을 가져오기만을 바랐다. 그래서인지 그는 그들의 비방에는 개의치 않았다.

김진경 선생은 동북아연합 내지는 인도주의적 목적을 달성하기 위해서, 세계의 여러 학교들과의 교류를 추진했다. 또한 그는 지역 차원에서 도움이 필요한 사람들을 지원하는 직접적인 행동도 조직했다.

인터뷰 도중, 김진경 선생을 찾는 전화벨이 울렸다. 인터뷰가 잠시 중단되었다. 선생은 통화를 마친 뒤, 미안해하며 무슨 일이었는지 알려주었다.

"기자 선생도 알겠지만, 일전에 태풍이 북한과 투먼(圖們)130) 안쪽으로까지 들이닥쳐서, 그 일대에 물난리가 났잖습니까. 방금 온 전화는 내가 관리하는 몇몇 물자를 북한에 들이는 일과 관련됐습니다."

2016년 8월 말~9월 초, 태풍 라이언록이 일본에 상륙한 다음, 러시아의

---

130) 중국 동북부의 지린성 연변조선족자치주에 위치한 소도시이다. 남쪽의 두만강을 경계로, 북한 함경북도와 맞닿아 있다. 참고로, 이곳의 인구는 2021년 기준으로 약 10만 천 명이다. 이 중에 조선족은 약 5만 4천 명(53.5%)이며, 한족(漢族, 일반적 의미의 중국인)은 약 4만 4천 명(44%), 기타 인구는 약 2천 5백 명(2.5%)이다.(바이두 참고)

연해주를 거쳐 중국 지린성(吉林省)에 들이닥쳐서 연변 일대에 막대한 수해가 발생했다.

북한은 태풍 라이언록의 직접 영향권 내에 포함되지 않았다. 하지만 북한 지역도 비바람 때문에 막대한 홍수 피해를 입었다. 백여 명의 사상자와 수백 명의 실종자가 발생했고, 약 10만 명이 삶의 터전에서 도망쳐야 했다.

인도적 구원이라면 누구보다 앞장서는 김진경 선생이 곧바로 많은 양의 물자를 북한 현지에 들여보냈다. 선생은 하루라도 빨리 상황이 나아지길 바랐다. 그는 자신의 신조인 '사랑주의'를 이렇게 실천했다.

6 변경 도시의 사람들
- 연변과 매솟

먼지와 진흙으로 뒤범벅된 옷을 입은 어린아이가 불안과 공포에 떨며 굶주림으로 끝없이 떨리는 작은 손을 내밀었다. 아이는 깔끔한 옷차림을 한 관광객들이 푼돈이라도 베풀어 주기를 바라고 있었다.

돈과 물건이 바뀌는 현장으로 시선을 돌려보자. 흉악해 보이는 남성 몇몇이 마약을 돈으로 바꾸고는 어둠 속으로 사라졌다. 한편 초라한 행색의 사람 몇몇이 불안한 안색으로, 국경수비대가 방심한 틈을 타서 재빨리 국경을 넘었다. 그들은 꿈에 그리던 아름다운 나라에 발을 내디뎠다.

위의 이야기는 아시아의 두 변경 도시에서 발생했다. 한 곳은 북한과 강을 사이에 두고 마주한, 중국 연변조선족자치주이다. 다른 한 곳은 모에이강(Moei River)을 경계로 미얀마(버마)[131]와 마주한 태국의 작은 마을 매솟(Mae Sot, 美索)이다.

살고 싶지 않은 고향, '연변'

북·중 접경지대에 위치한, 중국의 어느 술집이었다. 한국에서 유행하는 음악이 분위기를 고조시켰다. 맥주 거품이 부글대는 듯한 느낌이었다. 짧게

---

131) "'미얀마'라고 부를 것인가, '버마'라고 부를 것인가"라는 문제는 역사적·정치적 원인 때문에 매우 복잡하다. '미얀마'는 1988년의 군사 쿠데타로, 정권을 차지한 세력이 정한 국명이다. 그 명분은 영국 식민지 시대(영국령 인도, 1886~1948)의 잔재를 청산한다는 것이었다. 반대로, '버마'는 이 나라의 주류 민족인 '버마족'에서 따온 말이며, 식민지 시절부터 군사 쿠데타 이전까지 사용된 명칭이었다. 이 나라의 공식 국명은 '미얀마 연방 공화국(Republic of the Union of Myanmar)'이지만, 이곳의 민주화 운동가들은 '미얀마는 자유·인권·민주주의를 탄압하는 군사정권이 정한 명칭'이라는 논리를 앞세워, 버마라고 부를 것을 주장하고 있다. 이 점을 감안하여, 본문에서는 '미얀마(버마)'라고 표기하고자 한다.(김순배, 「'미얀마' '버마'…한 나라 두 이름」,《한겨레》, 2007. 9. 27. 및 정지섭, 「美는 왜 미얀마를 '버마'라고 부를까」,《조선일보》, 2021. 2. 2.)

머리를 자른 박 씨가 다가왔다. 조선족 억양의 한국어와 중국어가 뒤섞인 말투가 튀어나왔다. 그는 맥주병을 들고, 이리저리 몸을 움직였다. 기분이 좋아졌는지, 대뜸 내게 물었다.

"당신, 기자야? 이곳에서 뭐 하는데?"

박 씨가 대놓고 물었다. 나는 멍해졌다. 그와 나는 함께 술을 몇 잔 돌렸다. 그는 쉴 새 없이 말을 쏟아냈다. 대만인 기자인 내 앞에서 중국공산당[132]을 욕하고, 현직 중국 주석인 시진핑(習近平, 제7대, 재임 2013~현재)을 무능력한 '시바오쯔(習包子, 시 만두, 시 바보)'[133]라고 부르기까지 했다.

연변조선족자치주는 중국 동북부의 지린성 관할 아래에 있으며, 중국의 155개 자치지방 중 한 곳이다. 연변 자치주의 최대 도시는 '옌지(延吉)'이며, 대만 타이베이(臺北)의 '옌지가(街)'와 이름이 같다. 이 자치주에는 룽징(龍井)·왕칭(汪淸)·훈춘(琿春) 등의 소도시가 있다. 이곳의 도로 표지판은 조선어(조선족식 한국어) 위주로 되어 있으며, 중국어는 보조 언어로 표기되어 있다.

연변은 소수민족의 자치주라는 특수한 지위에 속한다. 이곳은 최근 몇 년간, 한족(漢族, 중국인)이 이주해 오면서 조선족 인구가 절반도 되지 않게 되었다. 게다가 한국이 경제적·문화적 차원에서 국력이 강성해지자, 많은 조선족들이 일자리를 찾아서 한 언어를 사용하는 한국으로 흘러들었다. 조선

---

132) 1919년 5·4운동을 계기로 1921년에 창당되었으며, 오늘날 중국을 통치하고 있는 사실상 유일한 정당이다. 1·2차 국공합작(1924~1927 및 1937~1946)과 결렬, 그 사이의 대장정(1934.10~1935.11) 및 중일전쟁(1937~1945) 등의 고난을 거쳐, 오랜 투쟁 끝에 국민당(國民黨) 세력을 대만으로 축출했다. 그리고 1949년 10월 1일, '중화인민공화국(中華人民共和國)'의 수립을 선포하여 오늘날에 이르고 있다.(김영구·장호준, 「제3장 중국이 재건을 향한 험난한 여정」, 『현대중국입문(現代中國入門)』, 한국방송통신대학교출판문화원, 2016.)

133) 시진핑 중국 주석이 2013년 12월 28일에 중국 베이징의 어느 만둣집에서 식사를 한 일에서 비롯된 말이다. 당시 중국의 국영 언론이 그것을 대대적으로 보도한 한편, 시진핑 주석에 대한 긍정적인 인식을 유도하는 내용으로 채워진 〈만두가게(包子鋪)〉라는 노래가 나오면서 '시바오쯔'라는 말이 유행하게 되었다. 한편으로는 '바오쯔(包子)'가 인터넷에서는 못생기고 멍청한 사람을 뜻하는 속된 말로 사용된다. 그런 만큼, 대만에서는 시바오쯔를 시진핑에 대한 멸칭으로 사용하고 있다.(위키피디아 참고)

옌지 거리

족들은 한국에서 번 돈을 옌지로 보냈다. 이 때문에 옌지의 소비 수준이 오르기 시작했다. 하지만 그 수준은 비슷한 경제 규모의 중국 여러 도시들을 따라잡지 못했다. 그 결과, 연변 지역 주민들은 외지로 뿔뿔이 흩어졌다.

"생각해 봐요. 난 진짜 한국으로 이민 가고 싶어요. 대만에는 더 가고 싶다고. 절대 이딴 동네에서 오래 살지 않을 거요."

박 씨와는 나는 그날, 진탕 마셨다. 다음날, 우리는 중심가의 해장국집으로 갔다. 박 씨는 해장을 하면서 옌지에 대한 반감과 관련된 한탄을 쏟아냈다.

"내 할아버지는 조선전쟁(한국전쟁) 때 말단 관리였어요. 전쟁이 끝나고 돌아와서는 표창도 받으셨지요. 나중에 연변출판사의 부사장이 되셨고요. 그런데 문화대혁명 와중에 지식인이라는 이유로, 반동분자로 몰려 죽임을 당했어요."

박 씨는 쇠숟가락을 사용했다. 그가 말을 이었다.

"외삼촌은 수십 년 전에 돈 벌러 외지로 나갔어요. 죽기 살기로 돈을 벌었어요. 그저 집이 잘 살길 바랐지요."

박 씨가 한숨을 쉬었다.

"근데 외숙모가 불륜을 저질렀어요. 외삼촌이 그걸 알고 곧바로 연변으로 돌아왔어요. 그러고는…. 외숙모를 살해하고 말았어요. 외삼촌은 지금 형무소에 갇혀 있지요. 끔찍합니다. 이런 곳에서는 살고 싶지 않아요."

내가 취재한 조선족 중에 집이 단란한 경우가 거의 없었다. 박 씨의 경우는 중국 조선족들의 축소판이나 다름없었다. 이 같은 이야기는 한국·북한·중국에 걸쳐 사는 민족의 막막한 미래를 미리 보여주는 듯했다.

연변 길거리를 바라보았다. 한국이 막 경제성장을 시작하던, 1980~90년대를 보는 듯했다. 하지만 조선족들은 계속해서 이곳을 떠나고 있다. 조선족 출신 대학생 '아승'의 말에 주목해 보자.

"이곳의 조선족은 그 숫자가 줄고 있어요. 우린 지금, 경제적으로 한족(중국인)에게 종속된 상황이에요. 제 생각에 앞으로 몇 년 후에는 '조선족자치주'라는 이름만 빼면, 중국의 여느 평범한 동네라고 해도 이상하지 않을 겁니다."

아승의 우려는 쓸데없는 걱정이 아니다. 중국 정부의 2010년 통계에 따르면, 연변의 중국인(한족) 인구는 이미 60%를 돌파했다. 반면에 조선족 인구는 30% 내외이다.[134] 이런 인구 구성의 변화 때문에 이곳의 조선족들은 고향에 대해서 복잡한 심정을 느끼는 것이다. 그런데 다른 한편으로는 연변은 꿈의 나라로 가기 위해서 반드시 거쳐야 하는 땅이기도 했다.

북한의 철권통치 아래에 있던 사람들은 자신들의 '행복의 나라'를 떠났다. 하지만 여태까지도, 수천수만 명의 북한 인민은 잘못된 정책이 초래한 굶주림과 기근에 허덕이거나 국가의 사상통제를 견디지 못하고 탈북자가 되고 있다. 그들은 보호받기 위해서 갖은 고생을 무릅쓰고서라도 목적지인 한국으로 들어가려 힌다. 그들에게 연변이란, 꿈의 나라로 가는 첫 번째 정거장일

134) 원문은 '겨우 32%만 남았다'라고 되어 있다. 확인 결과, 이 책의 출판 시점(2018년)과 비교해서 조선족 인구가 더 감소한 것으로 나왔다. 2021년에 실시된 제7차 인구조사에 따르면, 연변의 총인구는 194만 천 명인 것으로 나왔다. 이 중에 한족은 약 127만 6천 명(65.8%), 조선족은 약 59만 7천 명(30.8%), 기타 인구는 약 6만 6천 명(3.5%)이었다.(차병섭, 「중국 옌볜 조선족 인구 급감…자치주 내 비중 30% 턱걸이」, 《연합뉴스》, 2021. 6. 11. 참고)

뿐이다.

탈북하는 일반인 외에도, 때로는 접경지대를 지키는 북한군 장병이 총을 든 채로 국경을 넘어 약탈하기까지도 한다. 그 때문에 연변은 치안과 관련해서는 사소한 일에도 예민할 정도로 상시 경계 태세를 하고 있다. 하지만 이곳 연변의 불안함과 비교하면, 똑같이 접경지대의 도시인 태국의 매솟은 전혀 다른 풍경을 드러냈다.

투기꾼의 천국, 매솟

시선을 동남아의 태국과 미얀마(버마)의 접경지대로 돌려보자. 태국 서부의 딱 주(Changwat Tak)에는 모에이 강을 사이에 두고, 태국의 '매솟'과 미얀마(버마)의 '미야와디(Myawaddy)'를 잇는 우정의 다리가 놓여 있다.

매솟의 시장 거리에서는 배낭여행을 온 서양인, 얼굴에 황색의 '따낱카(Thanaka)'[135]를 바른 미얀마인(버마인), 머리에 터번을 두른 인도인, 그리고 이슬람 사원에 들어갈 준비를 하는 무슬림 등을 쉽게 볼 수 있었다. 이외에도, 노점상 중에는 방콕(Bangkok)에서 온 태국 상인과 여기서 한탕 할 준비를 끝낸 중국 투자객도 섞여 있었다. 이렇게 다양한 사람들이 이 변경 도시를 쉴 새 없이 드나들었다. 그렇게 이곳의 모습은 색달랐다.

매솟은 태국과 미얀마(버마)를 이어주는 중요도시다. 이 도시는 강 맞은편의 미얀마(버마)가 전란의 고통을 겪고 있다는 것을 생각하면 비교적 살 만한 지역이다. 30여 년 전에 매솟에 첫 번째 미얀마(버마) 난민 수용소가 세워졌다. 이곳에는 지금도 크고 작은 수용소가 9곳이나 있으며, 수용 인원이 10만 명을 넘었다.

난민 수용소가 설치된 지 10년이 지났다. 시간이 흐를수록 수용소 내의

---

135) 미얀마(버마) 전통의 천연화장품이다. 따낱카 나무를 갈아서 즙을 내어, 물에 희석시킨 것을 얼굴에 바르는 방식으로 피부 미용 및 자외선 차단의 용도로 사용한다.

경제 규모가 커졌다. 소규모 시장과 심지어 성매매 장소까지 생겼다. 수용구역의 관리를 책임지는 태국의 군경도 수용소의 난민과 접촉했다. 그래서 산림에서의 불법 벌목과 마약 거래, 인신매매 등도 파악되었다. 매솟의 환경은 이렇게 복잡하다. 하지만 연변 지역의 절망에 비하면, 이곳은 좀 더 희망적으로 약동했다.

매솟(Mae Sot)

난민 수용소의 상황은 너무나 열악하다. 변경 도시나 일반 도시에서는 찾아보기 힘든 풍경이 많다. 나는 거리 중심부의 도처에서 재개발의 현장을 확인할 수 있다. 그 외에도, 이번 취재 중에 태국 친구 몇몇을 알게 되었다. 변경 도시가 국경을 쉽게 누빌 수 있는 곳이라는 특수성을 이용해서, 그들은 해가 지기만 하면 불법으로 국경을 넘나들며 온갖 '상품'을 밀매했다.

그들은 여러 나라에서 온 전주(錢主)들을 규합해서 종합 도박장 몇 곳을 만들어 큰 재미를 봤다. 이 도박장은 미얀마(버마) 경내의 강변에 위치하지만, 관리는 태국인이 맡고 있다. 그들의 우두머리인 '아팡(가명)'이 말했다.

"그 도박장은 미얀마(버마) 땅에서 운영하고 있습니다. 미얀마군(버마군) 한텐 '수수료'를 주고 있습니다. 그들은 돈만 받으면, 우리 일에 신경을 쓰지 않아요. 근데 태국 경찰은 그 반대야. 우릴 통제할 수단이 없지. 그래서 여긴 온갖 일이 다 일어날 수 있는 곳입니다. 진정한 자유의 땅이라고 할 수 있죠."

아팡은 이 도박장의 전주일 뿐이다. 그는 매일 밤 9시, 도박꾼들을 조각배에 태우고 '자유의 땅'으로 간다. 그의 목적은 도박꾼들과 다르다. 그들처럼 하루아침에 벼락부자가 되려는 게 아니고, 그들이 딴 돈을 걷어가려는 것이다. 그는 도박장에 포커 테이블을 갖고 있다. 매일 수백만 위안의 현찰이 테이블에 오르고, 도박판을 유지하는 원동력이 되어주고 있다.

"지금 보고 있는 이 테이블은 중국인이 투자했습니다. 이곳에 중국인들이 많이 놀러 오지요. 그들은 사치스럽습니다. 기자님에게만 얘기하는 것입니다만, 한국인들도 사전 답사하러 옵니다. 우리와 투자 상담까지 했죠."

아팡은 나를 데리고, 환호하는 도박꾼이 앉은 테이블 사이를 왔다 갔다 했다. 그는 관련 없는 사람인 양, 한 도박꾼이 열정적으로 돈을 따는 모습을 말없이 바라보았다.

도박장 옆의 나이트클럽에서는 전업 DJ가 음악을 틀고 있었다. 장내에는 몸매가 빼어난 여직원도 있었다. 수많은 젊은 남자 종업원도 당연히 있었다. 매일 그들은 시간이 되면, 모에이강을 건너 이곳으로 일하러 온다.

이 중에는 레게머리를 한, 건장한 몸집의 사람이 있었다. 그는 마약 매매를 전담하는 '아츄'였다. 그는 무에타이 선수라서, 장사판의 호적수들도 모두 그를 어려워하는 듯했다. 그는 내가 불안해하는 걸 보더니 한마디 했다.

"브라더, 쫄 거 없어. 우리가 있으니 아무 일도 없을 거야."

내가 알기로, 이곳은 그들의 놀이터였다. 그들이 있는 곳이 법의 사각지대여서 그런가, 나는 불안했다. 나는 아츄가 따라준 태국의 창 맥주(Chang Beer)를 마신 다음, 그에게 질문을 던졌다.

"사고라도 발생하면 어떻게 정리합니까?"

옆에서 대마초를 빨던 '아타이'가 끼어들었다.

"간단하지. 웬만하면 그들이 해결하도록, 서둘러 태국 쪽으로 돌려보내. 근데 상황이 꼬이면, 그땐 우리가 처리하지."

아츄가 말을 보탰다.

"근데 미얀마(버마) 군인이 사고 치면, 우린 그들을 미얀마(버마)로 돌려보내. 이곳에서 우리를 보호해 주는 미얀마(버마) 세력 말이야, 그들이 미얀마(버마) 전 총리의 친척일걸. 그럼 됐지. 아무도 우리 못 건드려."

속으로 이런 생각이 들었다.

'고위 공무원이 보호해 준다면 도박장 수익은 엄청나겠다.'

연변이든 매솟이든, 두 변경 도시는 다르게 발전했다. 연변은 인구가 빠져나갔다. 연변은 북한과 맞닿은 곳이라서, 조선족 혹은 탈북자가 다른 곳으로 가는 중간 기착지가 되었다. 반대로 매솟은 시가지와 난민 수용소를 가리지 않고, 동남아시아 연합(Association of South-East Asian Nations, ASEAN)[136] 국가들과 중국의 무역이 발전한 곳이 되었다. 이에 따라 합법과 불법에 관계없이 모든 거래가 외부의 주목을 받았다. 그 때문에 많은 외국 투자자가 이익을 나눠 먹으려 달려들었다.

연변과 매솟이라는 두 변경 도시의 발전상은 역사적·지리적 요소에 의해서 확실히 달라졌다. 이렇게 두 도시는 서로 완벽하게 다른 이야기를 펼쳐냈다.

---

136) 1967년 8월 8일에 태국의 방콕에서 창설한 동남아 지역의 국제기구이다. 회원국으로는 2023년 기준으로, 인도네시아(수장국)·태국·필리핀·말레이시아·싱가포르(여기까지가 창립국)·브루나이(1984년에 가입)·베트남(1995년 가입)·라오스·미얀마(버마, 여기까지가 1997년에 가입)·캄보디아(1999년에 가입)가 있으며, 동티모르가 가입 후보국으로 있다. 참고로, 한국은 이 기구와 2007년에 상품 부문에서, 그리고 2009년에 서비스·투자 부문에서 자유무역협정(FTA)을 체결한 것을 바탕으로 광범위한 차원 및 분야에서 교류하고 있다.(네이버 지식백과 참고)

"많은 한국인들은 우리를 생활 수준이 낮은 사람들이라고 여겨요. 어떤 사람은 제게 '연변 사람은 젓가락으로 밥 먹냐? 연변에서는 매일 살인사건이 발생하지 않느냐'라고 말하기도 해요. 듣는 사람, 열 받는다니까요. 그들은 우리를 차별해요. 우리도 그들이 싫어요."

이현미는 화를 참지 못했다.

"나도 한국에 몇 번 갔어요. 같은 민족이라지만 한국인들은 우리를 꺼려요."

연변 사람들이라면 누구나 공감할 말이었다. 상당수의 한국인들이 조선족을 얕잡아보는 것에 대해서 그들은 실망했다. 한국인의 차별이 갈수록 심해지고, 나아가 조선족 자체를 부정하려는 태도를 보이자 조선족들이 분노하는 것이다….

서울 대림동의 차이나타운

Chapter

05

한국인인가, 중국인인가?
세 나라를 배회하는 '조선족'

1 동북쪽에서의 조선
- 잊힌 만주국

"뿌우! 뿌우!"

중국 랴오닝성(遼寧省) 다롄(大連)에서 지린성(吉林省) 연변조선족자치주의 옌지(延吉)로 가는 기차에 올랐다. 열차는 16시간 동안 북쪽으로 달렸다. 녹색으로 칠한 객차 때문에 과거로 돌아간 느낌이었다. 내가 앉은 객차는 아주머니와 건장한 아저씨가 견과류를 까먹으며 늘어놓는 '수다'로 시끌시끌했다.

기차가 랴오닝성 선양(瀋陽)을 지나 지린성 창춘(長春)에 도착해서 선로를 크게 돌았다. 철길이 날카로운 군용 칼처럼, 풍요로운 땅을 동서로 갈라놓고 있었다. 다롄에서 창춘으로 가는 이 철로는 과거에 남만주철도의 중요한 교통 노선이었다. 내가 이번에 떠날 여정의 목적은 '만주에서의 조선사'를 찾는데 있었다.

중일전쟁(1937~1945)이 발발하기 6년 전 1931년 9월 18일, 선양에서 '만주사변'137)이 발생했다. 일찍이 근대화에 성공한 일본 제국군이 '관외(關外)'라 칭하고, 만주족이 '용이 흥하는 땅(龍興之地)'이라고 일컫는 중국 동북부에 개입했다. 이를 주도한 일본 관동군은 만주사변을 일으킨 지 몇 달이 지나자마자 천진사변(天津事變)을 일으켰다. 이어 관동군은 청나라의 마지막 황제인 푸이(溥儀, 1906~1967)138)를 중국 동북부로 데려왔다. 1932년 3월, 관동군

---

137) 우리가 보통 사용하는 '만주사변'은 한국과 일본에서 통용되는 용어이다. 반대로 원문을 비롯해, 중국어권에서는 이 사건을 '9·18사변(九一八事變)'이라고 부른다. 본문에서는 독자의 편의를 위해, 만주사변이라 표기했다.

138) 이 사람의 성명은 아이신기오로 푸이(愛新覺羅溥儀, 애신각라부의, Aisin-Gioro Puyi)이며, 그가 청나라 황제로 있을 당시의 연호를 따서 '선통제(宣統帝, 제12대, 제위 1908~1912)'라고 부르기도 한다. 본문에서는 편의상 '푸이'라고 표기하겠다.

은 오늘날의 창춘을 '신경(新京)'이라 바꾸고 만주국의 건국을 선포했다. 하지만 만주국은 일제가 세운 괴뢰정권이었다. 따라서 만주국은 1945년에 제2차 세계대전이 종전되자마자 역사 속으로 사라졌다.

만주에서의 한국 독립운동

한반도는 만주국이 성립되기 전, 1910년 8월 22일 체결된 '한일합병조약'139)에 따라, 그해 8월 29일부터 일본 영토가 되었다. 당시에 수많은 독립군이 한반도를 떠나 식민지 한국과 만주의 접경지대를 떠돌았다.

그중에는 본래 중국 지린성의 육문중학교(毓文中學) 학생 신분으로 한반도의 조국이 일제에 병탄 당하자, 독립군 활동에 적극적으로 가담한 사람이 있었다. 그는 중국의 동북항일연군에 소속되어 유격전을 벌였다. 그 때문에 일본 정부의 골칫거리가 되기까지 했다. 그는 전쟁이 끝나고, 소련의 지지로 한반도 북부에 조선민주주의인민공화국을 건립했다. 그는 북한의 김일성이다.

오늘날 지린성 지린시(吉林市)에 위치한 육문중학교 건물은 중국 정부가 중점 보호 건축물로 분류하여 관리하고 있다. 이곳을 견학하려면, 사전 심사를 통과한 후에 방문 예약을 할 수 있다. 이 학교는 북한과 중국의 우호관계의 상징으로서, 보통 때는 일반 여행자의 출입을 제한하고 있다.

김일성이 동북항일연군에 참가한 것 외에도, 백범 김구가 주축인 한국광복군도 만주국에서 독립군 활동을 펼쳤다. 그 임무는 만주 지역을 통제하는 일본 제국 정부를 파괴하고 나아가 한반도 독립의 기회를 확보하는 것이었다.

당시 한국광복군은 중국 국민당의 자금 지원을 받고 있었다. 이 때문일

---

139) 원문에 표기된 것과는 별도로, 한국에서는 '한일병합조약(韓日併合條約)' 혹은 '경술국치조약(庚戌國恥條約)'이라 부르고, 일본에서는 '한국병합에 관한 조약(韓國併合に關する條約)'이라 한다. 이것을 하게 된 역사적 경위는 강만길, 『고쳐 쓴 한국근대사』, 창작과비평사, 1994. 및 나가타 아키후미(長田彰文), 김혜정 역, 『세계사 속 근대한일관계(世界史の中の近代日韓關係)』, 일조각, 2017.을 참고하면 좋다.

까, 중국공산당이 대륙을 접수한 이후의 중국에서는 김구 등이 이끈 항일활동에 대해서는 적게 언급되고 있다. 반면 중국공산당의 오랜 친구인 김일성이나, 약산(若山) 김원봉(1898~1958)[140]과 같은 공산주의 성향의 유격대 활동이 부각되고 있다.

만주국에는 사람들에게 알려지지 않은 역사가 있다. 중국 헤이룽장성(黑龍江省)에는 네이멍구자치구(內蒙古自治區)와의 접경지대에 치치하얼(齊齊哈爾)이란 도시가 있다. 한국의 제5~9대 대통령이자, 제18대 대통령 박근혜의 아버지인 박정희가 만주국 시절에 군 복무를 했던 곳이다.

박정희는 일본에서 사관학교를 졸업한 뒤, 1944년 치치하얼에 주둔한 관동군 635부대에 견습군관으로 파견되었다. 그는 견습 기간이 끝난 뒤, 열하(熱河)[141]의 만주국 제8군단으로 전근되어 소위로 복무했다.[142]

박정희 전 대통령은 대통령 재임기 때, 이른바 '한강의 기적'[143]을 일으

---

140) 한국에서는 약산 김원봉을 사회주의자로 평가하는 것이 일반적인 인식이다. 그런데 '그는 사실 사회주의와도 결을 달리한 '진보적 민족주의자'였다'는 측면이 있으니, 이를 감안할 필요가 있다는 주장이 있다.(심규상, 「"가장 치열한 항일투쟁, 김원봉 정당한 평가를"」, 《오마이뉴스》, 2008. 2. 29) 김원봉과 관련해서, 김상웅, 『약산 김원봉 평전(개정판)』, 시대의창, 2019. 및 김종훈, 『약산로드 7000㎞: 의열단 100년, 약산 김원봉 추적기』, 필로소픽(2019)를 참고할 수 있다.

141) 오늘날 중국 허베이성(河北省) 청더시(承德市)이다. 이곳에는 1703~1790년(강희(康熙) 43년~건륭(乾隆) 55년)에 걸친 공사 끝에 최종 완공된 여름 별궁이 있으며, 역대 중국 청나라 황제들이 여름 집무실 겸 피서 시설로 이용했다. 참고로, 한국에서는 이곳이 연암(燕巖) 박지원(1737~1805)의 『열하일기(熱河日記)』를 통해 알려져 있다.(위키피디아 참고)

142) 박정희 전 대통령의 이런 경력은 그가 일제식민지기에 창씨 개명한 이름인, '다카키 마사오(高木正雄)'로서 오늘날에도 회자되고 있다. 대표적으로 2012년 12월 4일, 제18대 대통령 선거를 앞두고 진행한 TV토론에서, 이정희 당시 통합진보당 후보가 그것을 거론하며 박근혜 새누리당 후보한테 날선 공격을 가한 사례가 있다.(구본권, 「'다카키 마사오'가 포털 검색 1~2위 된 이유가…」, 《한겨레》, 2012. 12. 5. 및 온라인 중앙일보, 「'다카키 마사오 누구?' 이정희 TV토론 후폭풍」, 《중앙일보》, 2012. 12. 5.)

143) 1950년대 독일(당시에는 서독)에서 일어난 '라인강의 기적(The Miracle on the Rhine)'을 본따서 지은 말이며, 박정희 정부가 1962년 제1차 경제개발 5개년 계획을 실행하고부터, 한국경제가 급성장한 것을 말한다. 이 시기에 한국 정부는 1960년대에는 경공업, 1970년대에는 중공업을 육성하면서 수출주도형 경제성장을 국정 기조로 삼았다. 그 결과, 한국인의 생활수준을 대폭 향상시키면서 한국을 세계 10대 경제 강국의 반열에 오르게 했다. 예컨대 1인당 GDP가 1953년에 67달러에 불과했지만, 1977년 천 달러 및 2001년 만 달러를 거쳐 2021년 약 3만 5천 달러를 달성한 것이다. 하지만 이런 의의와는 별도로, 고강도의 노동자 착취·도농격차 심화·농촌의 고

킨 인물이었다. 하지만 그는 위에서 언급한 경력 때문에 한국의 이른바 진보 진영으로부터 비판의 대상이었다. 진보 진영은 박정희를 항일독립투쟁을 한 백범 김구와 북한의 김일성 등과 비교하여, '기회주의자' 내지는 '친일파' 라고 비판하는 것이다.

한국이나 북한이 가진 만주에 대한 기억은 대부분 비참한 것이었다. 중국 동북부에 사는 조선족의 경우, 만주국에 대해 입을 열면, 자신의 조상이 독립운동을 했다고 말하는 이들이 정말 많다(반대로 자신의 조상이 친일파였다면, 당연히 입을 다물 것이다). 오늘날 중국 정부도 한국인(조선인)의 독립운동사를 중국의 역사로 편입시켜 공동항일운동 및 애국주의를 선전하는 데 사용하고 있다.

만주의 한국 독립운동가

'애국주의선전기지(愛國主義宣傳基地)'는 중국 정부가 공식적으로 사용하는 명칭이다. 사람들에게 거침없고 직접적으로, 박물관이나 기념관이 지어진 목적을 알리는 데 사용하는 명칭이다. 예를 들어, 랴오닝성 다롄시의 뤼순감옥(旅順監獄)[144] 기념관과 헤이룽장성 하얼빈(哈爾濱)의 731부대[145] 유적

령화·도시의 주거 및 교통문제 악화·환경오염 등의 부작용 내지는 문제가 발생했다.(네이버 지식백과 참고)

144) 1902년에 러시아 제국이 자신에게 항의하는 중국인들을 수감시킬 목적으로 건설했다. 1904~1905년 러일전쟁에서 승리한 일본이 1907년에 해당 시설을 접수 및 증축해서 사용하기 시작했다. 이때부터 1945년 8월에 소련군의 뤼순 진주로 사용이 중지되기까지, 연간 2만여 명의 한국인·중국인 항일 투사 및 사상범이 수감되고(1906~1936), 700여 명 이상의 사형이 집행되었다(1942~1945). 이후 1971년, 중국 정부가 시설을 복원한 다음, 전시관 형태로 일반인에게 개방했다. 그리고 1988년에 국가중점역사문화재(全國重點文物保護單位)로 지정되어 오늘날에 이르고 있다. 한국에서 이곳은 도마 안중근(1879~1910)·단재(丹齋) 신채호(1880~1936)·우당(友堂) 이회영(1867~1932) 등의 독립운동가들이 수감되어, 순국한 곳으로 알려져 있다.(네이버 지식백과 참고)

145) 일제 관동군 소속의 세균전 전문부대이다. 제2차 세계대전 기간인 1940~1945년에 걸쳐, 일본군에 붙잡힌 한국 독립운동가 및 중국군 전쟁포로와 만주 지역의 민간인을 상대로 생화학전과 관련된 생체 실험을 자행했다. 이로 인해 3,000여 명의 생체실험 희생자와 수만 명의 세균전 피

과 룽징(龍井)의 간도일본총영사관146) 등을 포함해서 관내에 전시된 것들에는 선전 의도가 분명하게 드러나 있었다.

제2차 세계대전 당시 일제가 한반도를 침탈할 때,147) 한국의 수많은 독립운동가들이 한반도를 떠나 만주 지역으로 이동했다. 만주가 한반도와 비교해서 통제가 덜 삼엄했기 때문이었다. 이곳의 많은 기념관에서는 중국이 벌인 항일활동 외에도, 한국 독립운동가들의 이름도 확인할 수 있다. 이 또한 한국과 중국이 함께 일본 제국주의에 대항한 분위기를 강조하는 것이다.

하얼빈은 731부대 유적지 외에도, 2014년 지어진 기념관이 있다. 그곳은 한국과 일본의 역사가 밀접하게 연관된 곳이다. 하얼빈이 러시아와 몽골, 그리고 중국 동북부의 대도시를 잇는 중요한 요충지인 만큼, 그 규모가 상당히 큰 하얼빈역 부근에 기념관이 자리하고 있다. 바로 '안중근의사기념관'이다. 그곳의 '주인공'인 도마148) 안중근(1879~1910)은 한국의 독립운동가이지, 중국인이 아니다.

한국은 일본이 강요해서 '을사조약'149)과 '정미조약'150)을 조인했다. 그

해자를 남겼다. 이후 오랫동안 이 부대의 존재 및 실태가 은폐되고 있다가, 츠네이시 케이이치(常石敬一)의 「사라진 세균전부대(消えた細菌戦部隊)」(1981)라는 연구서가 나오고 나서야 비로소 밝혀지기 시작했다. 그럼에도 731부대와 관련된 책임자들은 현재도 자신의 전쟁범죄를 인정하지 않고 있다.(강민진, 「24년 전 오늘, 일본군 731부대 생체실험 사진이 처음 공개됐다」, 《한겨레》, 2018. 8. 14.)

146) 1909년에 일본이 간도 일대의 한국인을 보호한다는 명목으로 설치한 곳이다. 이곳은 일본이 간도 지역의 한국 독립운동을 탄압하는 중심지로 활용했다. 현재는 연변 룽징의 인민정부가 사용하고 있으며, 그중에 감옥이 있었던 건물은 일본의 잘못을 알리는 전시장으로 활용되고 있다.(안상경, 「[아! 만주⑭] 간도일본총영사관: 한반도를 넘어 중국 침략의 교두보를 설치하다」, 《월드코리안(World Korean)》, 2022. 2. 7.)

147) 원문에는 '제2차 세계대전 당시에(在二次世界大戦時)'라고 되어 있다. 이것이 서술 오류임을 확인하고 이처럼 수정했다.

148) 안중근의 호라고 알려진 '도마'는 그의 천주교 세례명인 '토마스(Thomas)'의 음역어이다.

149) 1905년 11월 17일에 체결되었으며, '을사늑약(乙巳勒約)'이라고도 부른다. 이 조약은 일본이 1905년 10월 포츠머스회담을 통해 러일전쟁(1904~1905)의 승리를 확정한 다음, '카츠라-태프트 밀약(Taft-Katsura Agreement, 桂・タフト協定)'과 '제2차 영일동맹'으로서 미국과 영국의 묵인 및 협조를 얻어내고서 진행되었다. 이 조약의 핵심은 대한제국의 외교권을 일본에 넘기고, 이토 히로부미를 수장으로 한 통감부를 설치하는 데 있었다. 참고로, 여기에 한국 측 신하 다섯

결과, 한국은 주권을 상실한 일본의 보호국(사실상 식민지)이 되었다.

1909년, 도마 안중근은 전 일본 총리(내각총리대신)[151]이자 '한국통감'이었던 이토 히로부미(伊藤博文, 1841~1909)가 하얼빈에 도착해서 러시아 관리와 회견한다는 정보를 입수했다. 그해 10월 26일, 안중근은 잠복이 쉬운 하얼빈역 플랫폼에서 이토 히로부미를 기다렸다. 그리고 이토가 기차에서 걸어 나오자, 그한테 다가가 권총을 쐈다. 이어 이토는 세 발의 총알을 맞고 사망했다. 안중근은 곧바로 체포되어 뤼순감옥으로 호송되었다. 이듬해인 1910년 3월 26일, 안중근은 사형당했다.[152]

안중근의 의거는 널리 알려졌다. 남북한 할 것 없이 안중근을 기념하는 영화를 만들어서, 입을 모아 그를 민족의 영웅으로 그려냈다.[153]

그밖에 연변 룽징시 출신으로, 한국의 또 다른 유명한 항일 의사가 있다. 윤동주(1917~1945) 시인이다.

명이 적극적으로 찬성 의견을 피력했는데, 그들의 신원은 학부대신 이완용(1858~1926)·외부대신 박제순(1858~1916)·군부대신 이근택(1865~1919)·내부대신 이지용(1870~1928)·농상공부대신 권중현(1854~1934)이다. 그들은 오늘날까지도, '을사오적(乙巳五賊)'이라는 말로 묶여서 불리고 있다.

150) 1907년 7월 24일에 체결되었으며, '한일신협약(韓日新協約)' 혹은 '정미7조약(丁未七協約)'이라고도 부른다. 이것은 조선 제26대 왕이자 대한제국 초대 황제였던 고종(高宗, 1852~1919, 재위 1864~1907)이 1907년 5월 18일~7월 29일에 걸쳐 진행된 만국평화회의(萬國平和會議, Hague Conventions)에 일본 몰래 세 명의 특사를 파견해서, 을사조약의 불법성을 알리는 활동을 한 '헤이그특사사건(海牙特使派遣事件)'을 계기로 체결되었다. 즉, 이 사건을 빌미로 일본이 고종을 강제로 퇴위시키고, 순종(純宗, 1874~1926, 재위 1907~1910)을 즉위시킨 직후의 시점에서 이 조약이 이루어진 것이다. 그리고 그 핵심은 대한제국군을 해산시키고, 한국의 사법권과 경찰권 등을 일본 측에 넘기는 데 있었다.

151) 이토 히로부미는 일본 수상(총리) 직위를 초대·제5·7·10대(1885~1888·1892~1896·1898. 1~6·1900~1901)로 역임했다. 그 기간을 전부 합치면, 약 7년 6개월이다.

152) 이날의 사형 집행으로 순국한 안중근 의사의 시신 내지는 묘소는 2023년 현재까지도 찾지 못하고 있다.

153) 한국의 경우에는 대표적으로, 뮤지컬 〈영웅〉이 있다. 이 작품은 안중근 의거 100주년 기념일인 2009년 10월 26일에 처음 공연되었으며, 이때부터 2023년 현재까지 꾸준히 공연을 이어오고 있다. 나아가 2022년 12월 21일, 이것을 원작으로 한 동명의 영화가 개봉되었다.

접경지대에서 태어난 애국 시인

연변조선족자치주는 중국 정부가 지정한 소수민족 '조선족'의 자치구이다. 이곳의 모든 도로 표지판과 상점 간판 등은 한국어를 제1언어로, 중국어를 제2언어로, 영어를 제3언어로 표기하고 있다. '조선'은 이곳의 중요한 민족이자 문화적 정체성이다.

지난날 연변(간도(間島))은 한국과 중국의 접경지대로, 경계가 모호한 지역이었다. 게다가 러시아가 개입하고, 한반도에 침입한 일본의 타깃이 되었다.

윤동주 시인의 증조할아버지는 함경도 출신으로서 19세기 말 연변으로 이주했다. 윤동주는 1917년 연변 룽징시에서 태어났다. 1932년, 일제는 중국 동북부를 차지하고 만주국을 세웠다. 연변도 제국주의의 영향권에서 벗어나지 못했다. 일본이 한반도와 중국 동북부를 차지하는 과정은 소년 윤동주에게 큰 충격이었을 것이다.

1935년, 윤동주는 평안도 평양의 숭실중학교로 진학했다. 그는 1939년부터 《조선일보》나 여러 한글 간행물에 산문과 시를 발표하기 시작했다. 그의 작품에는 조선의 민족주의적 정신이 담겨 있었다.

1943년, 윤동주는 항일운동을 했다는 이유로 일본 경찰에 체포되었다. 그는 재판에서 2년 형을 선고받고, 옥중에서 고문을 당했다. 윤동주는 끝내, 제2차 세계대전이 종전되기 직전인 1945년 2월 16일, 일본의 후쿠오카형무소(福岡刑務所)에서 숨을 거두었다.[154]

연변 룽징시에 위치한 윤동주 시인의 생가는 오늘날 현지의 지방정부가

---

154) 시인 윤동주의 사인은 뇌일혈이었다라고, 후쿠오카형무소 측에서 밝혔다. 하지만, 그의 동료 재소자들의 증언에 따르면, 그는 다른 죄수들과 함께 '의문의 주사'를 맞고서 서서히 죽어갔다고 했다. 기밀이 해제된 미국 국립서관의 문서에 따르면, 제2차 세계대전 당시에 일본의 규슈제국대학(九州帝國大學)이 그곳의 수감자들을 상대로 바닷물을 수혈하는 실험을 벌였다고 한다. 일본은 2023년 현재까지도, 이에 대한 진실을 말하지 않고 있다.(주시평, 〈"윤동주, 일제 생체실험에 희생" 죽음의 미스터리〉, 《SBS》, 2009. 8. 15.)

기념관으로 개축했다. 그의 창작시와 행적 등이 이곳에서 전시되고 있다. 그는 한글로 창작 활동을 했으며, 젊은 나이에 세상을 뜬 애국 시인이었다. 그런데 여기서 '애국'은 어느 나라에 대한 것일까? 이것이 오늘날 논쟁거리가 되고 있다.

룽징시 명동촌의 윤동주 생가. "중국조선족애국시인 윤동주 생가"라고 새겨 놓고 윤동주가 마치 중국인인 양 역사적 사실을 왜곡하고 있다.

2018년 기준, 중국 정부는 윤동주 시인을 중국의 소수 민족인 조선족이라고 본다. 윤동주가 태어난 곳이 오늘날 중국 영토이기 때문이라는 것이다. 그렇기에 그의 항일운동은 '중국'을 사랑해서라고 인식하는 것이다.

이와는 다르게 남북한은 윤동주 시인이 벌인 항일운동의 목적을 다음과 같이 인식한다. 즉, 윤동주의 바람은 한반도가 일본 제국주의로부터 해방되어, 통일 한국이 성립되기를 바랐다고 보는 것이다. 따라서 그가 사랑한 나라는 '한국'이었다는 것이다.

저세상에 있는 윤동주 시인이 이런 논쟁이 있다는 것을 알게 된다면, 어떤 반응을 보일까? 내 생각에, 그는 난감해하면서도 대수롭지 않게 여기지 않을까.

일본의 만주 침략이 촉발한 한국사

일본은 어떻게 중국 동북부를 침략했을까? 그곳에 있는 랴오둥반도(遼東 半島)에는 다롄과 뤼순이라는 항구도시가 있다. 이곳은 청나라 말기~중화민국 초기에 국제적으로 중요했던 장소이다. 일본은 1895년에 '시모노세키조약'155)을 체결하면서 청나라 정부 측에 랴오둥반도 할양을 요구했다. 얼마 못 가서 일본은 러시아 같은 나라들의 간섭으로 인해 랴오둥을 반환했지만, 여전히 다롄과 뤼순 지역을 손에 넣고자 했다. 이를 통해서, 이 두 항구도시가 얼마나 중요했는지를 확인할 수 있다. 일본에게 그 두 지역을 장악한다는 것은 제해권의 기초였다.

당시 적극적으로 세력을 확장하고 있던 러시아에게 일본이 랴오둥반도와 그곳의 두 항구도시를 통제하는 건 자국의 이익을 침해하는 것이었다. 그러므로 러시아는 일본의 행보에 반대하여, 일본을 간섭해서 랴오둥을 반환하게 만들었다. 그로부터 3년 후, 러시아는 청나라 정부한테 '여대조지조약(旅大租地條約)'을 강제로 체결시켜서 뤼순과 다롄을 자신의 조계지(租界地)로 만들었다.

일본과 러시아의 이해 충돌은 1905년 러일전쟁을 야기했다. 러시아는 이 전쟁에서 패했다. 이후 양국이 조인한 '포츠머스조약(Treaty of Portsmouth)'156)

---

155) 청나라의 이홍장(李鴻章, 1823~1901) 북양통상대신과 일본의 이토 히로부미 당시 총리가 야마구치현(山口縣)의 시모노세키에 위치한, 슌판로(春帆樓)라는 복어요리 전문점에서 체결한 조약이다. 이 조약의 핵심 내용은 조선을 청나라와의 사대관계에서 분리하여 자주국의 지위를 확립시킬 것·대만과 그 부속 도서인 펑후(澎湖) 및 중국 대륙의 펑톈성(奉天省, 랴오닝성의 당시 이름)을 할양할 것·은 2억 냥을 배상할 것 등이었다.(나가타 아키후미, 같은 책 및 박찬승, 「시모노세키조약 120주년을 맞이하여」,《역사와 현실》 제95호, 2015. 3.)
156) '러일강화조약'이라고도 불리며, 일반적으로 불리는 포츠머스는 미국의 뉴햄프셔(New

에 따라, 러시아가 소유하던 랴오둥반도의 조계지(일명 '관동주(關東州)')와 중동철도의 남만주구간(이하 '남만철로')을 일본에 넘겼다. 그렇게 일본의 중국 동북부 식민사가 시작되었다. 또한 러시아는 한반도에 대한 일본의 외교적 권리를 승인했다.

1894년 청일전쟁과 1905년 러일전쟁이라는 두 사건은 한반도가 전쟁터가 되었고, 그 결과도 한국인의 운명에 영향을 끼쳤다. 일본은 관동주와 남만철로를 획득하고, 이어서 관동도독부와 남만주철도주식회사(이하 '만철(滿鐵)')를 설치했다. 이 두 곳은 군사적으로나 경제적으로나, 일본이 식민 통치를 진행하는 기구였다.

다롄과 뤼순은 발해(渤海)가 가까운 항구도시여서 바다 냄새가 가득했다. 다롄의 거리를 거닐면 일제강점기에 세워진 건물들이 눈에 쉽게 띈다. 그 건물들은 예전의 야마토호텔이나 만철이었던 곳 할 것 없이 일본 제국주의의 분위기가 강했다. 이곳에서 일제는 중국 동북부에 적극적으로 개입했다.

만철은 중국 동북부 지역의 '일본판 동인도회사'였다. 일본은 이곳을 통해서, 만주 지역의 기반 건설과 상공업의 생산과 무역 등에 개입했다. 군대·광산개발·농림축산업·문화 교육 등을 비롯해서 모든 것에 만철의 흔적이 배어 있었다.

만철 총재의 권력은 막강했다. 만철의 초대 총재는 대만총독부의 민정장관을 지낸 고토 신페이(後藤新平, 1857~1929)였다. 나카무라 요시코토(中村是公, 1867~1927, 제2대 만철 총재)와 오카마츠 산타로(岡松參太郎, 1871~1921)처럼 대만총독부 관료 출신자도 만철에서 복무했다. 이는 그들의 대만 식민 통치로 쌓은 경험과 실적이 중시되었다는 것을 의미한다. 한편 일본은 조계지

Hampshire) 주에 위치한 항구도시이다. 이곳에서 열린 회담의 주요 결과는 러시아는 한국에 대한 일본의 보호 조치 혹은 자유 처분권을 승낙 및 불간섭하며, 사할린 섬의 북위 50도 이남 지역을 일본에 할양한다는 것 등이었다. 일본은 이와 같은 사항을 안정적으로 확보하기 위하여, 사전에 미국과의 카츠라-테프트 밀약 및 영국과의 영일동맹 체결을 통해 이들 양국의 지지를 사전에 얻었다.(나가타 아키후미, 같은 책 및 오기평, 『세계외교사: 세기를 넘기면서』, 박영사, 2007.)

와 만철의 부속지를 보호한다는 구실로, 만주에 군대를 주둔시켰다. 이때 배치된 관동도독부 산하의 육군이 관동군이 되었다.

1919년, 관동군사령부가 정식으로 출범했다. 관동군은 중국 동북부에서 일본의 영향력을 확대시키고 만주국을 세워 중국 동북부 전역을 장악했다. 관동군의 편성 규모는 전성기에 85만 명에 달했다. 이렇게 관동군은 당시에 중국 동북부를 통제하는 중요한 세력 중 하나였다.

만주로 이주한 조선인(한국인)과 대만인

만주국이 세워진 직후에 이시와라 간지(石原莞爾, 1889~1949)와 이타가키 세이시로(板垣征四郎, 1885~1949) 등의 일본군 장교들은 신경(新京, 창춘)에서, '오족협화(五族協和)'를 표방한 '만주국협화회(滿洲國協和會)'를 출범시켰다.

만주국협화회는 지부의 역량을 통해서, 만주국의 영역에 뿌리를 내렸다. 이시와라 간지는 이 단체가 만주의 실질적인 민의 기관이자 정치 세력이 되기를 기대했다. 하지만 관동군과 일본계 관료들의 개입으로, 이 단체는 그저 일제의 선전 및 동원 조직이 되었을 뿐이었다.

특기할 만한 것은 만주국협화회가 출범할 당시의 사무부장은 대만인이었다는 점이다. 그는 만주국의 첫 번째 외교부장 출신인 셰제스(謝介石, 1878~1954)이다. 대만협화회학교(臺灣協和會學校)에서 대만어[157] 강사를 맡았던 그는 1915년 일본 국적을 버리고, 중화민국으로 귀화했다.

셰제스는 1917년 장쉰복벽(張勳復辟)[158]에 참가한 것을 계기로, 푸이를 알

---

157) 중국어 방언이며, 중국 푸젠성(福建省) 방언(閩語 혹은 福建語)의 분파에 속하는 '민난어(閩南語)'의 일종이라 할 수 있다. 이 언어의 사용자는 대략 1,500만가량이다. 대만의 공용어가 표준중국어(普通話 혹은 國語)인 것과는 별도로, 대만어는 주로 일상에서 사용되고 있다.(나무위키 참고)
158) 북양군벌(北洋軍閥) 출신의 장쉰(張勳, 1854~1923)이 1917년 7월 1일에 일으킨 쿠데타이며, 1911년 신해혁명으로 퇴위한 선통제(푸이)를 청나라 황제로 복위시킨 사건이다. 이 사건은 당시 중국 대중의 강한 복벽 반대 여론과 더불어, 장쉰의 정치적 경쟁자였던 리위안훙(黎元洪, 1864~1928)과 돤치루이(段祺瑞, 1865~1936) 등의 반복벽파(反復辟派)들이 조직한 토역군

게 되었다. 그는 후에 푸이의 망명 정부에서 관직을 맡기도 했다. 그는 1935년 대만으로 돌아가서 대만박람회에 참여했다. 이는 금의환향이라고 할 수 있었다. 이에 일부 대만인들이 만주국 이민에 대한 동경을 품었다. 일전에 만주로 이주한 대만인 중에 유명인으로는 중리허(鍾理和, 1915~1960)라는 작가도 있었다.

하지만 대만에서 만주국으로 이민을 간 사람은 5천 명에 불과했다. 만주사변 이전에 그곳으로 이주한 조선인(한국인)의 규모가 63만여 명이었던 것에 비하면 그 차이가 매우 컸다(연변 지역에서만). 후에 자유로운 이민 외에도, 일본 정부가 계획적으로 만주 이민 사업을 추진했다. 1936년 문을 연 선만척식주식회사(鮮滿拓植株式會社)가 담당 기관이었다.

관련 통계에 따르면, 1937~1942년 동안 정책성 이민을 한 인구는 14만 명이었다. 앞서 건너온 '63만 명'을 포함하면, 만주로 이주한 조선인(한국인)은 150만 명을 넘었다. 이 같은 대규모 이민은 삶의 곤궁함을 벗어나서 새로운 기회를 모색한 결과였다. 하지만 이민 후의 삶도 개선되지 못했다. 땅을 일구었어도 수확을 내기는 어려웠다. 생활이 곤란할 지경이었다.

제2차 세계대전이 끝나고, 중국 동북부에서 만주국에 대한 기억은 옅어졌다. 그저 애국주의선전기지에서만 존재할 뿐이다. 하지만 한국에서는 당시의 역사가 배경인 영화나 사진 자료집이 적지 않게 나오고 있다. 그것을 통해 한국의 독립운동 서사가 전해지고 있는 것이다. 영화 〈좋은 놈, 나쁜 놈, 이상한 놈〉(2008)은 만주국을 배경으로 한 대표적인 사례 가운데 하나이다.

2018년 기준, 남북한의 방문객들은 특정한 시기에 중국 동북부의 여러 지역을 찾아다녔다. 지난 역사를 되돌아보기 위해서.

(討逆軍)이 단 12일 만인 7월 12일에 진압했다.(위키피디아 참고)

2 같은 말을 써도 넘기 어려운 장벽
– 변주된 코리안 드림

서울의 지하철 2호선 강남역. 겨울의 한기가 온몸을 감쌌다. 외투 단추를 채우고 주위를 살폈다. 유행하는 옷차림의 남녀들이 쉴 새 없이 스마트폰 액정을 터치하고 있었다. 인터뷰를 약속한 사람을 떠올리고 있을 때였다. 20대로 보이는 여자가 다가왔다.

"기다리게 해서 미안해요. 자리를 옮기시지요."

한국에서 산 지 2년 반 정도 된 조선족인 안서경 씨였다. 그녀는 숙명여자대학교 대학원을 휴학한 직장인이었다. 그녀의 가족들이 한국에 거주하고 있었기 때문이었다. 안 씨는 중국 연변조선족자치주에 있는 대학을 졸업한 후에 많은 조선족 청년들처럼 바다를 건너 같은 언어를 사용하는 남한에 왔다. TV에서 보았던 '코리안 드림'을 좇아 한국에 온 것이다.

세 번째 한국?

중국 대륙은 한반도와 인접해 있다. 그 때문에 적지 않은 조선족이 중국과 북한의 접경지대에 터를 다졌다. 한편 일제강점기의 한국에서 많은 이들은 일본의 통치를 거부하려고 중국 동북부로 이주했다.

북한을 세운 김일성도 만주국이 들어선 지역에서 공산당 유격대원으로 활동했다. 그는 유격전을 펼치면서 일본 정부의 통치를 방해했다. 제2차 세계대전 종전 후에 중국 동북부 지역에 살던 조선족 약 50만 명이 김일성을 따라 북한으로 돌아갔다. 현지에 남은 사람들도 적지 않았다.

조선족의 대부분은 중국 동북부 지역에 살고 있다. 그들은 중국에서 14번째로 인구수가 많은 민족이다. 조선족은 모두 190만여 명이다.[159] 그들

대부분 지린성에서 살고 있다(랴오닝성과 헤이룽장성에서는 소수이다). 특히 연변조선족자치주에 사는 이들이 가장 많다.

연변의 중심도시는 대만 타이베이(臺北)의 옌지가(延吉街)와 이름이 같은 옌지시이다. 옌지에서는 한국어와 중국어로 된 표지판을 볼 수 있다. 그곳에 사는 사람들은 한국인과는 다른 억양의 한국어를 쓴다. 이 때문인지 그들에게서 한국과 북한과는 다른 '제3의 한국' 같은 무엇인가를 느낄 수 있다.

바다를 건너 좇은 코리안 드림

한국의 겨울이 얼마나 추운지, 뼈까지 쑤실 정도였다. 나는 안 씨와 서둘러 카페로 들어갔다. 우리는 창가 자리에서 인터뷰를 준비하며 커피로 몸을 녹였다.

안 씨의 분위기는 부드러웠다. 그녀는 아메리카노 커피에 샷을 추가했다. 의외여서 나는 놀랐다. 그녀는 머리를 쓸어 넘기며 입을 열었다.

"잠시 후에 출근해야 하는데, 이래야 어느 정도 기운 낼 수 있어요."

안 씨는 숙명여대 대학원을 휴학하자마자 취업했다. 한국에서 중국어 교사가 되어 삶의 기반을 마련하는 것이 그녀가 원하는 일이었다.

따뜻한 커피가 나왔다. 나는 간략하게 '호구조사'를 시작했다. 어떻게 한국에 오게 되었고, 그녀의 가족이 한국과 어떤 관계를 맺고 있는지 등을 파악하고자 했다.

"아버지의 호적이 한국에도 있어요. 한국에 사는 먼 친척도 계셔요. 나중에 가족들이 한국에 와서 찾아보았는데, 주소가 바뀌어서 찾지 못했어요."

안 씨는 진한 커피를 마셨다.

---

159) 중국 정부가 2020년에 실시한 제7차 인구조사에 따르면, 중국 내 조선족 인구는 약 170만 명으로 나왔다. 이는 조선족 인구가 적어도 지난 20년간 감소 추세에 있었음을 의미한다. 한편 같은 해 기준, 한국에 체류하는 조선족은 약 70만 8천 명이다.(박종국, 「중국 조선족 인구 170만명… 20년간 22만명 감소」, 《연합뉴스》, 2022. 1. 19.)

"어머니는 제가 어렸을 때 이곳에서 일하셨어요. 그때 번 돈으로 절 공부시키셨죠. 나중에는 저도 친구들처럼 대학생 때 교환학생으로 한국에 와서 한 학기를 공부했죠. 그리고 석사 과정까지 밟았어요."

고통받는 민족: 받아들여지지 않은 사람들

1992년 한·중 수교 이후 조선족은 합법적 이민이 가능하게 된 한국에 와서 외국인 신분으로 일하며 살기 시작했다. 일정 시간이 지난 뒤, 적지 않은 사람들이 한국인으로 귀화했다. 하지만 다수의 조선족은 외국인 거류증을 취득해서 일했다. 개방 직후에 조선족들은 한국인들이 꺼리는 '3D' 업종에 종사했다. 한국인과 조선족 간의 문화와 생활 습관의 차이 때문인지 적지 않은 한국인들은 조선족에 대해 부정적인 인식을 가지고 있다.

무엇보다 중요한 것은 조선족에 대한 한국인의 고정관념이 매우 극단적이라는 점이다. 이는 몇 년 전에 한국을 뒤흔든 살인사건 때문이다.160) 이런 부정적인 이미지는 드라마와 영화의 과장으로 불거졌다. 그렇게 한국인은 조선족을 멀리서 온 동포라고 우호적으로 여기지 않았다.

안 씨는 커피를 마시고는 조선족이 받는 홀대에 관해 얘기를 들려줬다.

"대부분의 한국인들은 조선족은 학력이 낮고, 폭력적이고, 깡패 짓이나 보이스피싱을 한다는 등의 부정적인 이미지를 갖고 있어요."

안 씨는 화제를 바꾸며, 내 얼굴을 똑바로 쳐다보았다.

"그런데 실제로는 말이죠, 요 몇 년 사이에 부정적인 인식이 조금씩 나아

---

160) 2012년 4월, 경기도 수원시에서 온 나라를 뒤흔든 토막살인 사건이 발생했다. 한 조선족 남성이 고의로 28세의 한국인 여성을 자동차로 들이받은 다음, 그녀를 자신의 거주지로 끌고 와서 성폭행했다. 여성은 죽기 전, 몰래 전화로 경찰에 신고했지만 끝내 살해당했다. 살인범은 시신을 280조각으로 토막을 내고, 플라스틱 가방 14개에 나누어 담았다. 나중에는 이 사건의 신고를 접수한 경찰이 그것을 대수롭지 않게 여기는 직무 유기를 저질렀다는 것이 드러났다. 그 때문에 경찰의 이미지가 심각한 타격을 입어서, 경찰국장이 사임하기까지 했다. 안 그래도 조선족이 환영받지 못하는 이미지를 가진 상태에서, 이 사건으로 그것이 더 부정적인 방향으로 굳어졌다.(원문 주)

서울 대림동 대림중앙시장의 차이나타운. 1992년 한·중 수교 후 조선족 동포와 중국인이 대거 유입되면서 급속히 확장되었다.

지고 있는 듯해요. 사실 이런 고정관념은 언론이 만들어 냈죠. 영화나 드라마도 좋게 표현했지만, 한쪽에 치우쳐서 비평하지는 않더라고요."

안 씨는 자신의 사례를 들며, 중국 동북부나 한국에서 조선족들이 겪는 상황을 들려줬다.

"저희 부모님이 제가 중학생 때 한국에 오셨어요. 연변의 많은 가정이 그랬듯, 부모님들이 외국에 가서 돈을 벌었어요. 대부분 한국이나 일본에 갔고요. 자식 세대가 대학에서 공부하길 바란 거죠. 소 팔아 자식을 대학 보낸다는 표현이 딱 들어맞아요."

안 씨는 쓴웃음을 지었다.

"이런 상황은 연변에서도 흔해요. 부모님이 두 분 또는 한 분만이 돈을 벌기 위해 외지나 외국에 가요. 남은 자식은 외할머니가 돌봐줘요. 대륙에서는 이런 아이를 '홀로 남은 아이'라고 해요. 저도 그랬죠."

안 씨는 한숨을 쉬었다.

"맞아요. 조선족은 고통받는 민족이라고 할 수 있어요. 그들 가정 열 곳 중에는 적어도 일고여덟 곳이 기본적으로 이런 상황에 처해 있어요. 그래서 조선족의 경우에 집은 한부모 가정인 경우가 많아요. 지금 제 아버지도 의붓아버지예요. 이 때문에 적지 않은 조선족 가정의 아동이 패거리나 범법행위를 일삼는 부류를 따라 잘못된 길로 빠져들어요."

한국의 부유함에 비하면, 중국 동북부의 생활 수준은 보통이다. 한편 연변은 러시아와 북한의 접경지대에 위치했기 때문에 밀수와 범죄 행위가 발생하고 있다. 게다가 아이가 홀로 남는 게 드물지 않기 때문에 조선족 가정 상황이 복잡하게 형성된 것이다. 한국에 온 많은 조선족이 한국의 생활 습관에 적응하지 못하는 것 외에도, 급작스레 올라간 소비 수준에 적응하는 데 어려움을 겪기도 한다. 그들 중에는 생존을 위해서 또는 소비량이 많은 생활에 정신이 혼미해진 나머지, 잘못된 길에 발을 들여놓기도 한다. 그러고는 지우기 어려운 악명을 짊어지게 되는 것이다.

"누구냐, 넌? 중국인인가, 한국인인가?"

나는 긴 대화를 나누고 평소에 관심이 많던 궁금한 것을 물었다.
"한국에 온 지 꽤 됐는데, 한국 국적을 취득할 건가요?"
안 씨가 대답했다.
"아니요. 돌아가려고요. 돈 벌려고 한국에 온 거예요. 제 주위의 친구들도 다들 그렇게 생각하고 있어요."
안 씨의 대답은 1990년대에 한국 땅을 밟은 조선족들과는 전혀 달랐다. 그녀보다 앞서 한국 땅을 밟은 조선족은 개혁개방을 막 시작하던 중국(경제적 수준은 여전히 뒤떨어져 있었다)을 떠나서, 먼저 발전한 한국의 국민이 되기를 바랐다. 그들이 정착한 지 20년이 넘은 만큼, 그들에게도 한국에 대한 남다른 감정이 생겼다.

한편 안 씨처럼 젊은 세대는 진작 개혁개방의 과실을 맛보았다. 또한 부모가 있는 재산을 모두 처분해서 자식들을 대학에 보냈다. 그들은 먼 길 끝에 한국에 왔지만, 아마도 한국보다는 중국에 귀속감을 더 갖고 있을 것이다.

2013년 11월, 1만 명이 넘는 조선족들이 서울시청 앞 광장에 모여서 항의 시위를 벌였다. 그들은 한국 정부가 현행 「재외동포법」을 개정하여, 미국과 일본의 교포들이 누리는 비자 대우를 중국의 조선족에게도 확대해 주기를 바랐다. 그들은 한국에서, 자유로운 출입국 및 취업 등의 재외동포(F4) 비자 혜택을 누릴 수 있는, 진정한 동포의 방식으로 대우받기를 바랐다.

인터뷰가 끝나기 전, 안 씨는 체념하듯 말했다.

"사실 한국에는, 조선족이 자신을 한국인으로 '가장'하는 것을 싫어하는 중국인 학생이 적잖게 있어요. 때때로 그들이 도발하듯이 우리에게 묻곤 해요. '너, 중국인이야, 한국인이야?'라는 식으로요."

궁금했다.

"뭐라고 대답해요?"

안 씨는 잠시 뜸을 들였다. 그리고 입을 열었다.

"나의 국적은 중국이지만, 나는 조선족이다."

대림중앙시장 차이나타운의 홍보 게시판. 영등포구청이 인근 조선족 및 중국인들을 돕기 위해 구정이나 복지, 구인 관련 소식 등을 전한다.

3 연변조선족자치주의 중심도시
- 제3의 한국

비행기에서 내려 옌지(延吉) 세관에 들어섰다. 중국 동북부의 겨울 날씨는 매서웠다. 나도 모르게 주머니에 손을 넣었다.

세관에서 신분증 검사를 마치고 고개를 들었다. 중국어 '옌지'와 한국어(연변 사람은 '조선어'라고 부른다) '연길'이 나란히 표기되어 있었다. 그제야 내가 남북한에 비해 덜 알려진 '한국'에 도착했다는 것을 깨달았다. 이곳은 중국 연변조선족자치주의 중심도시였다.

중국 동북부의 늠름함과 조선족의 열정

유행하는 옷차림을 한 커플 한 쌍이 세관 건물 맞은편에서 다가왔다. 그들이 인사했다.

"안녕하세요! 연길에 온 걸 환영해요!"

연변대학의 조선족 학생, 김성종과 이현미였다. 한 달 전, 내가 대만에서 김성종에게 연락했을 때 그는 나와 위챗(WeChat)으로 몇 마디 말밖에 나누지 못했다. 그는 내가 연길에 오면, 공항으로 마중 나오겠다고 했다. 나는 그때 이미 연변 조선족의 열정을 느꼈다.

그들은 호텔에서 체크인을 마친 나를 현지의 유명한 양꼬치집으로 데려가서 진수성찬을 맛보게 했다. 대화가 무르익었다. 그들은 앞으로 며칠 동안 훈춘(琿春)과 룽징(龍井) 같은 근처의 도시에 자동차로 데려다주면서, 그곳의 생활상을 이해하는 데 도움을 주겠다고 했다.

한국의 영화나 드라마에서는 조선족을 부정적으로 표현한다. 이 때문에 적지 않은 한국인은 연변이 범죄자들이 모인 지역이라고 여기고 조선족을 좋지 않은 시선으로 바라본다.

실제로는 어떨까? 김성종과 내가 자동차로 옌지시에 들어갔을 때였다. 길거리는 네온사인으로 휘황찬란했고 오가는 사람들로 북적였다. 베이징과 상하이 같은 중국의 대도시만큼은 아니었지만, 상상 속의 혼란 같은 것은 없었다.

한국의 영화배우 하정우가 출연한 영화 〈황해〉(2010)에서는 삶이 궁핍한 연변의 택시 운전사가 폭력단의 암살 의뢰를 수락해서 한국에 들어간다. 영화 속의 야만적인 이미지에 스타의 뛰어난 연기가 더해져서, 조선족에 대한 한국인의 업신여김이 심화되는 결과를 낳았다. 연변의 조선족은 동족인 한국인이 이 같은 대우를 하는 모습을 매우 불쾌하게 여겼다.

"우리도 저 인간들이 싫다고!"

"많은 한국인들은 우리를 생활 수준이 낮은 사람들로 여겨요. 어떤 사람은 제게 '연변 사람은 젓가락으로 밥 먹느냐? 연변에서는 맨날 살인사건이 발생하지 않느냐?'고 묻기도 했어요. 그런 소리를 들으면 화나지 않겠어요? 그들은 우리를 차별해요. 우리도 그들이 싫다고요!"

이현미는 화를 참지 못하고 불만을 터뜨렸다.

"나도 한국에 몇 번 갔어요. 같은 민족이라지만 한국인들은 우리를 꺼린다고요."

연변 사람들이라면 누구나 공감할 말이었다. 상당수의 한국인들이 조선족을 얕잡아보는 것에 대해서 그들은 실망했다. 한국인의 차별이 갈수록 심해지고, 나아가 조선족 자체를 부정하려는 태도를 보이자 조선족들은 분노를 느끼게 된 것이다.

조선족이 한국인의 차별을 싫어해도, 조선족 중 80~90%의 부모와 친척이 한국에 거주하기 때문에 젊은 세대는 대개 한국에 가보았다. 심지어 젊은 조선족들은 한국에서의 삶을 계획하기도 했다. 그들은 한국이라는 나라에 애증의 감정을 가지고 있었다.

남북한이 통일되면, 어디서 살 거야?

"어디로 갈 생각은 없어요."

김성종은 확고했다.

"여긴 우리나라예요. 이사하지 않을 거예요."

김성종의 부친은 중국인민은행의 룽징지점 책임자이다. 뭐 하나 부족하지 않는 김성종도 매우 강한 국가 공동체 의식을 드러냈다. 연변에 사는 많은 조선족들이 한반도로 이주한 후로 2018년 지금까지 3~4대가 흘렀다. 젊은 이들이 가진 고향이란 개념은 그들의 윗세대가 동질감을 느꼈던 한반도에서 중국으로 바뀌었다.

1960년대의 북한은 구소련의 지지와 일제강점기가 남긴 공업 인프라 때문에 경제 상황이 중국에 비해 나았다. 하지만 중국이 1970년대 후반부터 개혁개방으로 세계 경제 시스템을 도입해서 고도 발전을 이룬 반면, 북한은 스스로를 고립시키고 세계에서 멀어지고 잊혀졌다. 한국의 발전 상황이 비교적 좋았지만, 연변의 조선족은 한국에 널리 퍼진 자신들에 대한 태도를 좋아하지 않았다. 그래서인가, 조선족은 북한이나 한국의 정체성에 대해선 관심이 크지 않았다.

옌지 시내에서는 새로 지은 백화점과 아파트 외에도, 지어진 지 수십 년 된 벽돌 기와집과 오래된 아파트를 볼 수 있었다. 옌지를 벗어나는 고속도로에 진입한 후로 도로변에 중국 동북부의 광활한 풍경이 한눈에 들어왔다. 거울의 초입인지, 산꼭대기의 엷게 쌓인 눈도 볼 수 있었다. 도착한 시골에서는 작은 벽돌집을 볼 수 있었고, 지붕의 굴뚝에서는 연기가 피어올랐다. 가을걷이가 끝난 논밭에서는 소들이 어슬렁거렸다. 꾸밈없는 삶의 발견은 보는 이의 마음을 상쾌하게 만들었다.

'남겨진 아이'라는 사회적 문제의 심각함

이곳은 평화로워 보인다. 하지만 심각한 문제도 존재한다. 부모가 일하러 외지로 나가면서 남겨진 친척과 살면서 성장한 '남겨진 아이'가 그것이다. 1992년 한국과 중화인민공화국이 정식으로 수교한 후에 두 나라 국민은 더이상 밀입국하지 않아도 되었다. 이에 따라 당시에 생활 수준이 낮았던 연변 사람들이 대규모로 한국에 와서 일자리를 구했다.

"이곳 연변에서 90년대 받은 임금의 수준은 중국 화폐로 대략 4~6백 위안161)이었어요. 반면 한국에선 연변 사람이 한 달에 최소 8천 위안162)을 벌 수 있었어요. 기자님이라면, 안 가겠어요?"

일전에 창춘(長春)에서 오랫동안 살았던 조선족 친구인 계 씨가 낙담한 듯 말했다.

"하지만 이것 때문에 가정 문제가 많이 발생했어요. 저의 집안의 경우에도, 제 큰아버지는 한국에서 일하는 큰어머니를 의심했어요. 큰아버지는 큰어머니가 귀국했을 때 칼로 찔러 죽였어요. 큰아버지는 무기징역형을 선고받고, 지금 감옥에 갇혀 있죠."

부부간의 갈등 외에도, 많은 가정의 어린이도 부모의 관심과 사랑을 받지 못했기 때문에 일탈하는 경우가 많다. 조선족 '이나'가 말했다.

"오랜 기간 한국에서 일한 탓에 애를 데리고 못 돌아와요. 조선족 부모들은 정기적으로 돈을 집으로 송금해서, 아이가 쓰도록 해요. 그런데 그 돈이 적지 않아서 이곳 아이들이 갈수록 응석받이가 되어 공부도 열심히 하지 않게 되었어요. 자기가 뭘 하는지 모르고 자라고 돈을 가볍게 여기기 때문에 사회에서 온갖 나쁜 짓을 저지르는 거예요."

---

161) 1990년대 말 기준으로 보자면, 중국 위안화 4~6백 원은 한화로 약 7만 2천~10만 8천 원이다.
162) 역시 1990년대 말 기준으로 보자면, 중국 화폐 8천 원은 한화로 약 144만 원이다.

지방 경제와 사회적 난제

'남겨진 아이'에서 파생된 사회 문제는 연변의 조선족에게 특별하지 않다. 매우 흔하다. 1990년대 조선족 부모가 한국·일본·미국 등지에 가서 번 돈을 송금했기 때문에 연변의 소비 수준이 올랐다. 대만의 타이베이(臺北)나 중국의 상하이(上海)에 비할 바는 아니었지만, 연변에서 돈을 버는 사람들에게는 매우 많은 금액이었다.

연변에서 외식 한 번 하는 비용은 중국 화폐로 30위안이다. 택시 한 번 탈 때는 보통 6위안 정도로 10위안을 넘지 않을 것이다.[163] 택시 운전사도 최소한 네다섯 번은 택시를 몰아야만, 비로소 한 끼를 먹을 수 있다(택시 원가와 인건비는 제외). 이로써 알 수 있는 것은 만일 이곳에 남아서 일한다면, 부업을 하지 않고서는 가족을 먹여 살리기 어렵다는 것이다.

인터뷰 때, 연변과기대에서 교편을 잡고 있었던 중국인 교수가 말했다. 그에 따르면, 자신이 연변에서 지켜본 조선족의 대부분은 대도시나 해외의 선진국에 가고 싶어 한다는 것이다. 그것 때문에 이곳 조선족 주민이 줄고 있다고 했다.

내가 만난 조선족 사람들은 연변조선족자치주가 미래에 어떻게 될지에 대해 물으면, 대체로 비관적인 의견을 밝혔다. 그들은 앞으로, 10년 내에 자치주의 특수성이 중국 정부에 의해서 없어질 가능성도 있다고 여겼다. 조선족이 가진 중국에서의 위상도 낮아지고 있었다. 결국 그들은 자치주 내에 머물고 싶어도 어쩔 수 없이 신세계를 찾아서 다른 곳으로 이주할 수밖에 없다고 했다.

---

163) 이 책이 출판된 2018년을 기준하면, 중국 화폐로 30, 6, 10위안은 각각 한화로 5천, 1천, 1천 7백 원 정도 된다(2018년 평균 환율 1CNY=166.48KRW).

4 조선족자치주 접경지대의 작은 농촌
– 하나의 강줄기, 두 개의 세계

다림질해서 빳빳해진 녹색 군복을 입은 군인이 우리를 쏘아봤다. 그들은 꼼짝도 하지 않고 우리를 예의주시했다. 그제야 우리는 '들어오면 안 되는 구역'에 들어왔다는 사실을 깨달았다. 실탄을 장전한 국경수비대 병사의 경계심을 풀기 위해서, 나는 이곳에 우연히 온 관광객 흉내를 내며 손을 흔들어야 할지 고민했다. 나와 함께 온 동행인들이 놀라면서 강 맞은편을 가리켰다.

"저게 북한의 인공기예요."

불과 100~200미터 떨어진 거리에 신비로운 나라가 있었다. 조선민주주의인민공화국, 북한 말이다.

중국 접경지대에서 북한으로 깊이 들어가다

이곳은 연변조선족자치주의 국경 지역에 위치한 시골이다. 보통의 경우에는 중국에서 북한을 멀리 내다보고 싶어 하는 관광객은 투먼(圖們)이나 훈춘(琿春) 같은 곳으로 간다. 그곳에는 담당 관청이 설치한 '뷰 포인트'가 있다.

'카이산툰(開山屯)'이라는 작은 시골은 중국에서 북한과 가장 가까운 접경지대의 촌락이다. 나는 이번에 떠난 취재 여행을 그곳이 고향인 친구와 함께했다. 우리는 이 작은 시골로 차를 몰았다.

나는 출발하기 전에는 아무런 생각도 없었다. 목적지에 가까워질수록, 시골의 갈림길마다 몇 사람이 모여 있는 것이 눈에 들어왔다. 그들은 길을 지나는 우리 일행에 대해서 긴장의 끈을 놓지 않았다(아마도 의심이나 감시였을 것이다). 그 때문에 나도 긴장했다.

일행이 접경지대의 세관에 도착하기 전이었다. 앞서가는 군용차와 함께 검문소를 넘어서 어떤 제재도 받지 않고 안으로 들어갔다. 뜻밖이었다. 강변으로 몬 차량에서 내리고 나서야 주변에 있던 군인들이 우리 일행을 차가운 시선으로 쳐다보고 있다는 것을 알아차렸다.

나는 차에서 내리기 전부터 소형 고프로(GoPro)로 사진을 꽤 찍어뒀다. 하지만 차에서 내린 뒤, 곧바로 촬영을 중단했다. 옌지(延吉)에서 온 동행인은 현지인이기 때문에 현장의 상황에 대해선 크게 긴장하지 않았다.

하지만 대만 출신 기자인 나는, 사진을 찍다 적발되면 감옥까지는 가지 않더라도, 찍었던 사진을 삭제당하거나 일행이 곤경에 처할 수 있다는 것을 이미 알고 있었다. 중국 정부의 블랙 리스트에 나의 이름이 올라갈 수도 있고, 훗날 다시 이곳에 왔다가 곤란한 일을 겪을지도 모를 일이었다. 이 때문에 나는 태연하게 시치미를 떼고, 강 건너편을 가리켰다. 전혀 사고 칠 생각이 없는 관광객인 양. 그리고 나서 잽싸게 차에 올랐다.

"여기서는 사진 못 찍고, 휴대폰은 전부 꺼내서 보여줘야 합니다!"

차를 후진시켰을 때, 경비병이 굳은 표정을 하고 우리가 탄 차를 향해 다가왔다. 앞자리에 탄 동행인은 사진을 삭제했다. 현지인은 고향 억양으로 말했다.

"사진 안 찍었습니다! 바이두 지도로 길을 찾고 있었어요."

대만 발음과 다른 중국 동북부 억양이었다. 나는 말을 아끼고 최대한 웃는 표정으로 경비를 쳐다보았다. 해방군 양반은 언짢은 표정으로 손을 내저으며 우리를 보내줬다.

일은 간단하지 않았다. 1킬로미터도 전진하지 못했다. 우리는 운 좋게 피했던 검문소로 돌아와야 했다. 중무장한 경비병이 차량의 창문을 내리라는 수신호를 보냈다. 그가 물었다.

"어디서 온 사람들이오?"

동행인들은 재차 현지 억양의 중국어로 답했다.

"옌지에서 왔습니다. 여긴 잠깐 들른 거예요."

경비병의 시선이 차 안을 훑었다.

"이곳에서 사진을 찍으면 안 됩니다. 소지한 휴대폰을 전부 꺼내십시오."

우리는 휴대폰을 넘겼다. 나는 고프로를 좌석 아래로 밀어 넣어 카메라를 숨겼다. 그리고 접경지대를 찍은 사진이 없는 휴대폰을 꺼내서 경비병에게 건넸다.

나는 아무렇지도 않은 표정을 지었다. 하지만 내 심장은 쿵쾅거렸다. 경비병은 고개를 숙이고, 우리의 휴대폰에 저장된 먹방 사진을 살폈다. 그다음 뒷좌석에 앉은 나를 다시 쳐다보았다(나는 다시 웃는 표정을 지었다). 병사의 눈빛은 강렬했다. 잠시 후, 경비병이 동료들에게 바리케이드를 치우라고 했다. 그렇게 우리는 풀려났다.

궁지에 빠진 탈북자

북한과 인접한 작은 마을은 평범한 농촌이었다. 하지만 여기서 몇 년간 살았던 동행인은 어렸을 때 탈북자들을 집에서 본 적이 있다고 했다. 그는 기억이 잘 나지 않지만, 낯선 사람이 자기 집에 머물렀다고 했다. 그 기간이 2~3일 정도였지만 말투가 현지의 조선족들과는 달라서 잊을 수 없었다고 했다.

조선족 동행인이 탈북자가 도움을 요청하면, 반드시 구원의 손길을 내밀어 동포를 도와야 한다고 강조했다.

탈북자들이 압록강 혹은 두만강을 넘어 중국으로 들어간 다음에 처음으로 찾는 곳은 이 같은 작은 농촌이다.

"접경지대에 사는 제 친척이 예전에 했던 말이 있어요. 양어장을 살피러 간 친척들이 물고기를 훔쳐 먹는 탈북자들을 본 적이 있었대요. 밤마다 칼을 베개 밑에 숨겨두고 나서야 편히 잘 수 있었다고까지 했어요."

옌지에서 성장한 다른 조선족 친구도 말했다.

"저도 접경지대의 농촌 지역에선 탈북자가 강도 살인을 한다더라 하는 얘길 들었어요. 무서웠어요."

물론 탈북자가 이렇게 잔인한 것은 아니다. 또 다른 조선족의 말을 들어 보자.

"탈북자들은 불쌍해요. 동포니까 도와야 해요."

인터뷰를 하면서 만난 대부분의 조선족들은 탈북자를 동정했다. 조선족 들이 만난 대부분의 탈북자들은 음식을 구하거나 도움을 요청했다.

천신만고 끝에 북한에서 도망친 탈북자들은 강을 넘기 전에 북한 경비병 의 감시를 피해야 하지만(걸리면 곧바로 사살당할 수도 있다) 중국 경내에 진입 한 뒤에는 중국 경찰에 적발되지 않아야 한다. 중국에서 체포되면 북한으로 송환되기 때문이다. 본국에서 탈북자는 정치범 수용소('교화소'라고도 함)에 수감되거나 아니면 총살당할 날만 기다리는 최악의 결말을 맞이할 것이다.

탈북자가 중국 경내에 들어온 뒤에는 몇 가지 루트가 선택지로 주어진 다. 먼저, 중국과 몽골의 국경을 넘는 것이다. 그가 몽골 경찰에게 체포되면, 몽골은 한국 정부에 그를 넘기는 방식으로 일을 처리한다. 다음으로, 중국과 여러 동남아 국가의 국경을 몰래 넘어가는 것이다. 그 뒤에 외국 대사관으로 달려가거나 현지 경찰에 체포되어, 한국 정부에게 처리가 맡겨진다(각국의 상황에 따라 처리방식이 달라진다). 마지막으로, 직접 중국 항구에서 출항하여 한국으로 밀입국하는 경우가 있다.

어느 방식이든지 위험하다. 중국 정부에 체포되면, 그것으로 삶을 마친 다고 해도 지나친 표현이 아니다.

오랜 기간 연변에서 교편을 잡은 교사가 전한 이야기다. 그는 국경도시 에 살면서 오토바이를 타고 두만강의 접경지대 근처를 돌아다니곤 했다. 그 때마다 북한 인민이 생명의 위험을 무릅쓰고 국경을 넘어 중국의 숲에 가서 산딸기를 따 먹는 모습을 보았다.

사실 북한 사람은 중국인을 좋아하지 않는다. 북한인이 보기에 중국은 사회주의를 배신한 나라이다. 그래서 중국 민간인이 건네준 음식을 받아먹은 북한 사람들은 뒤돌아서서 베푼 사람에게 욕설을 퍼붓고 돌을 던지기까지 한다. 사실 이런 상황은 드물지 않다.

북한으로 졸업여행을 가다

연변 거주민 중에는 일반인 신분으로 상상도 못 할 경험을 한 경우가 있었다. '북한으로 졸업여행'을 간 것이다.

한국에서 일하는 조선족 안 씨가 인터뷰하면서 밝힌 이야기다. 그녀는 초등학교를 졸업했을 때, 학교에서 북한 나선(羅先)164)으로 일주일간 여행을 갔다고 했다.

"북한 길거리에는 가는 곳마다 거지처럼 떠도는 어린애들이 정말 많았어요. 당시에 어땠는지 몰라도 지금 생각해 보면 정말 슬픈 광경이었어요."

사실 연변은 북한 주민이 일하러 오는 것이 허가된 곳이다. 몇몇 대형식당에서는 북한 공연단이 전통예술공연을 하기도 하고 일부 대형 양꼬치 체인점에서는 인공기 명찰을 단 직원을 볼 수도 있다. 하지만 그들은 눈에 띄지 않으려고 사진 촬영을 금지하고 있다.

연변자치주 관할의 투먼시에는 중국과 북한이 협력하는 공업단지가 있다. 이곳에서 일하는 모든 노동자는 북한 출신이었다. 현지 조선족이 밝히기로는 그들은 공업단지를 자유로이 벗어날 수 없다. 물론 일반인이 단지 안을 살피려고 해도 쉽지 않다.

그 밖에 연변의 사립과학기술대학에는 매 학기 10명을 넘지 않는 북한

---

164) 원문에서는 '나진(羅津, 북한에서는 '라진'이라고 부름)'이라고 표기되어 있었다. 하지만 이곳은 1993년에 선봉(先鋒)과 '나선(羅先, 북한에서는 '라선'이라고 부름)'이라는 이름으로 통합되어서, 함경북도에서 직할시로 분리 승격되었다. 이후 나선직할시는 2004~2010년 동안 함경북도의 특급시로 속해 있다가, 2010년에 특별시로 승격되어 오늘날에 이르고 있다.(위키피디아 참고)

교환학생이 유학을 온다. 연변대학 교수에 따르면, 학생들은 이곳에서 공부할 수 있지만, 북한 관리의 감시를 받는다. 이 대학 출신인 안 씨는 한 북한 교환학생이 그 학교의 한국 학생과 너무 친하게 지내서, 학업을 끝내지 못하고 북한으로 송환된 이야기를 들려줬다.

세상에서 북한과 가장 가까운 이곳에서는 살길을 찾으려는 탈북자 외에도 북한 병사까지도 무기를 들고 국경을 넘어서 적지 않은 소동이 벌어지기도 한다. 군인들도 북한에서 먹고살기 어렵기 때문에 이렇게까지 탈출하는 것이다. 만약 '운 좋게' 중국 경찰한테 사살당하면 더 이상 고통받지 않아도 된다. 북한으로 송환되어 목숨을 건진다면 그의 가족도 화를 당할 것이다.

중국 단둥(丹東)의 국경 철책. 강 건너 북한의 황금평이 손에 닿을 듯 가깝다.

5 북한·일본·러시아의 국경도시를 둘러보다
– 훈춘

중국 동북부의 겨울바람은 차가웠다. 나는 차에서 내려 빠르게 가게 안으로 들어갔다. 가게 입구에 '어린이 출입구'라는 한자와 키릴 문자가 한글과 함께 적혀 있었다. 문자만으로도 이 가게가 어떤 곳인지 확인할 수 있었다.

러시아 인형과 진한 초콜릿, 그리고 단 한 모금이면 몸을 덥힐 수 있는 보드카 등이 눈에 띄었다. 동유럽에 온 듯했다.

훤칠하게 생긴 남성 종업원이 다가왔다.

"안녕하세요, 궁금한 것이라도 있습니까?"

그는 러시아 상점의 한족(漢族) 주인인 위웨이(於偉)였다. 그는 유능하고 노련해 보였다. 그는 대만인인 나에게 훈춘(琿春)에 대해서 친절하게 설명해 주었다. 이곳이 세 나라가 국경을 맞댄 도시라는 특수성도 빼놓지 않았다.

동유럽의 축소판, 훈춘

연변조선족자치주에 있는 훈춘시는 여느 도시와는 다른 점이 있다. 그 위치가 중국·북한·러시아 3국의 경계 지대라는 것이다. 이 때문에 도시의 상점 간판들은 한국·중국·러시아 3개 국어로 표기되어 있다. 길거리에서는 때때로, 금색 머리에 푸른 눈의 러시아인도 볼 수 있었다. 이곳은 옌지(延吉)처럼 한족과 조선족이 섞여 살고 있었다. 길거리에는 러시아 양식의 건물도 있어서, 이국적인 분위기가 물씬 풍겼다.

러시아 상품을 전문적으로 취급하는 가게에는 쉴 새 없이 문을 열고 들어오는 사람이 있다. 그들은 물건을 주문하지 않고, 물건을 사곤 한다. 그래서 장사하는 데 별문제가 없다는 것을 알 수 있었다. 위웨이는 인터뷰를 하면서도 쉬지 않고 호객행위를 했다. 그는 이런 분주함을 상당히 즐기는 듯했다.

"5년 전에 장사를 시작하기 전에는요, 저처럼 대량 수입을 하는 상인이 없었어요. 기껏해야 보따리장수가 있었지요. 그런데 중·러 무역이 늘고 있어요. 앞으로 중국이 한국과 체결한 FTA 같은 걸 러시아와도 할 수도 있다고 생각해요. 러시아 상품도 한국 상품처럼 중국에서 유통이 이루어지겠죠."

위웨이는 자랑스러워했다. 그는 사업에 확신이라도 느끼는 듯했다. 그는 훈춘시가 중국 정부와 연계해서 추진한 관광업 개발 열차로 돈을 많이 벌었다.

훈춘 거리

훈춘에서 장사하려면, 규칙을 지켜야 해

화덕 위에서 소고기와 양고기 꼬치가 구워지고 있었다. 훈춘에서 태어나고 자란 조선족 최은학은 구운 달걀을 집어 먹었다. 그는 예전에 톈진(天津)으로 가서, 무역업에 종사하는 친구에게 영업 방법을 배운 후에 훈춘으로 돌아와 실력을 발휘하려고 준비 중이다. 이곳에서 수입한 북한·러시아·한국의 물건들을 중국의 여러 지역에 팔려고 한다.

이곳에서 장사를 하려면 몇 가지 규칙을 지켜야 한다. 예를 들면, 한국을 갔다 온 사람은 북한 노선을 이용할 수 없다, 북한에 가서 물건을 사오는 전문 요원도 세관 개폐 시간을 반드시 지켜야 한다, 등이 그것이다.

"요즘에는 상대적으로 자주 개관하지는 않아요. 제 친구가 토요일에 갔는데, 일요일에 세관이 열려서 돌아올 수 있었어요. 근데 이번에는 그러지 못했어요. 그래서 일주일 뒤에야 돌아올 수 있었어요."

북한은 지구상에서 가장 폐쇄된 나라라는 이미지를 갖고 있지만, 국경 도시 훈춘은 그것과는 다를지도 모른다. 사람들은 북한을 미지의 나라라고 여기면서도 이곳과 북한의 거리가 다른 지방만큼 멀리 있지 않다고 느낄 수 있다.

역사 교과서에서 나오는 작은 도시

조선족 최홍수 씨는 수줍음이 많았다. 그가 머리카락을 쓸어 넘기며 웃음기 가득한 얼굴로 말을 걸었다.

"어땠어요? 음식은 맛있었나요?"

최홍수가 일본에서 장사를 배우고 훈춘으로 돌아와서 양꼬치집을 개업한 지 두 해가 지났다. 장사는 잘되었다.

일본에서 연수를 마친 최홍수 씨는 일본 요리 전문점을 어렵게 열었다. 그보다 몇 년 전에 이미 훈춘에서 일본라멘집을 개업한 사람이 있었지만, 손님이 적어 얼마 안 가 문을 닫았다.

"훈춘에서는 일본과 관련 있는 장사를 하기가 어려워요. 그래서 전 모두가 좋아하는 양꼬치집을 열었죠. 훈춘이 예전부터 많은 곳이 있다고 하지만, 전 여기가 날마다 정말 많은 사람들이 찾아와서 좋아요. 장사가 번창하는 편이거든요. 내년에는 가게를 더 내려고요.”

“훈춘은 앞으로 더 큰 관광도시가 될 것 같아요. 특히 '팡촨(防川)' 쪽은 세 나라의 특성이 들어오는 곳이에요. 많은 관광객을 유치할 수 있다고요.”

최홍수가 말한 '팡촨'은 동해(東海)[165]를 마주 보고 있는 해안가 마을이다. 팡촨의 왼쪽은 러시아의 보드고르나야(Bodgornaya)라는 작은 마을과 접하고, 오른쪽은 북한의 두만강[166]과 접한다. 그렇게 양쪽에 러시아와 북한을 낀 이곳은 중국의 땅이다. 역사적으로 '닭이 울면 세 나라가 듣고, 개가 짖으면 세 지역이 놀란다'는 묘사는 방천의 지리적 특수성을 보여준다.

훈춘이 세 나라의 국경이 만나는 곳이라는 사실은 역사적으로 조금 알려졌다. 중국 청나라 시절, 제정 러시아의 철기병이 성 아래까지 쳐들어왔다. 제정 러시아는 청나라에게 조약 체결을 통해 국경을 조정할 것을 강요했다. 그 결과, 청나라는 적지 않은 영토를 상실했다.[167] 당시의 러시아는 영토에 대한 야심 외에도, 청나라가 중국 동북부 지역에서 쓸 수 있는 항구를 없애려는 것이 주목적이었다. 러시아는 바다로 진출하려면, 다롄(大連)과 푸순(撫順) 같은 항구로 되돌아가야 했기 때문이다.

---

165) 원문에는 '일본해(日本海)'라고 되어 있다. 잘못된 명칭이므로 '동해'로 바로잡았다.

166) 원문에는 '두만강시(豆滿江市)'라고 되었지만, 확인 결과 북한에는 해당 지명을 가진 행정구역이 없었다. 두만강은 북한의 나선특별시와 중국의 연변조선족자치주 등과 접하고 있다.(위키피디아 참고)

167) 원문에는 "그중 하나인 '중·러 훈춘동계약'도 청나라가 적지 않은 영토를 상실하게 만들었다(其中一條'中俄琿春東界約'也淸朝喪失了不少土地)"라고 되어 있다. 하지만 다음과 같은 내용을 확인하고, 이를 본문에 반영했다. 그것은 바로, 중국 청나라가 러시아에 의해 영토를 상실하게 된 조약은 헤이룽장성(黑龍江省) 이북 지역을 러시아에 내준 1858년 아이훈조약(愛琿條約)과 더불어, 이 조약으로 중·러 공동관리 구역이 된 연해주 전역을 안전히 러시아 영토로 굳힌 1960년 북경조약(北京條約)이었다. 그리고 '훈춘동계약'은 청나라 측에서, 동해 연안 지역에 세워진 경계비 혹은 토자비(土字碑)의 위치가 잘못되었음을 확인하고 재조정한 것이었다. 이를 통해서 청나라는 영토를 일부 돌려받은 동시에 동해와 다소 가까워지게 되었다.(조성찬, 「중국 훈춘시 방천에서 바라본 북중러 경제공동체 형성 움직임 - 공동 관광자원(commons)에 기초한 두만강지역 1구 3국 공동관리 모델 실험중」,《통일뉴스》, 2019. 3. 19. 및 예영준, 「특파원 현지보고: 북·중·러 국경도시 훈춘을 가다 - '한 뼘의 땅'에서 막힌 중국의 꿈」,《월간중앙》201407호(통권 463호), 2014. 06. 17.)

오늘날 훈춘에서 멀리 떨어지지 않은 곳에 블라디보스토크(Vladivostok)가 있다. 이곳은 러시아 극동 지방의 최대 도시로서 러시아 태평양 함대의 핵심 거점이다. 따라서 러시아는 중국이 이 지역에서 힘을 과시하는 것을 강력하게 견제하고 있다.

그 외에도 훈춘은 중요한 전략적 가치를 지닌 곳이다. 중국은 최근에도 '일대일로(一帶一路)'[168] 등과 같은 대규모 전략을 추진하고 있다. 접경지대의 경제합작구역 지정 방식을 통해 훈춘이 중국 동북부의 주요 무역통상 거점으로 발전하기를 바라는 것이다. 그 결과 철도와 고속도로 같은 갖가지 인프라 건설을 적극적으로 추진하고 있다.

이외에 만주국 시절의 일본도 이곳을 군사적 요충지로 주목했다. 20세기 초부터 일본은 중국 땅을 병탄하면서 중국 동북부에서의 야욕을 드러냈다. 1931년 만주사변 이후, 일본은 남만주철로를 보호한다는 명목으로 선양(瀋陽)을 점령하고 몇 년 후 만주국을 세워 중국 동북부 전역을 차지했다.

1932년 일본은 훈춘철로공사를 설립했다. 이곳은 지역 철도의 관리를 책임진 곳으로, 1938년 만주산업에 인수된 뒤에 동만주철도로 개명했다. 이곳에서 철로를 762㎜의 표준 레일로 바꾸었다. 이는 당시 아시아 최고이자 선진적인 철도 중 하나였다.

---

168) 중국 시진핑 정부가 2013년에 처음으로 제안한 '육·해상 신(新) 실크로드 구상'을 바탕으로, 이듬해부터 추진하고 있는 경제·외교 프로젝트이다. 이것의 핵심은 내부적으로는 지역 간 불균형의 해소 및 내수시장의 확대, 외부적으로는 철도와 해로를 통해 아시아·중동·유럽·아프리카를 잇는 거점의 마련을 통한 중국의 경제영토 확장 및 안정적인 경제 성장의 동력과 에너지 공급망을 확보하는 데 있다.(네이버 지식백과, 자세한 것은 이지용, 「'일대일로(一帶一路)'와 중국의 21세기 세계전략 형성」,《국가안보와 전략》제15권 제3호, 2015. 및 허흥호, 「중국의 '일대일로(一帶一路)' 구상과 전략: 발전과 한계」,《한국콘텐츠학회논문지》, 제19권 제7호, 2019. 7. 참고.)

러시아인이 여름을 보내는 곳

"매년 여름, 러시아인들이 관광버스를 빌려서 이곳으로 여행을 와요."

연변대학의 러시아 학생 제럴드(Gerald)가 말했다. 그는 훈춘에 몇 차례 가봤고, 그때마다 러시아로 돌아간 듯한 느낌을 받아서 친근감을 느꼈다고 했다. 그는 훈춘에서 특별한 풍경 하나를 꼽았다.

"처음 훈춘에 갔을 때, 아시아 사람의 얼굴을 한 사람을 여러 번 봤어요. 그들이 러시아어를 유창하게 구사해서 놀랐죠."

연변조선족자치주에서는 옌지처럼 조선족과 한족이 섞여 사는 곳이 있다. 한편 국경지대의 작은 농촌에는 일반 도시에서 찾아보기 힘든 풍경이 적잖게 있다. 이 지역 사람들은 외부에서는 떠올리기 어려운 생활방식을 발전시키기도 했다(예를 들면, 북한과 러시아에 가서 무역 활동을 하는 것 등). 그렇게 세 나라의 국경이 맞물린 중국의 이 작은 마을은 자신만의 독특한 점을 갖게 되었다.

6 하느님도 들어오기 힘든 곳

북한과 중국은 종교의 자유를 실질적으로 허락하지 않는 공산주의 국가이다. 두 나라 정부는 인민의 종교 또는 신에 대한 경배를 제한하고 있다. 주된 원인은 공산당보다 더 큰 조직이 있다는 것이 정권의 유지에 장애가 된다는 것이다. 이 때문에 양국은 종교의 발전을 사력을 다해 막고 있다.

반면에 한국은 정치적 체제가 다를 뿐 아니라, 기독교가 널리 퍼져나갈 수 있었던 역사적 맥락이 있어서 정치 및 경제계에도 종교가 뿌리를 깊게 내렸다. 그렇다면, 한국인과 같은 민족인 연변의 조선족은 서양에서 전래된 기독교(여기에서는 천주교와 개신교를 모두 포함한 개념으로 칭하겠다)를 어떻게 대할까? 또한 기독교는 중국과 북한의 접경지대인 연변에서 어떻게 발전했을까?

종교에 민감한 국경도시

나는 옌지(延吉)에서 택시를 탔다. 택시 기사가 틀어놓은 민요를 들으면서, 창밖에 비친 국경도시의 아침 풍경을 바라보았다. 택시는 어느새 도시를 벗어나서 작은 동네에 도착했다. 나는 약속 장소에서 한참을 기다렸다. 잠시후, 한국에서 유행하는 숏컷 머리를 한 여성이 다가왔다.

"안녕하세요! 오래 기다리셨죠?"

한국에서 알고 지낸 조선족이 내게 소개해 준 연 씨였다. 그녀는 몇 년 전에 믿기 시작한 기독교의 교회를 내게 보여주었다. 나는 조선족과 기독교의 관계를 좀 더 이해할 수 있었다.

우리는 걸으면서 서로의 안부를 물었다. 그녀가 다니는 교회에 다다랐다. 어린 시절에 어머니와 교회를 다닌 내게 기독교 예배는 낯설지 않았다.

그런데 중국은 종교에 대한 제재가 엄격한 곳이라서 교회 방문은 처음이었다. 교회 안에 들어갔다. 사람들은 열정적이었고 자신의 모습을 숨기려고도 하지 않았다. 그들은 찬송가를 열정적으로 불렀고 경건하게 기도했다.

나는 그들의 모습을 카메라로 찍으려고 했다. 목사는 내게 미안하다고 했다. 그는 교회 활동이 언론에 밝혀지기를 원하지 않고 주목받고 싶지 않다고 했다.

"중국 정부는 종교에 민감해요. 게다가 이곳 연변은 접경지대다 보니, 훨씬 더 예민하죠."

옌지에서 소규모 디자인 스튜디오를 오픈한 조선족 김 씨가 진지하게 말했다.

"우리 교회는 압류당하기도 했습니다. 우리 쪽에서 문제가 있었기 때문이 아니라 저들(중국 정부) 쪽에서 소통이 안 되었기 때문이지요. 몇 개월 동안이나 폐쇄되었습니다. 우리 같은 가정식 교회는 삼자교회(三自敎會)[169]하고 다릅니다. 그들은 중국 정부와 관계 유지를 잘하고 있어서 억압당하지 않습니다. 하지만 우리는 압력을 크게 받고 있어요."

연변에 오기 전 나는 조선족과 한국인은 모두 기독교를 믿는 비중이 클 것으로 생각했다. 하지만 연 씨와 김 씨와 이야기를 나눈 후 기독교도가 생각보다 많지 않다는 것을 알게 되었다. 김 씨가 말했다.

"우리 교회는 작은 동네에 있습니다만, 지역 사회의 사람들이 교회의 존재를 알지는 못합니다. 쉽게 말해서, 주님을 믿는 사람과 그렇지 않은 사람과의 생활권이 어느 정도 분리되어 있습니다."

---

169) 삼자교회 혹은 삼자애국교회(三自愛國敎會)는 일반적으로, 중국 정부가 인가한 '자치·자양·자전(自治·自養·自傳)'의 교회를 의미한다. 여기서 자치는 외국의 종교 단체(로마 천주교 및 동방정교회 등)로부터의 독립을 말한다. 자양은 외국 정부재단의 자금 지원으로부터의 독립이다. 자전은 본국에서 전도인의 선교 및 교리의 독자 해석을 명분으로 함을 의미한다. 달리 말해서, 삼자교회는 중국 정부의 통제를 받는 종교적 조직인 것이다.(원문 주)

기독교는 사기꾼 집단이라고? 사는 곳마다 다른 조선족의 태도

내 생각에, 중국의 다른 지역이나 외국에 다녀온 조선족과 연변 현지에서 줄곧 살아온 사람은 기독교를 대하는 태도가 달랐다. 기독교는 연변 현지의 조선족들에게는 부정적인 이미지가 강한 종교이다.

한번은 내가 친구에게 안부를 물으면서 기독교라는 종교가 배경인 연변과대로 인터뷰하러 가야 한다고 한 적이 있었다. 그는 '왜 그런데 가요? 연변과대 사람들은 하나같이 극단적인데'라는 식의 반응을 보였다.

어떤 조선족 친구는 이렇게 말하기도 했다.

"기독교를 믿으면 월급 일부를 상납해야 하는 거 아닌가요? 근본적으로 사기 집단이잖아요."

적지 않은 조선족과 인터뷰를 하면서 나는 중국 정부가 선전한 종교의 부정적인 이미지가 그들의 뇌리에 깊이 박혔다는 것을 확인할 수 있었다. 중국 정부에 반감을 갖게 되어 외국으로 이민을 가고 싶어 하는 조선족 친구가 있었다. 그런데 종교 얘기만 나오면 그의 태도는 180도 바뀌어 중국 정부와 같은 입장에 섰다. 그는 종교를 인민의 아편이라고 여기면서 상당히 못마땅해했다.

나의 조선족 친구 중에는 미국에서 성장했기에 기독교에 우호적인 태도를 갖고 있는 사람이 있었다. 그에게 기독교란 세상에 있는 종교 중 하나였다. 그래서인가, 그는 기독교를 좋지 않게 여기는 연변 현지인과는 달랐다.

나는 연변에 가기 전에 한국에서 조선족 유학생을 인터뷰하기도 했다. 그중 한 명인 안 씨는 연변의 기독교도였다. 그녀가 기독교를 믿게 된 배경을 이야기했을 때, 나는 연변에 있는 한 사립대학이 얼마나 특별한 곳인가를 알게 되었다.

"제가 대학에서 배운 건, 기독교 선교를 배경으로 하는 학교라는 거였어요. 그 학교의 원래 이름은 '고려대학'(서울의 고려대학이 아니다)이었는데요.

나중에 중국만의 '정치적 올바름' 문제 때문에 중국 정부가 학교 쪽에 개명을 요구했어요. 그래서 학교 이름이 '연변대학과학기술학원'(연변과대)으로 바뀐 겁니다. 그 학교의 운영 자금은 대부분 전 세계의 기독교도가 기부한 거예요. 그 자금으로 학업을 중단한 조선족을 돕는 게 과기대의 주된 사업이에요. 그들이 좋은 기술을 배워서, 훗날 사회에 나가 자급자족할 수 있게 돕는 거기도 해요."

안 씨는 자신의 모교를 은근히 자랑스러워했다. 나아가 그녀는 자신이 기독교의 은혜를 입은 만큼, 자신은 앞으로 그런 방식으로 사회에 환원하겠다고 했다.

북한 정권을 움직이게 한 총장

내가 안 씨의 교회에 갔을 때였다. 인터뷰를 한 몇몇 사람이 자신이 연변과대 졸업생이라고 했다. 연변이라는 명칭을 붙인 이 학교는 중국 정부가 세운 대학과 달리 사립대학이었다. 이 사립학교는 한국계 미국인인 김진경 선생이 세웠다.

김진경 선생은 1990년대에 자금을 모아 쌀과 소 등의 물품을 구입해 북한으로 보냈다. 선생은 북한 현지에 목장까지 만들었다. 그는 북한의 곤궁한 민중을 도우려고 했다.

그런데 여기에 쓰인 자금이 주로 한국과 미국의 기독교 관련 단체에서 조달되었기 때문인지 김진경 선생은 북한 정부로부터 한국이나 미국에서 보낸 스파이리는 의심을 받고 40여 일 구금되었다. 선생은 유언장을 쓰고 나서야 죽음을 받아들일 준비를 마칠 수 있었다.

그런데 무슨 이유 때문인지, 김정일 당시 북한 지도자가 김진경 선생을 석방했다. 게다가 김진경 선생이 연변으로 돌아온 지 몇 년 후, 김정일은 김진경 선생을 평양으로 초청해서 연변과대와 같은 국제학교를 짓게 했다(그

것이 평양과기대이다). 그렇게 김진경 선생은 평양에 학교를 만든 최초의 외국인이 되었다.

한국 기독교의 비밀스러운 행동

한국의 적지 않은 기독교 관련 단체들은 일반적인 선교 활동을 펼치는 것 외에도, 단체의 일부 인사가 북한에 들어가 탈북자를 돕거나 중국 연변 지역에서 다양한 방식으로 동포를 돕는 활동을 하기도 한다. 그런데 중국이나 북한처럼 종교 활동을 억제하는 나라의 경우라면, 그와 비슷한 활동을 진행하기 위해선 상당한 위험부담을 감수해야 한다.

중국어와 한국어에 능숙한 연변대학 졸업생 대니(Danny)가 이런 말을 한 적이 있다. 그가 연변에서 일할 때, 한국에서 온 어느 교회 인사의 도움을 받아서 한국행 비행기 티켓을 끊었다. 그 교회 인사는 대니가 한국에 있을 때, 한 장소에서 '특수도서'를 연구하게 했다. 그리고 대니가 연변으로 돌아와서 자기 일을 도와주기를 바랐다. 대니는 이를 승낙하고 한국에 왔지만, 후에 두려움 때문에 끝내 그 기회를 포기했다고 했다.

연변이라는 국경도시에서는 중국 정부가 인가한 삼자교회 말고는 다른 여러 교회의 활동이 저조하다. 현지의 조선족들은 교회에 대해서 별다른 관심이 없다. 그런데 한반도의 한국에서는 이와는 전혀 다른 광경이 펼쳐진다. 한편 북한에서는 또 다른 이야기가 펼쳐진다.

7 한류의 1차 정보를 접수하다
- 다른 케이팝(K-POP)을 하다

"좋다. 각자 최애 포즈를 취해 봐. 오버해도 돼."

연변대학의 스트리트 댄스 클럽의 학생 8~9명이 이해림의 지시에 따라, 각자 마음에 가장 드는 자세를 취했다. 그리고 멋진 춤이 완성되었다.

크고 초롱초롱한 눈을 가진 조선족 댄서 이해림은 연변의 유명한 댄스 크루 '고릴라(Gorilla)'의 리더이다. 그는 경력이 10년이 넘은 만큼, 크고 작은 대회에서 트로피를 휩쓸었다. 나아가 그는 한국 방송국에 초청되어 한국의 유명한 연예인 강호동이 MC를 맡고 있던 예능프로그램에 출연하기도 했다.[170] 이해림은 연변에서 유명인에 가까웠다. 이 때문에 그의 댄스 크루는 연변에서 '연변 빅뱅(Big Bang)'이라는 칭호를 갖게 되었다.

한류, 연변을 습격하다

이해림을 인터뷰하기 전이었다. 그는 날 데리고 그들이 만든 댄스 연습실을 구경시켜 주었다. 연습실은 옌지시(延吉市) 번화가의 복합상가 안에 있었다.

일행이 방문한 곳은 이해림이 유명해지기 전에 그가 담당 트레이너로 활동한 예술학원이었다. 계단을 올라갔다. 명태 말린 북어 냄새가 났다. 계단 사이의 전등은 오래되고 방치된 탓에 불이 밝지 않았다. 계단 모퉁이를 돌 때마다, 담배꽁초와 쓰레기가 눈에 띄었다. 일반적으로 상상할 수 있는 '한류'의 댄스 트레이닝 센터와는 차이가 있었다.

---

170) 확인 결과, 해당 프로그램은 SBS의 〈놀라운 대회 스타킹〉이었다. 이해림은 2014년 7월 26일 방영된 376회에 출연했다.

건물의 4층은 음악과 보컬 트레이닝을 하는 학원이었다. 5·6층의 댄스 연습실에서 이해림과 그의 제자와 동료들이 날마다 땀을 쏟았다. 이곳은 한국의 엔터테인먼트 기획사와는 규모의 차이가 컸다. 하지만 필요 장비는 빠짐없이 구비하고 있는 듯했다.

이해림에 따르면, 연변에는 춤을 가르치는 전문 교실이 적지 않지만, 대형 실내 공연장은 찾기 어려웠다. 이 때문에 그는 연습실의 건물주와 상의한 뒤, 자신의 통장을 깨고 달포가량의 시간을 쏟아부었다. 그는 칸막이가 세워진 교실을 헐어내고서 직접 리모델링을 했다. 연변 최초의 규모를 갖춘 공연장을 만들고 싶었기 때문이다.

조선족의 고집: "스트리트 댄스, 그저 유행만 좇는 게 아냐!"

이해림을 인터뷰할 때였다. 얼마나 그가 춤에 진심인지, 그의 말투와 표정에서 여실히 드러났다. 10년 전 그가 춤을 추기 시작한 후로 연변에서 유명해지기까지, 그는 후베이성(湖北省)에서의 공연을 가장 자랑스러워했다.

"중국에는 조선족만 스트리트 댄스를 추지는 않아요. 베이징과 상하이의 크루도 실력이 만만치 않아요. 우리는 긴장했어요. 그때 우리는 '민속 댄스'를 창작했어요. 조선족의 전통 복장을 하고 안무에 조선족다운 요소도 넣어서 무대에 올렸어요. 그리고 모두의 사랑을 받게 되었죠."

이해림은 쑥스러운지 웃었다.

"나중에 CCTV(중국 중앙 텔레비전)도 우릴 찾아와서 〈뛰어난 중국인(出彩中國人)〉을 찍었어요. 방송되지는 않았지만요."

중국에서 조선족 얘기만 나오면 사람들은 '조선족은 노래 잘하고 춤 잘 추는 민족'이란 이미지를 쉽게 떠올렸다. 나는 궁금해졌다.

"그렇다면 중국에는 스트리트 댄스를 추거나 유행가를 부르는 사람이 많다는 거잖아요. 그럼 조선족은 어떤 점이 특별한 건가요?"

이해림은 잠시 생각에 잠겼다.

"중국의 다른 지역과 비교해 보면, 연변 최대의 강점은 한국에서 오는 1차 정보를 접수한다는 거예요. 최신의 것을 가장 빠르게요. 그래서 우리 팀은 스트리트 댄스 관련 정보를 다른 곳보다 빨리 업데이트하거든요."

이해림은 의기양양했다.

"하지만 우리 조선족은 노는 데 너무 빠지는 거 같아요. 그래서 댄스 트레이닝을 성의 없게 해서 아쉬울 때가 있어요."

이해림은 화제를 바꿨다.

"최근에 케이팝 댄스를 배우려는 사람이 많아지기 시작했어요. 그런데 그들은 스트리트 댄스가 뭔지 전혀 몰라요. 12살밖에 안 된 학생이 있었어요. 시키는 대로 하는 아이였어요. 집에서 연습하라 하면 그대로 따르는 아이였어요. 한눈팔지 않고 연습만 했죠. 그 아이는 큰 대회에 나가 두 차례나 우승했어요. 그중 하나는 성인부 대회였어요. 상장을 가지고 돌아온 그 아이를 보고 주변에서 놀라워하고 얼떨떨해했어요. 저는 그 아이가 연습벌레인 것을 보고 관심을 쏟아부어서 결실을 맺었다는 사실을 확인했어요."

"지금 스트리트 댄스를 배우는 조선족은 한국 엔터테인먼트사의 연습생이 돼서 한류를 이끄는 구성원이 되고 싶어 해요."

이해림은 한바탕 웃었다.

"한국에서도 저를 그룹에 넣고 싶어 하지만, 저는 이곳을 떠나고 싶지 않아요. 여기야말로 제 스타일을 펼칠 수 있기 때문이에요. 전 여기서 다음 세대의 어린 친구들에게 어떤 스트리트 댄스를 가르칠지 생각하고 있어요. 유행민 좇는 게 이니리 완벽히게 배워야죠. 그래아 연변의 스트리트 댄스가 규모를 갖출 수 있어요."

이해림만 이런 생각을 가진 게 아니었다.

연변의 유행 산업을 만들다

유행하는 옷차림을 한 조선족 이진우의 말에서는 그의 야심과 연변에 대한 기대가 무심결에 드러났다. 그는 이해림처럼 연변의 유행 산업 체계를 만들기 위해 자신의 모든 재산을 조만간 문을 열 JN 댄스 교실에 쏟아부었다.

이진우는 스트리트 댄스를 배우려는 사람이 연변에 적지 않지만, 모두가 전문적으로 배울 시스템이 없다고 판단했다. 그는 6년간 종사했던 무역상 일을 그만두고 연길로 돌아왔다. 그는 한국에서 이효리와 비(본명 정지훈) 같은 슈퍼스타의 백댄서로 일한 적이 있는 춤꾼들도 몇 사람 모았다. 그는 뜻이 맞는 친구들과 함께 연변의 스트리트 댄스계를 반듯하게 정비하고 싶었다.

"제가 무역업에 종사하고 있을 때였어요. 춤추던 시절이 가장 재미있었다는 걸 깨달았어요."

이진우는 크게 웃었다.

"몇 가지 사업 기회를 만들려고 했어요. 지금 연변에서는 댄스 교실이 적잖지만, 규모 있는 시스템을 찾아가기 어려워요. 중국 정부가 댄스를 학교 진학 시험 가산점 항목에 정식으로 넣어서, 더 많은 사람들이 스트리트 댄스를 배우려 합니다. 지금이야말로 사업에 뛰어들 적기지요."

조선족 댄서들은 인터뷰에서 연변의 스트리트 댄스는 손가락질을 받는다고 말했다. 배우는 사람이 불량 청소년이라는 인식 외에도, 전업 댄서의 수입이 보잘것없기 때문이다.

이해림은 연변의 댄스계에 돌아왔을 때 상점 개업식의 공연 무대에 오르기도 했다. 출연료는 1인당 100~200위안이었고, 대여섯 명이 출연하면 500위안[171] 정도였다. 어떤 때에는 한 달 동안 공연을 한 번도 하지 못하기도 했다. 생활비도 벌지 못하던 시절이었다. 이 때문에 연변에서 춤추는 사람은 일

---

171) 이 책이 발간된 2018년 평균 환율로 보자면, 100~200위안은 한화 약 1만 7천~3만 3천원, 500
   위안은 8만 3천 원 정도다.

반적으로 대학 댄스부에 가거나 낮에는 일하고 밤에는 춤추는 올빼미족으로 살아간다고 한다. 그들의 삶은 열악하고 고단했다.

"춤만으론 먹고살 수 없어요!"

눈부시고 화려한 레이저 불빛에 더해서, 드라이아이스가 뿜어져 나오는 무대였다. 댄서들이 1980년대와 한류 1세대 스트리트 댄스의 원조인 H.O.T의 의상을 입고 질서정연하게 몸을 흔들며 멋들어진 모습으로 관중들과 함께 호흡했다.

위의 장면이 펼쳐진 이곳은 옌지의 클럽이지만 일반적인 술집과는 다른 곳이었다. 이곳에서는 날마다 강렬한 리듬 속에서 가무공연이 펼쳐졌다. 조선족 '김휘'는 여자 친구와 이곳에서 공연한다. 그는 낮에는 법원에서 수사관으로 근무하고, 밤에는 화려한 무대 의상을 입고 춤추면서 관객의 박수갈채를 받는다.

"춤추는 일은 부업이에요. 전 춤으로 먹고살 생각은 없어요. 그저 춤추기를 좋아하고 흥미가 있을 뿐이에요."

김휘는 쑥스러운지 머리를 긁적였다. 무대 위에서 매력을 발산할 때와는 전혀 다른 모습이었다. 그는 1년 전쯤 선배와 댄스팀을 짜서 이곳에서 춤을 춘다고 했다. 그는 아무리 재미있어도 직업적인 춤꾼으로 살아가기는 어렵다는 것을 알고 있었다.

연변이 한국의 유행을 가장 먼저 받아들이더라도 이곳의 팝 엔터테인먼트 산업은 한국처럼 완비된 연습생 제도가 없다. 댄스 그룹이 공연해야 할 대형 기획사도 없다.

그 때문인지 연예인을 꿈꾸는 연변의 젊은이들이 전업 댄서가 되는 길이 매우 어렵다고 했다. 그들은 옌지처럼 지리적 조건과 시설의 제약이 있는 곳에서 한국 연예계로 건너가면, 더 많은 난관을 헤쳐 나가야만 한다고 여겼다.

8 협동작전의 혈맹관계
- 말 잘 듣는 소수민족

"자, 건배!"

케이팝(K-POP) 음악이 작은 술집을 뜨겁게 달궜다. 방문이 반쯤 열린 방의 식탁 위에는 명태와 연변 특산품인 '빙천구도(冰川九度)' 맥주병이 수북이 놓여 있었다. 식탁 가장자리와 재떨이 쪽에는 견과류 껍데기가 흩뿌려져 있었다. 식탁 위에는 '장백산(長白山)'이란 담배도 몇 갑 있었다. 술자리는 서로 놀리며 한담하느라 와자지껄했다. 잔이 세 순배 정도 돌았다. 대화 주제가 진지한 정치 이야기로 바뀌었다.

대만 출신인 나는 중국의 소수민족과 관련해서 신장위구르자치구(新疆維吾爾自治區)[172]와 시짱자치구(西藏自治區, 티베트)[173] 지역의 상황이 가장 인

---

172) 신장 지역의 주요 민족인 위구르족(Uyghur, 維吾爾族)은 18세기에 중국 청나라에 정복되었으나, 10세기에 이슬람교를 수용했기에 쉽게 융화되지 않은 채로 갈등과 반란 및 저항을 멈추지 않았다. 그러던 차에 1911년 신해혁명(辛亥革命)을 계기로 중국의 지배력 및 통제력이 약화되었지만, 중국 국민당과 서북지역의 군벌 및 주변국들과의 이해관계 속에서 분열을 반복했다. 그 와중에 국공내전으로 대표되는 중국 본토에서의 알력을 틈타, 1933~1934년과 1944~1949년의 두 기간 동안 동투르키스탄(East Turkistan)이라는 독자적인 정부를 수립했다. 그런데 중국 공산당이 1949년에 국공내전의 최종 승자가 되자, 동투르키스탄이 중화인민공화국과의 병합을 선언하고부터, 신장 지역은 신장위구르자치구라는 이름으로 오늘날에 이르고 있다. 여기까지의 역사적 경위에 더해서, 오늘날의 이 지역은 풍부한 지하자원과 중국 주변국과의 이해관계 및 그곳의 빈부격차 문제와 이슬람 근본주의의 유입 등을 비롯한 온갖 복잡한 문제들이 얽혀있다. 이것 때문에 오늘날에도, 이 지역을 매개로 위구르족의 격렬한 독립운동 내지는 저항과 중국 정부의 초초강경 진압 및 통제라는 악순환이 반복되고 있다.(위키피디아 및 임주리, 「핍박받는 中 2등시민의 눈물… 美, 대륙의 화약ュ 선드리다」, 《중앙일보》, 2018. 11. 23.)

173) 티베트는 18세기 초에 중국 청나라에 복속되었다가, 1912년, 신해혁명이 있고 나서 중국에서 분리되어 실질적인 독립국으로 자리매김하고 있었다. 그러나 1950년에 중국 인민해방군에 의해 점령된 다음, 이듬해 17조협의(十七條協議)를 체결해서 완전히 중국에 합병되었다. 티베트의 수장이자 불교 지도자인 제14대 달라이라마(텐진 갸초)는 1959년에 인도 다람살라(Dharamsala)로 피신해서, 망명 정부를 수립하고 중국에 대한 저항을 이어가고 있다.(위키피디아 참고)
티베트에 대해 좀 더 깊이 알아보고 싶으면, 젯슨 퍼마, 김은정 역, 『달라이 라마 이야기』, 자작, 2000. 및 하인리히 하러, 한영탁 역, 『티베트에서의 7년』, 수문출판사, 1989. 등을 참고하면 된다.

상적이었다.

예를 들면, 중국인이 현지의 문화를 잠식하고 있다는 것, 칭짱(靑藏)철로로 군대를 더 편하게 수송하는 한편, 대규모의 중국인을 계획적으로 이주시킨 결과, 지역의 풍토와 풍습 등이 바뀌고 있다는 것 등이 그러했다. 이 때문에 나는 중국이 소수민족한테 선의를 품고 있지 않으며, 중국과 소수민족 쌍방 간에 대립과 충돌도 빚어진다고 생각했었다(이를테면 동투르키스탄 문제 및 티베트 독립운동).

그런데 북한과 인접한 이곳 조선족자치구에서는 뭔가 상당히 다른 느낌이 들었다. 그것은 이번 취재 대상을 살펴본 뒤에 깨달은 것이었다. 거의 모든 조선족들은 중국 공산당 정권에 대해서 대놓고 긍정하고 있었다. 하지만 중국 정부에게 억압받는 소수민족이 있다면, 그 소수민족은 피해를 입었다고 느낄 것이다.

조선족의 국가 인식: 어디가 조국인가?

조선족들은 술을 좋아하고 그들이 있는 곳은 와자지껄하다. 내가 연변에서 취재할 때 저녁이 되면 다양한 술집에서 식사를 했다. 대개는 현지인이 주인인 술집에 갔기 때문에 다른 의견을 듣기가 쉽지 않았다. 나중에는 연변에 있는 외국인을 인터뷰하기 위해서, 일부러 한국인이 운영하는 술집에 갔다. 그제야 일부 외부인이 연변에 대해 어떻게 생각하는지를 듣게 되었다.

술자리에는 조선족 친구들 외에도 외국인 유학생이 두 명 있었다. 그들의 중국어와 한국어는 유창했다. 나는 조선족 친구의 반응이 궁금해서, 예민하지 않은 문제를 몇 가지 물어본 뒤에 가정형 질문을 던졌다.

"만약 한국이 지금 당장 통일되었다 쳐. 그 한국은 조선족이 '조국'으로 돌아오길 바라. 그럼, 너희는 돌아갈래?"

조선족 친구들 중 한 명이 격하게 반응했다.

"무슨 소리야. 난 중국인이야! 내 집이 여기인데, 거긴 왜 가?"

며칠 동안 연변에서 취재를 이어 나간 뒤, 난 이런 답변이 나와도 놀라지 않았다.

위의 이야기가 끝났을 때였다. 옆에 있던 한 사람이 대화에 끼어들었다. 중국 연예계에서 유명한 조선족 계 씨였다. 그가 한마디 했다.

"나는 공산당이 싫어."

나는 그 이유가 궁금했다.

'다른 생각을 가진 사람도 있구나.'

나중에 계 씨와 진지하게 대화를 나눌 수 있었다. 그가 왜 중국 정부에 반감이 있는지를 알았다. 사회적 제도와 내부 자원에서의 불평등 문제는 조선족이 현지에서 받고 있는 대우와는 직접적인 관계가 없다. 계 씨 본인도 중국의 공산당 정부의 방침에 이견을 가질 뿐이지, 중국이라는 국가에 반기를 드는 것은 아니라고 강조했다.

'가장 말을 잘 듣는' 소수민족의 자치주

조선족자치주는 중국 정부의 압박을 받는 위구르(新疆)와 티베트(西藏) 자치 지역과 어떤 점이 다를까? 연변조선족자치주가 중국 전역의 30여 소수민족 자치주 중에서 '가장 말을 잘 듣는' 소수민족이기 때문인가.

왜 이런 말들이 나올까. 연변조선족자치주는 1994년 처음으로, '전국민족단결진보모범자치주(全國民族團結進步模範自治州)'라는 최고의 영예를 수여하였다. 이는 2015년까지 모두 다섯 차례에 달했다. 연변과대에서 교편을 잡고 있는 한족 교수가 조선족이 이렇게 순종적이게 된 원인에 대해서 말해 준 적이 있다.

가장 주된 요인은 북한과 중국의 관계가 한국전쟁 때 전우로 싸운, 물보다 진한 혈맹관계라는 것이다. 그 때문에 중국 정부는 조선족이 두 마음을 품을까 하는 걱정을 하진 않았다. 게다가 자치주 정부의 수장으로 조선족을 취임시켰다. 중국의 소수민족 가운데 대우가 괜찮은 편이었다.

그렇다고 일이 이렇게 단순했을까. 중국 정부가 조선족자치주의 특수성을 희석시키고, 서서히 '중국화'시키고 있다는 것을 숫자상으로 확인할 수 있다. 조선족 친구가 우려한 바가 있었다.

"여기가 조선족자치주라지만, 이곳의 정치·경제권을 장악한 건 한족입니다. 조선족에게는 실권이랄 게 없죠. 자치주는 좋은 칭호일 뿐이고요."

연변의 조선족 인구는 외부로 전출이 많았다. 같은 언어를 쓰는 한국 외에도, 중국의 다른 지역으로 가서 일하는 사람들이 많았던 것이다. 이는 조선족의 인구 증가 속도가 완만해지는 결과를 낳았다.

자치주 정부의 통계에 따르면, 1953년~2000년의 기간 동안에 조선족 인구는 75만에서 114만까지 증가했다. 한편 한족은 1,000만 명에서 2,400만 명으로 늘었다. 이를 비교하면, 조선족 인구가 65% 증가한 반면, 한족은 그 세 배인 240%로 늘어났다.

2010년 전국인구조사에서 조선족은 73만 명에 불과했다. 이는 자치주에서 32%의 비중이다. 반면에 한족의 비율은 64%에 달했다.[174] 이런 상황에서 적지 않은 조선족은 연변의 '조선족자치구'라는 호칭에 대해서 자부심이 점차 떨어진다고 느끼고 있다.

조선족자치주의 '한국화'와 '중국화'의 이끌림

언변의 길거리는 한글 간판과 케이팝(K-POP)을 접힐 정도로, '한국화'기 표면상 상당히 이루어졌다. 깊은 이해가 없는 일반인이라면, 이곳의 조선족은 한국에 상당히 호의적일 거라 생각할 수 있다. 하지만 실상은 그렇지 않다.

---

174) 2021년 기준, 연변의 인구 및 비율은 한족 약 127만 6천 명(65.8%), 조선족은 약 59만 7천 명(30.8%)이다. 자세한 것은 앞의 각주 134) 참고.

대다수의 조선족은 티베트인과 위구르인과 달리 중국 정부로부터 배척받지 않는다. 젊은 조선족들은 '조국'에 대한 인식이, 아버지나 할아버지뻘이 가졌던 한반도에서 중국으로 바뀌기도 했다. 어떻게 조선족의 국가 정체성이 지난 몇 년 동안 이렇게 바뀌었을까.

연변과 인접한 북한 인민의 비참한 삶과 비교해 보면, 초기에 조선족의 생활 수준은 높았다. 조선족은 상대적으로 우월감을 갖고 있었다. 1992년 한국과 중국의 수교가 이루어진 후 많은 조선족들이 합법적으로, 돈 벌러 한국으로 가기 시작했다. 당시의 중국은 개혁개방 초기였기에 많은 지역의 발전 수준이 낮았다. 중국의 국경도시인 연변도 예외가 아니었다.

당시 한국에 가서 일한 조선족의 대부분은 한국이라는 번영한 나라를 동경했다. 그래서 자연스럽게 이민 내지는 '원래 호적을 회복하고 귀화하겠다'라는 인식도 비교적 높은 편이었다.

반면 젊은 세대의 조선족(1992년 이후 출생자)들은 부모가 밖에서 일해서 보내주는 돈을 쓰면서 경제적으로 개혁개방이라는 달콤한 열매를 누렸다. 게다가 그들은 기성세대가 생각하는 '조국'(한반도)과는 정서적인 연대감을 점차 상실했다. 또한 한국 사람들 사이에서 조선족에 대한 차별 의식이 널리 퍼졌다. 이 때문에 젊은 조선족들은 한국에서 일하거나 공부하러 한국에 갔다 해도, 중국으로 '돌아가고자 했다.' 그렇게 이른바 '조국' 인식은 점차 한국에서 중국으로 바뀌었다.

2005년, 한국의 한 국회의원이 연변조선족자치주의 '동포'들이 한국에서 국민투표를 할 수 있는 법안이 발의되기를 바란다고 발언했다. 그 결과, 당시 중국과 한국 사이에 갈등이 발생했다. 중국 정부는 이 작은 불씨가 연변의 조선족에게 한국에 병합되려는 욕망을 부추길까 봐 두려워했다. 중국은 곧바로 연변자치구의 특수지위를 취소하겠다고 위협했다. 또한 여러 가지 증거와 의견을 제출해서 '연변은 신성하고 불가분한 중국의 영토'라고 발표했다.

이런 논쟁은 최근에만 있었던 것이 아니다. 제2차 세계대전이 종전했을 때, 김일성이 중국 동북부의 연변과 백두산(중국에서는 '장백산(長白山)'이라 부름)을 북한 영지로 획정할 것을 소련에 요구한 바 있다. 당시 중화민국 총통 장제스(蔣介石, 본명 '장중정(蔣中正)', 1887~1975, 초대~제5대, 재임 1948~1975)는 곧장 소련으로 사절단을 보냈다. 이를 통해서, 김일성의 영토 요구를 반박하며 이런 내용을 공개적으로 발표까지 했다. 현지의 조선족은 전부 한반도로 귀환하길 희망하며, 중국 영토 안에는 조선족이 있으면 안 된다는 것이었다. 결과적으로는 김일성의 영토 요구가 자연스럽게 사라졌다.

애국 시인 윤동주는 중국인인가, 한국인인가?

앞에서 언급했듯이, 근대 이후로 민족 인식은 복잡한 감정적 요소 외에도, 역사적으로도 뒤엉켜 있다. 연변의 룽징시(龍井市)에는 '윤동주기념관'이라는 유명한 박물관이 있다. 이곳은 함경북도 집안 출신으로, 연변 룽징시에서 태어난 애국 시인[175] 윤동주를 기념하기 위해 건립된 곳이다. 윤동주의 시는 후대 많은 사람들(남북한 및 중국 조선족)의 사상에 영향을 미쳤다. 그는 일본에 머물 때 지하 항일활동을 해서 경찰에 체포되었다. 그는 겨우 29세에 일본 후쿠오카(福岡)에서 죽임을 당했다.

윤동주 시인이 세상을 떠난 시점에 그의 국적은 일본이었다. 하지만 그는 스스로 조선인이라고 생각했다. 더욱이 그의 항일 행적이 한반도에 '조선국'이라는 독립된 자주 국가를 세우기 위함이었음이 밝혀졌다. 그런데 중국은 예전부터 그를 중국인이라고 주장해 오고 있다. 나아가 윤동주는 공동체 의식을 갖지도 않았을뿐더러 당시에 '조선국'은 존재하지도 않았다는 것이다. 이 때문에 많은 논쟁이 이어지고 있다.

---

175) 원문에는 '가향이 조선 반도 함경북도에 있는 애국 시인(家鄉在朝鮮半島咸鏡北道的愛國詩人)'이라고 되어 있으나, 좀 더 상술했다. 참고로 윤동주 시인의 본적은 함경북도 청진시라고 한다.(위키피디아 참고)

내가 연변과 한국에서 지켜본 바에 따르면 다음과 같다. 대다수 조선족의 국가 정체성은 중국으로 기울어졌다. 물론 그들은 자기 민족의 지위적 특수성은 고려했다. 이외에도, 여러 외부 정세의 변화도 조선족만의 자의식을 끌어내고 있다.

이처럼 한국인이 조선족을 차별한다는 이미지가 널리 퍼졌다는 부정적인 측면 때문에 조선족의 젊은 세대는 한국에 반감을 갖기도 했다. 한편으로 중국인(漢人)들이 연변에서 조선족자치주의 특수성을 침범하기도 한다. 조선족들은 이처럼 말 못 할 고충을 안고 생활하고 있다.

최악인 것은 북한과 중국의 관계가 좋았다 나빴다 한다는 점이다. 어쩌면 조상 대부분이 북한에서 온 조선족이 가까운 미래에 '두 조국의 대립'을 대면해야 하는 상황이 펼쳐질지도 모를 일이다. 즉, 그들의 처지는 샌드위치 신세라고 해도 지나친 표현이 아닐 것이다.

ⓒ 연세대 윤동주기념관

연희전문학교 기숙사였던 핀슨관(Pinson Hall)의 1930년대 사진. 1922년 완공되있다. 윤동주는 1938년 연희전문학교 문과에 입학, 1941년 12월에 졸업했다. 1938년과 1940년에는 이 핀슨관에서 생활한 것으로 알려진다. 다인실 기숙사로, 윤동주는 3층 다락방과 2층 기숙방에 거주했던 것으로 추정된다고 한다. 이후 1942년 도쿄 릿쿄(立教)대학 영문과에 입학(4월)했다가 그해 10월 교토 도시샤(同志社)대학 영문과에 편입했다. 1943년 독립운동 혐의로 하숙집에서 검거되어 한글로 쓴 원고와 소지품을 압수당한다. 다음 해 「치안유지법」 위반, '독립운동' 죄로 징역 2년형을 언도받고, 해방을 여섯 달 앞둔 1945년 2월 16일, 후쿠오카형무소에서 사망했다. 이 핀슨관은 2000년 2층에 윤동주기념실을 설치했다가 2020년 건물 전체를 윤동주기념관으로 바꾸고 새롭게 단장했다.

대다수의 한국 화교들은 20세기에 벌어진 중국의 대전란(군벌전쟁·국공내전 등) 때문에 고향을 등지고 타향살이를 해야 했다. 그들은 한국전쟁 때의 피난과 박정희 정부의 반화교정책, 그리고 1992년 대만과 한국의 단교로 인한 방황의 시간 등을 겪었다. 한국 정부는 1998년 금융위기(한국에서는 'IMF 구제금융사태'라고 부름)를 겪고 나서야, 화교에 대한 태도를 환영하는 쪽으로 바꿨다. 이러한 대변혁의 거센 흐름 속에서, 한국 화교의 세대 교체가 적지 않게 일어났다. 누군가는 대만과 미국 등지로 이민을 가서 새로운 삶을 모색했다. 그럼에도 많은 사람들은 계속해서 한국에서 살아가기를 바랐다.

인천의 차이나타운(中華街)

Chapter

06

역사의 거센 흐름에 떠도는
뿌리 없는 민족, '한국 화교'

1 무호적 여권 = 나라 없는 사람

대만 타이베이의 시민 생활 지역에 있는 만둣집 문 앞이었다. 밝은 표정의 손님이 배를 쓰다듬으며 만족스러워하고 있었다. 가게 안으로 들어섰다. 식탁 위에는 중국 여러 지역의 전통 요리가 차려 있었다. 하지만 자세히 보니, 짜장면과 순두부찌개와 김치찌개 같은 음식도 섞여 있었다. 가게 주인은 한국에서 온 화교인 임 씨였다.

임 사장은 건장한 체형에 산둥(山東) 사투리를 구사했다. 그는 인터뷰하면서 손짓을 멈추지 않았다. 최선을 다해 설명했다.

임 사장 가족이 한국으로 이민을 간 시기는 한국전쟁이 발발하기 몇 년 전이었다고 했다. 임 사장의 형은 전쟁이 벌어진 지 2년 뒤에 태어났다. 당시 그의 가족은 강보에 싸인 갓난아기를 데리고, 한반도에서 이곳저곳으로 피난을 다녔다.

중국 대륙에서 한반도로 이주한 화교들은 전란을 피해 고향을 떠나온 이들이 대부분이었다. 20세기에 들어 한반도로 이주한 화교들은 시기에 따라서 몇 가지 유형으로 구분할 수 있다.

첫 번째 부류는 대륙의 전란을 피해 한국에 들어온 이들이다. 중국 대륙에서 중화민국이 청나라를 전복시킨 후 여러 군벌과 국민당 및 공산당 등의 세력 사이에 내전이 발생해 대륙이 도탄에 빠지자, 중국 동북부에 살고 있던 중국인(華人)들이 이를 피해 새로운 삶을 시작하고자 한반도로 온 것이다.

두 번째 부류는 국공내전 이후에 중국 공산당의 숙청을 피해서 한국에 들어온 이들이다.

그리고 마지막 세 번째 부류는 1950년 한국전쟁에 파병된 중국의 지원군으로 왔다가 포로가 된 이들로, 휴전 이후 최종적으로 한국에 남기를 선택한 이들이다.

이들은 근대 한국의 화교라 할 수 있다. 대만에서는 이들을 '한국 화교'라고 부른다. 미국이나 동남아 등지의 화교들은 대부분 중국의 푸젠성(福建省)과 광둥성(廣東省) 같은 곳에서 이주한 사람들이다. 반면 한국의 화교는 지리적 요인 때문에 대다수가 산둥성(山東省)에서 이주한 사람들이다. 그래서 한국 화교들은 북방 억양이 진한 중국어를 사용하는 게 보통이다.

임 사장은 1977년 대만에 가서 국립 대만대를 졸업했다. 그다음 일본에 가서 5년을 일했다. 그 후로 중국·한국·대만을 오가며 행상으로 돈을 벌었다. 그는 이렇게 몇 년 동안 바쁘게 지내다가 지금의 아내를 만났다. 부부는 시민생활지역에 버블티 가게 자리를 임대해서 식당을 차렸다. 그리고 수십 년이 흘렀다.

나는 임 사장에게 물었다. 왜 한국을 떠나 대만에 와서 사는가? 한국의 어떤 것이 마음에 들지 않았는가?

수단과 방법을 가리지 않는 화교 배척 정책

"예전에 우리는 대만에서 번 돈을 한국에서 썼어. 그때는 대만이 한국보다 잘 살았거든."

임 사장은 손짓을 크게 했다. 돈이 넘쳐났던 1970년대의 대만으로 돌아가, 아시아의 네 마리 용 중에서 우두머리였던 영광을 다시금 느끼려는 듯했다.

"임 사장님 가족은 어땠어요? 한국에서 살았을 때요."

임 사장이 크게 웃었다.

"우리 집은 한국에서 먹고살 만했어요. 가진 땅도 많았지. 근데 친구에게 사기를 당해서 가진 재산을 모두 날렸어요. 게다가 우리는 화교 신분이잖아. 그래서 한국 정부 기관으로부터 어떻게든 권리를 얻어내야만 했어요. 그게 쉽지 않았지."

내가 한마디 했다.

"그렇지요. 박정희가 집권한 1960년대부터 한국 정부가 화교에게는 우호적이지 않았다는 얘기를 들었어요."

"우리는 박정희 정권이 화교에게 가혹했다고 했어요. 하지만 이해는 됐어."

임 사장의 말은 의미심장했다.

"화인(華人, 중국계 외국인)들이 경제권을 장악한 곳이 적지 않았으니까요. 인도네시아와 태국 같은 곳이 그랬지. 당시 한국의 박정희 정권이 긴장한 것은 당연했지요. 그래서 박정희가 우리 한국 화교의 발전에 제동을 걸었어."

박정희 대통령은 국내 화교가 다른 나라의 화교들처럼 상업으로 부를 쌓아 한국의 자원을 장악하는 것을 막으려 했다. 그래서 그는 한국 화교를 억제하는 일련의 '불환영화교정책(不歡迎華僑政策)'을 공포했다.

예를 들면, 한국 화교인 부부는 건물을 한 채만 지을 수 있고, 일정 평수 이상의 토지 소유는 불가능했다. 또한 그들이 은행에서 계좌를 개설하려면 한국인보다 더 많은 절차를 거쳐야 했다. 대출은 꿈도 못 꿨다.

그 밖에도, 한국 화교 출신 어린이는 국민학교[176]에 입학해서 공부하는 것이 불가능했다. 그들은 한국 화교만을 대상으로 하는 화교학교로 진학해야 했다. 한국 화교와 결혼한 한국인은 한국 국적을 포기하고, 한국 사회의 거센 차별을 감수해야 했다.

한국 정부는 수단과 방법을 가리지 않고 한국 화교를 억제했다. 이에 화교들이 자신의 처지가 얼마나 불리한지를 깨닫고 한국을 떠날 계획을 세웠다. 한국 친구가 이렇게 말한 적이 있다. 박정희 대통령의 독재정치를 싫어하는 한국인이라도 정부의 화교 정책에는 동조할 것이라고. 그는 성공적으로 한국 화교 세력을 제거하는 것이 한국의 발전과 한국인의 이익을 보호하는

---

176) '국민학교'라는 명칭은 1941~1995년까지 사용되었다. 그리고 1996년부터 '초등학교'로 변경해서 오늘날까지 사용하고 있다. 한국 교육부는 국민학교라는 명칭이 일본 식민지 정부의 칙령으로 정해졌으니, '일제 잔재의 청산'을 위해 변경하는 것이라고 밝혔다.(손성진, 「국민학교」 명칭 「초등학교」로/"일제잔재 청산"… 54년만에 바꿔」, 《서울신문》, 1995. 8. 12.)

대책이라고 여긴 것이다.

"많은 한국 화교들이 떠나려고 했나요?"

임 사장은 가볍게 웃었다.

"그럼요. 많은 사람들이 한국을 떠났지. 누군가는 미국이나 캐나다로 가고 대만으로 가기도 했어요. 그때 한성화교소학교에서 나랑 같이 공부한 친구들도 많이들 떠났어요."

임 사장은 화제를 바꿨다.

"하지만 지금은 달라졌어. 몇 년 전에 대만에 정착한 화교들은 지금은 후회하고 있지요. 한국 경제 상황이 좋으니까. 한국으로 돌아가 일하고 싶어 하는 사람도 있어요."

우린 그날 저녁, 오랫동안 속 깊은 이야기를 나눴다. 임 사장도 적지 않은 한국 화교들이 대만에서 발전하는 상황을 얘기했다. 덕분에 나는 한국에 대한 새로운 인식의 지평을 넓힐 수 있었다.

서울 명동에 있는 한국한성화교소학교 전경. 중국대사관과 붙어 있다.

"우린 단 한 번도 국민 대접을 못 받았어!"

대만 타이베이 중샤오둥로(忠孝東路), 눈에 띄지 않는 골목으로 들어가면 한국 음식점 간판이 보인다. 나는 임 사장이 알려준 주소지의 식당을 찾았다. 그곳은 대만에 와서 오랫동안 살아온 또 다른 한국 화교인 유 씨가 태평하게 사는 곳이었다. 영업이 끝난 가게 안으로 들어서자 유 씨가 친절하게 맞았다.

"차 한 잔 하시지요."

나는 정중하게 사양했다.

"물 한 잔 주십시오."

유 씨가 농담으로 받았다.

"우리 가게는 물 안 팔아. 음료수를 주문해!"

그는 탄산음료를 내왔다.

우리는 잠시 한담을 나눈 후에 본론으로 들어갔다. 유 씨가 한국과 대만에서 가족이 살아온 옛이야기를 꺼냈다.

"우리 가족은 2차 세계대전 발발 전에 산둥에서 한국으로 이주했어요. 당시 열네 살의 할아버지가 살길을 찾아 혼자 한국의 인천으로 온 거지."

나는 놀랐다.

"열네 살이면, 겨우 중학생 나이인데요."

"물론 그렇지. 하지만 그땐 대륙 곳곳이 전쟁터여서 상대적으로 안정된 한국으로 간 겁니다. 그래야 최소한 생명은 부지할 수 있으니까."

유 씨가 말을 이었다.

"그런데 내 세대에 오면, 한국 화교가 너무 오래 차별받아서 대부분 한국을 떠나고 싶어 했지요."

유 씨는 가족의 경험을 들려줬다.

"내 윗세대 한국 화교는 은행에 돈을 저금하지 않았어요. 한국의 은행에 계좌가 없었어. 그래서 우린 한국 화교가 조직한 사설 금융 금고를 이용했어요. 그런데 인천에서 가장 큰 화교 금융 금고가 망하는 사건이 생겼어요. 그 금고에 저축했던 한국 화교들이 하룻밤에 알거지가 된 거지. 우리 가족도 영향을 받았어. 끔찍했어요."

"사장님이 한국에서 국민으로 인정을 받지 못했기 때문이네요. 단지 화교라는 이유만으로요."

유 씨가 웃었다.

"내가 한국에서 공부할 때였어요. 한국인들은 우릴 '짱깨'[177]라고 불렀어. 그 단어 자체가 화교가 운영하는 중국음식점을 낮춰 부른 표현이지만, 내가 듣기에는 몸에 나쁜 게 묻는 느낌이었어요. 사실은 그게 차별의 언어였으니까. 그래서 한국 화교는 한국 학생과 싸우기도 했어. 그때는 한국 화교가 똘똘 뭉쳤어."

한국 화교는 한국의 압박에 맞서 단결했다. 하지만 자신들의 '조국' 중화민국(대만) 정부에게서 받는 불평등한 대우에 대해서는 깊이 생각하지 못했다. 사실 2015년 8월 이전의 한국 화교들은 외국인처럼 입국허가를 받아야만 대만에 들어갈 수 있었다. 이에 한국 화교들은 크게 반발했다.

"우리는 어느 곳에서도 인정받지 못하는 나라 없는 사람이다."

"내 동생이 지금 들고 있는 건 무호적 여권이야. 동생은 대만에 들어오면 석 달만 머물 수 있어요. 동생은 3개월에 한 번씩은 입국심사를 받아요. 법적으로 대만 국민이 아니기 때문이지."

한국 화교에 대한 대만의 태도로 대화의 주제가 바뀌었다.

한국에 사는 화교의 일반적인 신분은 재한(在韓) 외국인이다. 그들이 소

---

177) 원문에는 '짱깨(醬狗)'라고 표기되어 있다. 그것과는 별도로, '짱깨'란 말 자체는 중국어로 '주인장'을 뜻하는 '장궤(掌櫃, 장구이, zhǎnggui)'에서 온 것으로 알려진다. 원래는 중국인이 운영하는 가게와 짜장면의 속칭이었으나, 중국인에 대한 멸칭으로 오늘날까지 쓰이고 있다.

지한 신분증은 체류증이며, 그것은 F1에서 F5까지의 다섯 단계로 나뉜다.178) 한국 화교에 대한 한국 정부의 태도가 점차 바뀌었다고 하지만, 그들의 신분은 대한민국 국민이 아니다.

신분증이 없는 한국 화교가 받는 것은 중화민국 여권이다. 그런데 이상한 것이 있다. 이 여권이 일반인이 소지한 여권과 달리 무호적 여권이라는 것이다.179)

여권과 호적 제도는 나라마다 차이가 있다. 무호적 여권은 대만과 한국의 특수한 여권 및 호적 제도에서 비롯되었다. 중화민국이 1912년 청나라를 무너뜨린 후 대규모의 중국인이 한국으로 거주지를 옮겼다. 그들 호적의 지리적 배경은 중화민국 경내가 아닌 한국이었다. 그럼에도 그들의 신분은 여전히 중화민국 공민(公民, 국민)이다. 이런 제도가 오늘날까지 존재하기에 이중의 신분이라는 특수성이 나타나게 된 것이다.

"한 나라의 국민이 이중의 처지에 놓여 있다! 여권의 평등을 위해 끝까지 싸우겠다!"

2014년 7월, 한국 각지에서 모인 화교 대표단이 서울시 종로 주한 타이베이대표부 앞에 모여서 시위를 벌였다. 유튜브를 통해서, 화교들이 구호를 외치는 장면을 볼 수 있었다. 자신들이 받는 2등 국민 대우를 개선해달라는 의견을 대표부 직원들이 대만 정부에 전달해 주기를 바란 것이다.

일련의 제소와 청원 및 시위가 벌어진 후에 대만 정부는 2015년 8월 한국 화교는 별도로 비자를 신청해야 한다는 규정을 바꿨다. 즉, 한국 화교들도 대만의 일반인들처럼 자유롭게 대만 땅을 밟을 수 있게 한 것이다. 하지만 호석 하나에 이중국적 신분인 상황은 여전하다.

---

178) 한국 정부는 화교 혹은 한국으로 이주한 조선족에게 체류증을 지급한다. 이것은 F로 시작하는 등급에 따라서, 노동 혹은 거주의 허가 기간을 모두 다섯 등급으로 나눈다.(원문 주)

179) 한국 정부는 2010년에 개정한 「국적법」에 따라, '첨단기술 인재 등의 특정 인사'의 이중국적을 허용했다. 하지만 일반인은 여전히 이중국적을 보유할 수 없다.(원문 주)

대만인의 비자를 면제해 주는 나라에 가더라도 한국 화교는 무호적 여권 때문에 대만의 일반인과 같은 대우를 받지 못한다. 달리 말해, 그들은 여전히 해당 국가에 비자를 신청해야 하며, 대만의 일반인이 받는 복지 혜택을 누리지 못한다.

"한국 화교는 우린 나라 없는 사람이라고 농담을 하곤 해요."

유 씨는 쓴웃음을 지었다.

"한국에서 우리는 인정받지 못했어. 중국에 속하지도 않고, 대만에 속하지도 않고, 한국에 속한 것은 더더욱 아니니까요."

유 씨의 체념에 나는 마음 한구석이 불편했다. 나는 물었다.

"하실 얘기가 많군요. 지금은 대만서 결혼하고 애도 낳고, 사업도 조금씩 안정되고 있잖아요. 유 사장님은 자신을 어떤 사람이라고 생각하세요?"

유 씨가 크게 웃었다.

"사실 나는 한국에선 나 자신을 한국인이라고 생각해 본 적이 없어요. 그저 화교였으니까. 하지만 대만에서 지낸 지 오래되었고, 신분증도 있어서, 지금은 대만인이라고 생각해요."

예전에 임 사장이 내게 했던 말을 떠올리게 하는 말이었다. 임 사장도 자신을 한국인이라고 생각하지 않은 것이었다. 유 사장은 대만에 정착한 지 오래된 지금에야 비로소 안정적인 거처를 마련하고 국가에 대한 귀속감을 가질 수 있게 되었다.

2 싸우면서 퇴각하는 한국 화교학교

얼굴이 시릴 정도로 바람이 차가웠다. 한국 제1의 항구도시 부산광역시 동구의 부산역 근처. 중국식의 커다란 붉은색 패방(牌坊)이 눈에 띄었다. 중국 음식점을 비롯한 중국식 가옥들이 빽빽이 들어서 있었다. 부산의 차이나타운이다. 이곳 차이나타운에 러시아 이민자들도 많이 거주한다는 것이 흥미롭다. 이곳을 처음 방문하는 사람이라면 한국이 아니라는 착각에 빠지게 될 것이다.

한국에 이민 온 화교 인구는 중국 대륙에서 국공내전(1945~1949)이 종료되었을 당시만 해도 10만 명 규모였다. 1960~70년대에는 한국 정부의 억압 때문에 많은 화교들이 제3국 혹은 대만으로 이민을 갔다. 2018년 기준으로, 1만 8,000명 내외의 화교들이 한국에 거주하고 있다.

대부분의 화교들은 한국 정부의 이중국적 불허 방침 때문에 중화민국의 무호적 여권을 소지하고 있다. 그들은 어린 시절에 한국 각지의 화교학교에 다니면서, 보포모 주음부호(ㄅㄆㄇ主音符號)를 배우고 대만식 교육을 받았다. 대부분의 한국 화교는 중화민국에 대해 강한 결집력을 갖고 있다.

보포모(ㄅㄆㄇ)를 배우는 한국 화교

"어서 오세요. 차 한 잔 마시면서 얘기합시다."

한국 부산화교중학교의 교장 고길경 선생이 교장실에서 나를 친절하게 맞아주었다. 교장 선생님은 우려낸 차를 준비했다. 교장실의 탁자 위에는 명패 하나가 놓여 있었다. 대만의 일반적인 국공립 고등학교 교장실의 모습과 큰 차이가 없었다. 차를 내온 교장 선생님이 학교의 역사를 간략하게 설명했다.

부산의 차이나타운

"이 학교가 세워진 지 60여 년이 흘렀어요. 6·25전쟁이 한창이던 1951년 서울과 인천 등지의 화교 학생들이 간신히 목숨만 건진 채로 부산으로 왔지요. 전시 상황이었지만 당시 대만 외교관들은 학생들의 공부를 포기할 수 없었어요. 영사관이었던 곳에 임시로 학교를 세웠지요. 그게 우리 학교의 시작이었습니다."

부산중학교는 한국전쟁이 한창인 시기에 설립되었지만, 한국에 화교학교가 처음 세워진 이래 100여 년이 흘렀다. 한반도의 첫 번째 화교학교는 중국이 아직 청나라이던 1902년 세워진 '인천화교소학교'이다. 1909년 당시 한성인 지금의 서울에도 '한성화교소학교'가 세워졌다. 부산중학교 옆에 있는 부산화교소학교는 1912년 설립되었다.

화교학교(초·중·고 포함)는 전성기일 때에는 한국에 모두 1백여 곳 이상이 문을 열고 있었다. 2018년 기준으로는 서울·인천·부산·대구 등의 4대 대도시에 중학교만 남아 있다. 게다가 학생 수도 갈수록 줄고 있어서, 상황이 낙관적이지 않다.

한국 화교는 박정희 전 대통령이 추진한 '불환영화교정책'을 겪은 후로 점차 한국을 떠나 다른 나라로 가는 이들이 늘었다. 이 때문에 한국 각지의 화교학교도 학생이 부족해서 하나둘씩 문을 닫고 있다. 화교학교는 1970년대 한국 정부의 정규교육체계에 편입되었다. 하지만 화교들이 한국에서 차별당하는 상황을 바꾸지는 못했다.

1998년 금융위기에 처한 한국은 외국 자본을 유치하기 위해서 특별히 교육제도를 개정해서 외국인 단체에 소속되어 있던 화교학교를 한국 학제에 편입시켰다. 화교학교의 어려운 환경을 어느 정도 개선시키는 것이 목적이었다.

교장 선생님은 인터뷰에서도 화교학교가 신입생 모집에서 겪는 곤란함과 대만 교민위원회(臺灣僑委會)의 자금지원이 부족한 상황을 설명했다.

"최근에 한국의 화교가 줄고 있지만, 대륙에서 건너와 한국에 정착한 이들은 늘고 있어요. 그들이 화교학교에 입학하나요?"

교장 선생님은 웃었다.

"우리 학교 학생의 대략 30%가 대륙에서 온, 이를테면 신화교(新華僑)의 아이들이에요."

"아이들은 이곳에서 노화교(老華僑, 중화민국 정부가 관할하는 화교, 이하 '구화교(舊華僑)')의 아이들과 잘 융화되나요? 아무래도 한국 화교학교가 대륙의 학제와는 여러모로 다를 텐데요. 신화교 학생들이 적응을 잘 하는 편인가요?"

교장 선생님이 찻잔을 내려놓았다.

"그들은 공부하러 왔을 뿐이에요. 정치적 입장이랄 게 없죠. 그들은 매일 우리와 함께 청천백일기(靑天白日旗)[180]를 게양하고 대만 애국가를 부르지요."

---

180) 중화민국(대만) 국기인 '청천백일만지홍기(靑天白日滿地紅旗)'의 좌측 상단에 위치한 그림이며, 반청(反淸) 혁명 단체인 흥중회(興中會)의 일원이었던 육호동(陸晧東, 1868~1895)의 구상으로 1895년에 만들어졌다. 오늘날에는 대만의 주요 정당인 중국국민당(中國國民黨)의 당기(黨旗) 및 대만 해군의 선수기(船首旗) 등으로 사용되고 있다.(위키피디아 참고)

갈수록 줄어드는 대만의 구화교와 갈수록 늘어나는 중국 대륙의 신화교

한국 화교는 대만 정부의 관할에 속해 있다. 그들은 자신들을 중화민국의 여권을 소지하고 있는 구화교라고 부른다. 한편 1992년 한국과 대만이 단교된 이래, 중국 대륙에서 중국인들이 한국에 들어오기 시작했다. 그들 중 적지 않은 사람들이 한국에 정착해서 대를 이었다. 그들이 한국에 들어온 신화교이다.

한국과 중국 대륙 사이의 무역과 왕래가 빈번해지자 구화교가 줄어들고 신화교가 늘어났다. 이렇게 서로의 위치가 바뀐 상태에서, 대만 정부가 관리하는 화교학교도 영향을 받았다.

"신화교 학생들이 불쌍해요. 이곳에 온 지 얼마 안 된 그들은 한국어가 구화교처럼 유창하지 않거든요. 게다가 그들이 우리 학교에 오면 대만식 교육을 받고서 연합고시(대만의 수능)를 치러야 하는 것도 힘든 점 중 하나예요. 또한 대만 정부도 그들이 한국에서 6년을 다 채울 것을 요구하고 있어요. 그래야만 화교 신분을 얻어 대만에 가서 대학 시험을 칠 수 있거든요. 이렇게 이도 저도 쉽지 않으니 그들이 뿌리를 내리기 힘든 겁니다."

교장 선생님은 진지했다.

"앞으로 우리 학교에 다니는 신화교 학생은 많아질 겁니다. 10년 후에는 대륙(중국) 정부가 한국에 대륙식 화교학교를 설립할 게 분명합니다. 그렇게 되면 신화교 아이들이 떠나겠죠. 우리 학교는 생존이 더 어려워질 거고요."

대만과 한국이 1992년 단교된 뒤, 대만의 소유였던 외교대사관과 영사관들이 중화인민공화국에 넘어갔다. 이외에 중국은 갖은 수단과 방법을 통해 대만의 생존 공간에 영향을 미치고 있다. 내가 인터뷰한 몇몇 한국 화교들은 중국이 계속해서 화교학교의 무급(無給) 교사들을 지원하길 바랐다. 그곳에 교원이 부족한 상황을 도와주는 싶어 하는 것 외에도, 주도권을 장악하려는 수단 중 하나라는 것이다.

화교 집단을 이끄는 지도자 한 분도 서울의 화교학교에 진작부터 중국이 지원하는 무급 교사들이 적잖이 초빙되거나 임용되고 있다고 솔직하게 인정했다. 하지만 그들을 이과 등의 비국민(非公民) 교육과정에 배치해서 중국이 화교학교 학생들의 사고방식에 영향을 미치지 않도록 애쓰고 있다고도 했다.

"한국인들은 대륙 정부를 두려워해요. 한번은 이런 일이 있었습니다. 학교 주변의 한국인이 학교 뒤편에 깔린 배수구 확장 공사를 시작했어요. 그 때문에 학교까지 영향을 받았어요. 교장 선생님이 해당 주민이 알아듣기 쉽게 타일렀지만 소용없었어요. 그런데 대륙 정부의 관료가 화교 모임에서 이 문제를 제기했나 봅니다. 그러고는 그 이튿날 해당 주민에게 사람을 보내서, '이 상황을 빠르고 완벽하게 개선하지 않으면 우리는 중국 당국 쪽 라인을 통해서 한국 정부를 압박할 것이다. 그렇게 되면 당신이 곤경에 처할 것이다'라고 경고성 고지를 했어요. 그제야 해당 주민이 불법 공사를 중단했습니다."

교장 선생님은 쓴웃음을 지었다.

"하지만 대만 쪽은 한국과 공식 외교 관계를 체결하고 있지 않아서 우리에게 힘을 실어주지 못합니다. 우리에 대한 지원이 상대적으로 적습니다."

교장 선생님과 나는 중국 정부의 친절에 내포된 속셈을 알고 있었다. 하지만 이 또한 사람이 해결하기 어려운 것이어서 고립무원에 빠진 해외의 화교학교들은 어쩔 수 없이 받아들이고 있다(어쨌든 이웃의 불법 공사를 중단시켰다).

한국 화교들은 대만에서 무호적 국민이기 때문에 그곳에서 투표권을 행사하지도 못한다. 게다가 그들이 대만에서 개인적 차원으로 민원을 진정하더라도 처리는 거의 안 된다는 게 현실이다.

한국의 중국어 붐도 화교학교의 어려움을 해결해 주지 못했다

최근에 한국에서 중국어 학습 열풍이 세차게 불었다. 2015년 한·중 FTA가 체결되고 양국의 무역량이 대폭 증가하면서, 시장에서는 중국어에 능통한 인력의 수요가 폭증했다. 이 때문에 한국인들이 중국어 학습에 흥미를 느꼈다. 그리고 중국어 어학원에 등록하거나 중국 또는 대만으로 유학을 가는 것 외에 화교학교를 다니는 것도 중국어 학습 경로의 하나가 되었다.

경제적으로 곤란을 겪는 화교학교로서는 이 같은 상황이 유리할 수 있다. 다양한 방법을 개발해서 한국인들을 화교학교에 입학시켜서 공부시킬 수 있으니까 말이다. 하지만 법적으로 한국인들은 외국학교에서 공부하는 것이 불가능하다. 그 때문에 한국 정부는 중국어 학습 열기를 알고 나서, 2010년 한국인의 화교학교 입학을 엄격하게 단속하기 시작했다. 모처럼 일말의 희망을 본 화교학교에 한국인이 입학할 가능성을 배제시키고 규정을 준수하게 하려는 것이었다.

한국 화교학교는 청나라 말기 처음 문을 연 후로 적지 않은 변화를 겪으면서 오늘날에 이르렀다. 일제강점기와 한국전쟁을 포함해서 한국과 대만의 단교 같은 세찬 풍파를 겪었음에도, 흔들리지 않고 오늘날에도 꿋꿋이 자리를 지키고 있다. 시간이 흘러 한국 정부가 화교에 대한 태도를 바꿨어도 화교학교는 여전히 한국 화교의 근간이다.

언젠가 나이 지긋한 화교가 한국에서 화교학교 없이는 화교협회도 있을 수 없다고 했다. 교장 선생님의 예상대로 한국 화교학교가 '병합'되거나 경영난 때문에 폐교되면 어떻게 될까. 한국 화교들은 시대의 거대한 흐름 속에 휩쓸릴 것이다. 내 생각에 대만의 정부와 사회는 이 모습을 달가워하지 않을 것이다.

3 한국 화교, 그들은 2등 국민인가?

한국 화교는 동남아시아 또는 다른 여러 지역의 일반적인 화인(대만 정부는 화교라고 부름)들과 차이가 있다. 한국 화교는 여전히 중화민국의 국적을 보유하고 있는 것이다. 달리 말해서, 그들은 한국에서 '외국인 체류' 방식으로 거주한다. 그들에게는 국적을 보유한다는 것은 하나의 영예이다.

나는 한국에 오기 전, 대만에 사는 한국 화교와 인터뷰를 하는 것 외에 되도록 여러 방면으로 그들의 과거와 현재를 이해하려고 했다. 그중에 최근 몇 년 동안 두드러졌던 것은 한국 화교들이 중화민국의 무호적 여권을 소지하고 있었다는 점이다.[181]

한국 전역의 화교들은 2014년 주한타이베이대표부로 가서 시위를 벌였다. 이 사건은 뉴스 헤드라인에 올랐다(화교 관련 뉴스가 한국에서 보도되는 일은 거의 없다). 중국 언론도 이를 적극적으로 보도했다. 하지만 대만 쪽은 오히려 조용했다. 이 때문에 한국 화교들은 회의감마저 느끼게 되었다. 대만 정부는 한국 화교를 대만의 국민으로 여기지 않는 것이냐고.

내가 한국에 가서 화교에 대해 취재한다는 것을 알게 된 친구들 중에는 '화교'라는 두 글자가 주는 의미에 의문을 품는 이들이 적지 않았다.

"대륙 사람도 화교야?"[182]라고 말하는 친구도 있었다.

호기심을 품은 사람도 적지 않았다. 초기에 한국으로 이주했다가 한국화

---

181) 중화민국의 무호적 여권 소지자는 일반적으로 대만 영토에 호적을 두지 않은 화교 및 그 후손이다. 이 여권의 효력은 일반적인 여권하고는 의무와 복지 등에서 큰 차이가 있다(예컨대 병역 및 건강보험 등에서 차별이 있다).(원문 주)

182) 한국과 중화민국이 단교된 후, 중국 대륙에서 사람들이 처음으로 한국으로 이주할 수 있게 되었다. 이 때문에 화교계는 보통, 중국인을 신화교라고 분류할 수 있다. 그리고 1992년 이전에 한국에 들어온 화인은 구화교로 분류한다.(원문 주)

된 중국 이민자와 비교해, 대륙 화교가 한국 화교인가? 이 두 유형은 어떻게 구분되는가? 나는 한국에 도착해서, 많은 화교 지도자들과 인터뷰하며 이 물음에 대한 해답을 하나씩 찾아나갔다.

한국인과 화교의 차이는 무엇인가?

이번 인터뷰에서 만난 총용자(叢湧滋, 총용즈)는 한국에서 나고 자란 사람이다. 그는 대만교민위원회의 유일한 한국인 위원이다. 그는 백발에 뿔테안경을 썼으며, 지적인 분위기를 풍겼다. 그는 인터뷰하는 내내 손발을 가만두지 않으면서 적극적으로 의사 표현을 했다. 그만큼 자신이 한국 화교로서 받고 있는 불평등한 대우를 알아주기를 바란 것이다.

"중국에서 한반도로 사람들이 끝없이 이주해 왔습니다. 한반도 사람들 중에는 중국 이민자의 피가 섞인 '한국인'이 적잖습니다. 사실 화교라는 단어는 사용한 지 200년 가까이 되었습니다. 청나라 말기 리홍장(李鴻章, 1823~1901) 관련 기록183)에 처음 나타납니다."

총 위원은 철판 위의 고기를 뒤적이면서, 한국 화교의 유래와 역사에 대해 천천히 설명해 줬다.

"국민당이 대만으로 철수한 이후에 대만에 들어온 사람들을 외성인(外省人)이라 부르고, 그 이전에 푸젠성(福建省)에서 대만으로 건너와 정착한 사람을 본성인(本省人)이라고 합니다. 한국에선 리홍장 활동 시기에 한국화된 한국인이나 과거에 중국서 이민 온 화교를 구분하기 시작했습니다."

나는 그제야 한국 화교의 유래를 좀 더 자세히 알게 되었다. 총 위원은 한

---

183) '화교(華僑)'라는 단어는 청말민초(淸末民初) 시기의 기업인 겸 사상가인 정관잉(鄭觀應, 1842~1922)이 리홍장에게 보낸 문서에서 처음 사용되었다. 이후 그 단어의 의미가 본격적으로 '국외 거주 중국 국적자'라고 규정된 것은 중국 정부가 1909년(청나라)과 1922년(중화민국)에 헌법에 명시하면서부터이다. (최창근, 「한국의 '오랜' 이방인, 화교의 어제와 오늘」, 《신동아》 2018년 5월호, 2018. 5. 13.)

국에서의 화교의 역사와 일화를 개괄적으로 설명해 주었다. 덧붙여 그는 대만 정부가 한국 화교를 평등하게 대하지 않고 있다고 했다.

한국 화교의 속마음: 눈물을 머금고 지킨 무호적 여권. 지킬 것인가, 포기할 것인가?

한국 화교의 신분은 시대에 따라 계속해서 변해 왔다. 한국과 대만의 양국 국민들은 10~20년 전에는 여권을 소지하고, 각국의 대사관에 가서 비자를 발급받아야만 입국할 수 있었다.

한국과 대만은 여권 발급과 관련해서 지난 몇 년간, 100% 비자 면제 대우를 늘렸다. 사람들이 여행이나 출장과 관계없이 편하게 출입국할 수 있도록 하는 조치였다. 하지만 한국 화교는 일반 대만 국민의 여권과 다르게 무호적 여권을 소지했기 때문에 일반 여권 소지자가 누리는 100% 비자 면제 혜택을 전혀 받지 못했다. 이 때문에 많은 경우에 그들은 국제 업무에서 불편을 겪어야만 했다. 심지어 대만 국적을 포기하는 사람까지 나타났다.

총 위원은 얼굴을 찡그렸다.

"한국의 경희대에서 공부하는 조카가 혹독한 경험을 했습니다. 조카는 몇 년 전에 학교에서 열 명만 뽑아 전액 장학금을 받는 미국 명문대의 교환학생으로 선발되어 주변의 부러움을 샀습니다. 그런데 조카의 무호적 여권 때문에 미국에 가질 못했습니다. 미국은 무호적 여권에 비자를 발급해 주지 않거든요. 조카는 큰 충격을 받았습니다. 이런 상황을 어떻게 생각하세요?"

총 위원은 물을 마셨다. 그는 한국 화교가 무호적 여권 때문에 겪는 문제 외에 여러 불편한 상황을 들려주었다.

"한국 재계 순위 1, 2위를 다투는 한국의 한 재벌그룹의 국제영업부에서 일한 화교가 있었습니다. 회사가 그를 중동 쪽으로 출장을 보냈습니다. 그는 자신이 직접 해당 국가에 갈 것이라고는 생각하지 않았습니다. 그는 해당 국가에 입국하자마자 그곳 세관에 억류당했습니다. 그가 위조여권을 가지고 있다는 것이 그 이유였습니다."

총 위원은 한국의 소주잔으로 건배를 권했다. 이어지는 그의 말에는 감정이 섞여 있었다.

"나중에 한국의 해당 그룹 책임자가 직접 세관에 가서 화교 출신 직원을 데리고 나올 수 있었습니다. 이틀 후에 직원은 자신의 여권이 대만의 일반 여권과 다르다는 것을 알게 되었습니다. 그래서 그는 다음번에는 유럽에 파견되기 전에 일부러 비자를 먼저 발급받으려고 했습니다. 하지만 뜻대로 풀리지 않았습니다. 유럽에서 발생한 돌발상황 때문에 화교 출신 직원이 해당 국가가 아닌 다른 나라 공관에 가서 업무를 처리해야 했습니다. 그런데 끝내 화교 직원의 여권에 비자가 발급되지 않아서 출국하지 못했습니다. 화교 출신으로 업무 능력이 우수했던 그는 눈물을 머금고 수십 년간 지켜온 여권을 버렸습니다. 그리고 한국 국적을 취득했습니다."

총 위원의 말에서 화교 출신 직원의 체념을 느낄 수 있었다. 우리는 소주잔을 기울였다.

"방금 말한 건 하나의 사례일 뿐입니다. 대부분의 한국 화교가 맞닥뜨린 사례도 있습니다."

총 위원은 내친김에 김치찌개 2인분을 추가로 주문했다.

"한국은 캐나다와 진작 비자면제협정을 맺었습니다. 기자님이 갖고 있는 중화민국 여권이라면, 캐나다에 비자 신청을 하지 않아도 됩니다. 그래서 주한캐나다영사관은 오래전에 비자관리소를 철수했습니다. 그런데 우리처럼 캐나다 비자를 처리해야 하는 사람들은 제3국(캐나다 비자의 발급기관이 있는 나라)에 가야 합니다. 한국에서 가장 가까운 제3국은 필리핀이지요. 우리는 캐나다에 입국하려면 필리핀을 먼저 거쳐야 합니다."

총 위원의 말을 듣고 여전히 궁금한 것이 있었다.

'나라면, 일찌감치 한국 국적을 취득했을 텐데.'

우리는 특별대우를 요구하지 않았다. '그저 일반 국민과 동등하고 싶었을 뿐'

한국의 서울에서 유명한 쇼핑거리인 '명동'에는 재건축이 완료된 주한중국대사관이 있다.[184] 그 옆에는 중국식 문구점이 몇 곳 있으며, 그 중간에는 한국 최대의 화교협회인 '한성화교협회(漢城華僑協會)'가 있다.

주한 중화인민공화국 대사관 입구

---

184) 주한중국대사관의 부지는 원래 조선 말기의 보노내상 이경하(1811~1891)의 집이 있던 곳이었으나, 1882년 임오군란 이후에 체결된 조청상민수륙무역장정(朝淸商民水陸貿易章程)에 따라 청나라가 매입했다. 그리고 그 자리에 건물을 지어서, 청나라의 공사관 및 영사관과 중화민국(대만)의 영사관 및 대사관으로 사용되었다. 이후 1992년에 한국이 중국과의 수교 및 대만과 단교한 이래, 그 건물에 중국대사관이 입주했다. 이후 중국대사관이 2002년에 서울 종로구 효자동으로 이전해서 대사관 부지가 방치되어 있다가, 2010년에 대사관 신축 공사에 착수했다. 새로운 중국대사관 건물은 2013년 완공 및 2014년 재개관식을 거쳐서 오늘날에 이르고 있다.(위키피디아 및 이동훈, 「回來! 중국대사관 11년 만에 명동 귀환」,《조선일보》, 2013. 4. 14.)

협회의 본부 옆, 크고 빨간 중국식 지붕을 이고 있는 건물의 출입문에는 한국 경찰 몇 명이 경비를 서고 있다. 1992년 이전에는 주한대만대사관이었던 자리였다. 그런데 중국의 오성홍기가 게양되어 있다.

한국에서 화교협회는 재단법인이라는 민간 조직이다. 따라서 주한중국대사관 옆에 위치해도 중국 정부는 화교협회를 존중해야 한다.

화교협회 사무실에서 실무자와 의견을 나누었다. 나는 카메라를 들고 사무실 내부의 소중한 장소를 찾아 곳곳을 촬영했다. 얼굴에 함박웃음이 가득하고 체격이 듬직한 남성이 다가왔다.

"기다리게 해서 죄송합니다. 회의실로 자리를 옮기시죠."

그는 한성화교협회 제20대 회장 담소영(譚紹榮, 탄샤오룽)이었다. 우리는 서로의 안부를 묻고 인터뷰를 시작했다.

담 회장은 인터뷰 중에 한국 화교가 무호적 여권 때문에 겪은 불편함을 언급했다. 그는 인터뷰가 시작되고 얼마 지나지 않아 친대만 성향의 한국 국회의원인 조

중국대사관 인근의 한성화교협회 건물

경태[185](제17~22대, 재직 2004~현재, 부산광역시 사하구을 지역구)가 대만을 방문했을 때 마잉주(馬英九) 전 대만 총통을 만나 한국 화교를 대신해서 청원했던 일을 언급했다.

그 청원에는 대만 정부가 무호적 여권에 대한 불평등한 대우를 개선할 방법을 마련하길 바란다는 내용이 담겨 있었다. 하지만 뚜렷한 변화라고 할 것은 포함되지 않았다. 담 회장의 표정은 어두웠다.

---

185) 확인 결과, 조경태 의원은 한국-대만 의원친선협회 회장이었다.(대한민국 국회, 「제21대국회 의원친선협회 명단」, 2023. 7. 4.)

"우린 대만의 의료보험이나 기타 사회복지를 바라지 않았습니다. 우리의 호적이 일반 대만 국민과 같았으면 좋겠다는 게 전부였습니다. 이게 지나친 걸까요?"

나는 담 회장의 의견을 메모하고 되물었다.

"화교들이 이렇게 오래도록 노력했는데도 왜 정부가 계속 개선해 주지 않는지 얘기 들은 건 없습니까?"

담 회장은 쓴웃음을 지으며 말했다.

"있어요. 대만 정부가 태국과 미얀마(버마) 접경지대의 무호적 국민, 또 이와 비슷한 상황에 놓인 세계 다른 나라의 사람들도 같은 대우를 요구할까 봐 두려워한다는 겁니다. 그래서 법률의 통과를 늦추고 있다는 거죠."

초기의 화교는 대만 국적을 취득해서 얻은 신분증으로, 자신의 무호적 여권을 일반 국민과 같은 여권으로 바꾸는 것이 상대적으로 쉬웠다. 하지만 1997년 홍콩의 중국 반환 직전에 많은 홍콩 화교가 대만으로 이주할 것이라고 예상하는 사람들도 있었다. 대만 정부는 홍콩에서 대만으로 오는 무호적 인구를 모두 받아들이려고 하지 않았다. 이 때문에 대만 정부는 「이민법」을 고쳐서 귀화 인원수를 제한하였다.

이번 취재 중에 한성화교협회의 고문인 양덕반(楊德磐, 양더판)이 대만 귀화의 어려움에 대해 말한 적이 있다. 그는 목소리를 높였다.

대만 정부가 무호적 여권을 소지한 국민을 겨냥한 「이민법」 개정을 한 그해에 자신의 큰아들이 대만에서 학업을 마쳤다고 했다. 그런데 그의 아들과 몇몇 친구는 졸업 이후에 대만으로 직접 귀화할 수 없다는 것을 깨닫고, 흥분한 채로 한국에 돌아왔다. 하시반 양더판은 자신의 큰아들이 지금은 후회한다고도 했다. 현재는 귀화가 더욱 어려워졌기 때문이다. 특히 갓 졸업한 학생 외에도, 이미 결혼해서 가정을 꾸린 한국 화교들이 대만으로 돌아가서 1년 동안이나 '이민 절차라는 감옥'에 갇힐 수는 없지 않은가![186)

늘어나는 한·중 언어 능통자의 수요, 화교를 우대한 한국 정부

한국과 중국은 2015년 자유무역협정을 체결했다. 이 때문에 한국에서는 중국어에 능통한 인재의 수요가 증가했다. 중국어를 공부한 한국인을 임용하는 것 외에도, 중국어와 한국어를 쓸 줄 아는 화교도 한국 정부로부터 중요시되었다. 한편 한국은 1998년 금융위기 이후 많은 정책적 제한을 해제했다. 최근에는 다문화 가정에 대해서도 수용의 범위와 내용을 확대했다. 그 결과, 출신 배경이 다른 다양한 인재들이 더 많이 한국에 남아 일할 수 있게 되었다.

조선족이 한국인과 같은 민족이라고는 하지만, 한국인들은 조선족에 대한 뿌리 깊은 고정관념을 가지고 있다. 한국어와 중국어를 동시에 구사하는 한국 화교와 조선족을 비교해 보자. 정부와 기업은 한국에 정착한 지 수십 년 된 조선족이 아니라, 몇 대째 한국에 거주하는 화교를 더 고용하는 경향이 있다(물론 적지 않은 조선족들이 한국 사회에서 활약하고 있다).

화교들은 무호적 여권 때문에 불편을 겪는다. 게다가 한국 정부는 중화민국 국적을 버리고 한국으로 귀화하는 한국 화교에게 우호적인 태도를 갖고 있다. 부산 화교 총책임자인 유국민(劉國民, 류궈민)도 말했다.

"2015년에 역대급으로 많은 사람이 대만 국적 포기 절차를 밟았습니다. 한 달에 서너 명씩 한 해에 40여 명이 국적 포기 신청을 했습니다. 한국 국적 취득 절차는 1~2년 정도 걸립니다. 앞으로 몇 년 동안은 더 많은 한국 화교들이 대만 국적을 포기하고 한국인으로 귀화할 겁니다."

'대만 정부는 해외 한국 화교의 힘을 과소평가했다'

대만 기업인은 최근 몇 년간, 세계 여러 곳에 일정한 영향력을 행사했다.

---

186) 여기서 말하는 것은 귀화 후 필히 해결해야 할 병역 문제가 아니다. 36세가 넘어 병역 의무가 없어진 사람이라 해도 귀화를 희망하면 반드시 1년간 대만에 머물러야 한다는 절차를 말한다.(원문 주)

그들이 일정 수의 고용을 창출한다면, 현지의 정치적 영향력이 강화된다는 것이다. 특정 지역에서 오랜 시간 뿌리를 내려온 화교들은 해당 지역의 정치와 상업을 더욱 강력하게 장악할 수 있다.

총용자 위원은 사례 하나를 언급했다. 박근혜가 한국 대통령으로 취임할 때였다. 당시의 대만 입법원 원장(국회의장)이었던 왕진핑(王金平, 제10대, 재임 1999~2016)이 박근혜의 초청을 받았지만, 중국 정부의 압력으로 그는 축하 자리에 참석하지 못하게 되었다.

한국의 국회의원 조경태[187]는 부산 화교와 우호 관계를 유지해 온 사람이다. 그런 그가 해당 소식을 듣자마자, 한국 정부에 왕진핑은 자신의 친구니까 꼭 초대해야 한다고 했다. 그제야 왕진핑은 대만을 대표해서, 박근혜의 대통령 취임식에 참석할 수 있게 되었다. 총 위원은 탄식했다.

"이게 바로 한국 화교가 대만에 공헌한 거죠. 대만은 싹 다 무시했지만."

한국 화교는 한국에서 거주한 지 100여 년이 넘었고, 여섯 세대의 시간이 흘렀다. 대만을 향한 단결력을 여전히 가지고 있는 한국 화교는 대만 국적을 버리고 한국으로의 귀화를 원하지 않기에 계속해서 외국인 신분을 유지한 채 한국에 거류하고 있다.

국민이 국가에 공헌하는 방식은 납세만이 유일한 것은 아니다. 문화적 영향력 혹은 현지 정부에 대한 영향력 같은 소프트파워도 대만 해외에서의 중요한 역량이라고 할 수 있다. 하지만 최근에는 점차 많은 한국 화교들이 여권 문제 때문에 불편을 겪으면서 눈물을 머금고 한국에 귀화하고 있다. 그것은 대만의 국제적인 영향력에 좋지 않다.

---

187) 원문에 '조동제(趙東濟)'라고 되어 있으나, 오류임을 확인하고 수정했다.

4 은둔자의 나라에서의 희로애락

중국어를 사용하는 관광객 몇 명이 가는 곳마다 카메라를 들이밀었다. 여기저기서 셔터 소리가 났다. 그들은 인천 차이나타운의 풍경을 담고 있었다. 나도 고프로(GoPro)를 꺼내 거리의 모습을 찍었다. 잠시 후 차이나타운에 다다르고 약속 장소에 도착했다.

가게 앞, 검은 얼굴의 포청천이 달콤한 '공갈빵'을 든 모습이 행인들의 시선을 끌었다. 간판 아래의 가판대 쪽에서, 모자를 쓴 나이 많은 화교가 카메라를 든 나를 보았다. 그는 나를 아는 눈치였다.

"양 기자, 맞지? 어서 오세요. 추운 날씨네요."

마른 체형에 노련함을 풍기는 표정의 왕내순(王來順, 왕라이슌)이었다. 그는 내가 대만에서 인터뷰한 한국 화교들이 소개한 분이었다. 한국 화교의 범주가 크지 않아서, 왕 사장은 나와 안면을 튼 뒤에 많은 도움을 줬다.

인천 차이나타운에 있는 '신(神)'이라는 이름의 과자점은 왕내순과 다른 화교 한 명이 임차해 왔다. 내가 가게를 방문했을 때는 1층 가게 외에, 칸막이 벽과 2·3층은 리모델링 중이었다. 왕 사장은 포부가 큰 사람이었다. 그는 인천광역시 당국이 중국 관광객을 유치하려 한다는 점을 활용해서, 중대형 중국음식점을 개점하고 동시에 차이나타운에 사업을 확장할 준비를 하고 있었다.

왕내순은 과자점 내부를 구경시켜 줬다. 커피를 내온 왕 사장은 지난 삶에 관한 얘기를 들려주었다.

한국 화교가 단결했다고 말하는 자는 누구인가

"이곳은 전에 없던 번영을 누리고 있습니다. 이곳이 중국 관광객들의 메카라는 것을 한국 정부가 깨닫고 나서 기초시설들을 보수하기 시작했어요. 더 분위기 있게 만들려는 거지. 몇몇 큰 식당과 상점들이 입주해 오기 시작했어. 나도 실력 좀 보여주려고 들어왔지요."

왕내순은 미소를 지었다.

"예전엔 여기가 이렇게까지 발전한 곳이 아니었어. 나는 양 기자가 이것도 알기를 바라요. 처음에 한국 정부는 화교가 한국 땅을 떠나길 기대했지요. 포용 정책을 취한 지금과는 그 태도가 전혀 달랐어."

나는 즉각 반응했다.

"들은 얘기가 있습니다만, 대부분의 화교들은 당시의 사회적 분위기 때문에 좋지 않았다고 했습니다. 화교들은 결속하지 않았습니까?"

왕내순은 놀랐다.

"누가 그런 말을 했어? 화교들은 한데 뭉치지 않아요. 서로 엄청나게 싸운다고."

순간 나는 멍해졌다.

"예전에 인터뷰한 화교 한 분은 한국인에게 한국 화교가 업신여김을 당했을 때 화교들이 하나로 뭉쳤다고 했는데요?"

왕 형은 크게 웃었다.

"그건 당연하지. 한국인과 다툼이 발생하면 화교들이 뭉쳐야죠. 한국인과 한편이 될 수는 없잖아요. 하지만 한국 화교는 자기들끼리 지독하게 싸운다고."

얘기가 이어졌다.

"'개가 나를 숨기다'라는 말 들어 봤소? 좋지 않은 뜻입니다만, 그때 한국 정부의 조치로 억압당해서 많은 사람들이 곤경에 처했기 때문에 스스로를 지켜야만 했어요. 그 와중에 옥신각신할 건수가 생긴 겁니다. 다른 지역에 대해서는 뭐라 할 수 없지만, 인천에선 화교들끼리 갈등이 많았어."

왕내순은 다 식은 커피 한 잔을 마시고 말을 이었다.

"양 기자도 생각해 봐요. 인천은 중요한 요충지이기 때문에 사방팔방으로 연결되는 곳이 많습니다. 따라서 이해관계가 복잡하게 얽혀 있지. 그러니 득실을 놓고 다툼이 많아지는 겁니다."

내가 한국의 조폭 영화를 많이 봐서 그런가. 왕 사장에게 궁금한 것을 물었다.

"그 화교들이 인천이나 한국에서 조직폭력단이라도 만들었습니까?"

왕 사장이 곧바로 답했다.

"아니. 그들은 자잘한 다툼을 벌였을 뿐이야. 조폭 같은 규모는 나타날 수가 없지."

신화교와 구화교의 애증 관계

한국 화교의 인천에서의 상황을 대강 알게 되고 나서였다. 최근 몇 년 동안, 한국에 많아진 신화교(1992년 대만과 한국의 단교 이후, 중국 대륙에서 한국으로 이주한 화인)가 구화교와 인천에서 함께 생활하는 상황이 궁금했다.

"별 탈 없이 왕래해요. 양 기자도 봤겠지만, 우리 가게 직원 모두 대륙에서 왔어. 서로 배려도 잘합니다."

왕 사장이 화제를 바꾸면서 한 가지를 지적했다.

"근데 적잖은 신화교들이 우리를 무시한다는 얘기를 들었어. '한간(漢奸, 역적)'이나 '한국인의 개' 같은 제법 센 표현을 써가며 우리를 얕잡아 본다는 겁니다."

나는 이해하기 어려웠다.

"그 정도까지요?"

왕 사장이 담배에 불을 붙였다.

"초기에 자신들이 대륙에서 고통당할 때 화교들은 도망쳤다는 식으로 알고 있는 사람들이 대부분이지. 그래서 화교를 대상으로 이렇게 센 표현이 나온 거야."

한국 정부의 초기 정책과 관련해서, 화교는 곳곳에서 제재를 받았다. 그들 중 많은 사람들이 한국에서 중국음식점을 차려 생계를 이었다. 한편 대학에서 한의학을 전공한 화교들도 있었다. 한의학과를 졸업은 그들은 누군가에게 고용되어 일하지 않아도 되었다. 그들은 돈을 모아서 한의원을 개업했다. 이로써 그들은 부를 쌓지는 못할지라도 생계는 유지할 수 있었다.

몇몇 화교들은 독지가의 도움을 받아 오랫동안 외부인을 배척해 왔던 한국에서도 자리를 잡을 수 있었다.

한국 화교는 타지에서의 비참한 처지에 맞섰다

1월의 서울 날씨는 중국 대륙 북방에서 불어오는 찬 바람의 영향을 받는다. 눈도 자주 내리고 기온도 영하 10℃ 전후까지 떨어진다. 난방시설을 갖추지 못한 곳에서는 한 시간도 안 돼 뺨과 손가락이 추위에 저리기 시작한다.

택시를 타고 여의도에 도착했다. 금융회사들이 모여 있는 여의도의 점심식사 시간 무렵이었다. 다림질해서 빳빳한 하얀 와이셔츠에 오버코트를 걸친 직장인들이 삼삼오오 식당으로 향하고 있었다. 그들의 얼굴에는 웃음이 가득했다.

한국 화교를 취재하면서 최신식 빌딩에서 인터뷰하는 것은 이번이 처음이었다. 나는 빌딩 관리인에게서 주소를 확인한 후에 엘리베이터를 탔다. 사무실의 문이 열리고, 양복을 빼입고 웃음이 가득한 중년 남성이 사무실에서 나왔다.

"양 기자님이지요? 어서 오세요."

양덕반(楊德馨, 양더판) 고문이었다. 양 고문은 한성화교협회의 고문 외에도, 전자기기 무역회사의 이사장이었다. 오랫동안 한국 정부의 화교에 대한 억압 정책을 견디고, 1998년 한국 정부가 태도를 바꾼 후에 20년도 안 되는 짧은 시간에 대기업 이사장의 자리에 오른 인물이었다. 그 과정은 고난의 연속이었다.

양 고문의 이력은 보통의 화교들과는 달랐다. 그는 타향에서의 투쟁의 역사를 있는 그대로 들려주었다.

'대만의 친구가 정말 많이 도와줬지요'

"전 운이 좋았습니다. 친구들이 도와줘서 지금의 이 자리에 앉을 수 있게 된 거지요."

양 고문은 겸손했다.

"저는 화교학교를 졸업하고 대만의 국립대만대에서 공부했습니다. 그러고서 타이베이 신뎬(新店)에서 미국 제너럴 인스트루먼트(General Instrument)와 합작으로 새로 오픈한 전자 회사에서 일했습니다. 그 뒤에 한국에 돌아와서 한국 화교가 창업한 '삼미양행(森美洋行)'에 취직했어요. 결과적으론, 나중에 대만에서 알게 된 친구가 나와 제너럴 인스트루먼트 사이에 줄을 놓은 셈입니다. 제가 화교 신분이었기 때문에 정식으로 한국의 전자 산업계에 진출하게 해준 겁니다."

양 고문은 웃었다.

"내가 한국에 막 돌아왔을 때도 면접과 시험을 보았습니다. 전보다 나아진 모습은 없었습니다. 난 화교에다가 외국인이니까요. 그들은 번거로워지는 걸 좋아하지 않았습니다. 그래서 나에 대한 믿음이 없었습니다. 어지간하면 나 같은 사람을 채용하지 않으려 했습니다. 게다가 중요한 일은 내게 맡기지도 않았어요. 저는 열심히 일했습니다. 친구도 많이 도와줬지요."

양 고문이 이사장에 오르는 여정도 순탄치 않았다. 그 역시 수많은 화교들이 맞닥뜨린 부진을 겪어야 했다. 그는 인터뷰 중에 박정희 집권기를 언급하기도 했다. 당시 한국 정부는 화교의 영향력을 낮추려고 했다는 것이다. 한국 정부는 이를 위해 화폐개혁이라는 방식을 이용해서 화교의 영향력을 줄이는 방향으로 한국 경제를 '정비'하려고 했다는 것이다.

"내 기억으로, 한국의 어느 TV 드라마의 한 장면에서 박정희가 자기 참모한테 이렇게 묻더군요. '우리나라의 경제가 계속 성장하는데도, 왜 국민의 생활 수준은 여전히 나쁜가?' 그의 참모는 이렇게 답했습니다. '각하, 그것은 대부분의 돈이 화교한테 흘러가기 때문입니다. 우리가 이런 상황을 변화시키려면, 화폐개혁이 필수입니다. 그것으로 국가의 경제생태를 변화시켜야 합니다'라고요. 이 때문에 한국이 화폐개혁을 진행했습니다. 구화폐를 신화폐로 바꾼 겁니다. 하지만 사람마다 교환 한도에 제한이 있었기 때문에 오랫동안 많은 화교들이 저축한 돈이 증발되었던 겁니다."

박정희의 화폐개혁, 하루아침에 사라진 화교의 돈

양 고문은 유자차를 마시고 말을 이었다.

"내 누나가 중식 식재료를 전문적으로 취급하는 잡화점을 운영하는 집에 시집갔습니다. 그 집은 화폐개혁 이전에는 화교계에서 손꼽힐 정도의 재산을 갖고 있었습니다. 한데, 화폐개혁 때문에 현금을 전부 잃었습니다. 잡화점 사장도 오자서(伍子胥)[188]처럼 하룻밤 만에 머리가 세었지요. 나중에 그는 낙담한 채 한국을 떠나 미국으로 이민을 갔어요."

양 고문은 사업을 하다가 자신의 화교 신분 때문에 마주하게 된 문제를

---

188) 오자서(?~BC 484, 본명 '오운(伍員)')는 중국 춘추 시대(BC 770~BC 403)의 재상이었던 인물이다. 그는 초(楚)나라 왕실 내부의 암투로 가족을 잃고, 정(鄭)나라를 탈출해서 초(楚)나라를 가로질러 오(吳)나라에 당도 및 의탁했다. 이때 그는 오나라로 갈 방도를 밤새 고심하다가, 머리가 하얗게 세고 말았다고 한다.

들려주었다.

"당시 한국의 은행은 이율이 높았고, 저축만 하는 계좌인 '저축예금'이 있었습니다. 많은 회사들은 그 금융상품에 저축해서 재산을 늘렸습니다. 나도 사업이 어느 정도 궤도에 오른 후에 돈을 그 예금에 저축했습니다. 하루는 우리 회사와 거래하던 은행이 전화로 대놓고 이렇게 말하더군요. '우린 당신이 외국인이란 걸 알게 되었다. 당신은 한국인 전용 은행을 이용할 수 없다'라고요. 너무 당황했습니다. 나중에 수습되긴 했습니다만."

당시 한국의 은행 시스템은 화교에게 불리했다. 그 때문에 화교들은 '신용조합'이라는 사금융 기구를 만들었다. 그곳의 이율이 일반 은행보다 높아서 많은 화교들이 이 신용조합에 돈을 맡겼다. 하지만 한국 금융 시스템의 외부에 있는 사금융 기구는 법의 보호를 받지 못했기 때문에 악성 파산 사례도 적지 않게 나타났다.

대만에서 식당을 운영하는 한국 화교도 내게, 인천의 신용조합이 파산했을 때 가족이 재산의 대부분을 잃고 망했다고 했다.

대다수의 한국 화교들은 20세기에 벌어진 중국의 대전란(군벌전쟁·국공내전 등) 때문에 고향을 등지고 타향살이를 해야 했다. 그들은 한국전쟁 때의 피난과 박정희 정부의 반화교정책, 그리고 1992년 대만과 한국의 단교 결과로 방황의 시간 등을 겪었다. 한국 정부는 1998년 금융위기[189]를 겪고 나서야, 화교에 대한 태도를 환영하는 쪽으로 바꿨다. 이러한 대변혁의 거센 흐름 속에서 적지 않게 세대교체가 일어났다. 누군가는 대만과 미국 등지로 이민 가서 새로운 삶을 모색했다. 그럼에도 많은 한국 화교는 한국에서 살아가길 택했다. 이렇게 한국 화교들은 불굴의 정신으로 자신이 딛고 서 있는 땅을 개척해 나갔다.

---

189) 한국에서는 보통 금융위기라고 하면, 1998년 IMF 구제금융사태를 연상한다. 그런데 엄밀히 따지면, 1997년을 전후해서 아시아 국가들이 크고 작은 규모로 위기를 겪은 것이라고 할 수 있다. 즉, 그 해에 태국·싱가포르·인도네시아·말레이시아·필리핀 등의 동남아시아 국가들을 시작으로, 대만과 홍콩을 거쳐서 한국이 직격탄을 맞게 된 것이었다.(최두열, 『아시아 외환위기의 발생 과정과 원인』, 한국경제연구원, 1998. 참고)

5 한국 분위기가 부족한 대만의 '코리아타운'

가랑비가 흩날리는 저녁 무렵이었다. 나는 한국 화교인 장 씨 누님과의 약속 장소인 신베이시(新北市) 용허구(永和區)의 코리아타운에 들어섰다. 약속 시간보다 한 시간 일찍 도착한 나는 명성이 자자한 이 길거리를 돌아다녔다. 하지만 대만의 유일한 코리아타운은 머릿속에 그렸던 '한국 분위기'를 풍기지 못하고 있었다.

빌딩 숲에 한국 종합식료품점만이 두세 곳 문을 열고 있었다. 한국의 90년대식 의류 판매점과 한창 유행하는 한류 옷 매장도 눈에 띄었다. 치킨과 돈가스를 파는 가게가 곳곳에 있는 '코리아타운'은 차이점이 정말 많았다.

한글 간판이 붙은 가게도 있었다. 이 거리를 새롭게 만들려는 노력처럼 비쳤다. 하지만 유명세를 좇아서 찾아온 한류 마니아 몇몇을 상대로 한 코리아타운 관련 패키지 마케팅의 효과는 크지 않을 것이라는 게 당시의 솔직한 내 생각이었다.

대만의 독특한 코리아타운

전 세계의 적지 않은 나라들에는 '코리아타운'(Korea town·리틀 코리아(Little Korea) 혹은 리틀 서울(Little Seoul))이 있다. 그중 중국·일본·미국 등지에서는 한국인 이민사 위주로 수만에서 수십만 명이 한데 모여 살아간다. 코리아타운에서는 한국요리 위주의 상가는 물론, 한국어와 현지 언어가 함께 표기된 상점 간판을 자주 볼 수 있다. 이곳에 온 사람들은 한국에 온 것만 같은 느낌을 받는다.

이와는 다르게 대만의 코리아타운은 상대적으로 한국인 위주의 장소가 아니라는 게 그 특징이다. 즉, 이곳은 중국 대륙의 산둥성(山東省)에서 한국으로 이민 갔다가 대만으로 재이주한 한국 화교들이 모인 곳이다. 이 때문에 대만의 코리아타운이 전 세계 여러 곳의 '코리아타운'과 확실히 구분된다.

대만의 코리아타운은 신베이시 융허구·딩시구(頂溪區) 일대 상업 중심지에 위치해 있으며, 중싱가(中興街)라는 별칭으로도 불린다. 중싱가는 1980~90년대 한국 화교들이 밀집한 지역 중 한 곳이었다. 초기의 한국 화교들은 한국과 일본 또는 홍콩 등지에서 구한 유행 상품을 대만에 들여와 판매했다.

오랜 시간이 흘러 중싱가는 이국적인 색채를 띠는 지역이 되었다. 그리고 한국 화교들이 유창한 한국어를 구사했기에 이 거리가 '코리아타운'이라는 별명을 갖게 되었다.

내가 인터뷰하기로 약속한 장이췬(張逸縈) 씨는 20년 전쯤에 한국의 화교 학교를 졸업한 후에 일본에서 5년 정도 생활했다. 후에 그녀는 대만의 코리아타운에서 의류점을 운영하는 친구를 도왔다. 시간이 흘러 20년 전에 가족에게서 물려받은 의류점을 종합식료품점으로 바꿨다. 그 후로 그녀는 한국식품 대리점을 열었고, 대만의 한국 요식업계에서 유명 인사가 되었다.

장 사장의 한국식품 잡화점에는 라면·소주·인삼 같은 한국 상품이 가득했다. 한국의 남대문시장에 온 것만 같았다.

장 사장과 나는 인사말을 나누고 장소를 옮겨 커피를 주문했다. 그녀는 코리아타운에 사는 한국 화교의 수십 년에 걸친 고군분투와 안타까운 이야기를 들려주었다.

"다른 방법이 없었어요. 대만 정부는 계획도 마련하지 않았지. 지금 여기 있는 한국 화교의 매장도 변화를 원치 않아요. 오래된 스타일의 옷이나 먹거리 정도만 팔 뿐이죠. 큰 욕심은 없어요. 여기로 물건 사러 온 대만 사람들이 '여기가 진짜 코리아타운 맞아요?'라고 정말 많이들 물어봐요. 그땐 뭐라 답해야 좋을지 모르겠더라고."

장 사장은 대만의 코리아타운에 정착한 지 25년이 넘었다. 그녀는 자랑스러워하는 표정이었다. 그녀가 화제를 바꿨다.

"이곳 코리아타운의 역사는 35년 정도 돼요. 예전에는 아주 번창했었어. 너도나도 매장을 얻으려 했지. 그때 이곳에서 작은 매장 하나를 임대로 줬는데, 가게 안에는 전화 한 통밖에 없었어요. 권리금은 당시 백만 위안에 임대료는 별도로 계산했고. 당시 문을 연 점포가 130여 곳이었는데, 지금은 열 몇 곳 정도밖에 안 남았어요. 게다가 지금은 거리의 골목마다 편의점 천지예요. 전에는 생각도 하지 못한 거리의 풍경이야. 당시 우리는 매우 보수적이었기 때문에 외부인은 얼씬대지도 못했지. 가게를 팔겠다는 소문이라도 나면 다른 가게 사장들이 어떻게 알았는지 세를 얻으려고 찾아왔어요."

잠시나마 번화했던 코리아타운

장 사장은 흥분했다. 내 머리에서도 중심가의 이미지가 그려졌다. 가게에는 온갖 옷들이 가득 담긴 상자가 쌓여 있고, 길거리는 사람들로 북적이고, 가게마다 흥정으로 소란스러운 풍경이었다. 중간 판매상은 지폐를 한 움큼 쥐고 있다. 희소가치의 수입품을 사서, 다시 현지의 소비자에게 되팔아 이문을 남기려는 것이다.

"사실 이 코리아타운이 처음에는 뒤쪽의 리싱가(勵行街)와 주린로(竹林路)에 있었어요. 후에 중심가로 옮겨왔지. 그때 이곳의 옷과 물건이 곧 대만의 유행이어서, 다른 곳의 가게들이 여기로 도매하러 몰려왔어요. 그땐 물건이 들어오자마자 그 자리에서 팔렸어요."

장 사장은 상기된 얼굴로 당시 코리아타운에서 발에 걸리는 것이 돈이었던 상황을 들려주었다. 흥미로운 이야기였다.

나는 신나게 받아 적었다. 장 사장이 말을 이었다.

"그땐 모두가 보따리장수나 다를 바 없었어. 한국의 담요와 패딩 잠바처럼 대만에 없는 물건이 잘 팔렸어요. 표고버섯과 인삼도 인기 상품이었고. 이런 상황이 알려지니까 더 많은 사람들이 와서 가게를 열었어요. 어떤 곳은 매장 하나를 나누어서 점포를 두 곳 만들어 운영하기도 했어. 판매량도 늘어났지요. 그래서 이곳 코리아타운의 가게들은 이곳에만 물건을 조달하는 수출입상과 계약을 맺기도 했어요. 서로 상부상조하며 함께 돈을 벌었지."

장 사장은 경기가 좋았던 지난 시절을 그리워했다.

"그거 알아요? 병원이 있는 거리에서는 장사하기가 정말 쉽지 않았어요 (중심가에는 융허경신의원(永和耕莘醫院)이 있다). 하지만 우리 화교는 친척과 친구와 함께 이곳에 들어왔어요. 중심가의 경기가 좋아지니까 병원이 있는 곳도 피하지 않았어요."

"언제부터 이곳의 경기가 나빠졌나요?"

나는 궁금해졌다. 장 사장이 커피잔을 내려놓았다.

"그게 말이지요. 사건 사고가 몇 번 터졌어요. 20년쯤 전의 이야기예요. 그러다가 캐나다 정부가 1년 동안 외국인에게 이민 기회를 개방한 적이 있어요. 이곳의 많은 한국 출신 화교들이 당시 돈을 많이 벌었을 때였지. 대부분 주식과 장사로 돈을 벌었어요. 그때 많은 화교들이 이민을 갔어요. 저의 외삼촌도 그때 이민 갔고. 옆 가게의 친구도 이민 갔지. 그렇게 1년 뒤에 중심가의 화교들 중 절반 가까이가 이곳을 떠났어요."

나는 의아했다.

"그분들은 좌절해서 이민을 갔나요?"

"다들 잘 뭉치긴 했는데, 사람마다 생각이 달랐던 거죠."

사기꾼 집단의 농간에 코리아타운이 재기불능이 되다

"사실은 이곳이 처참한 일을 겪었어요. 2003년쯤에 사기꾼 집단이 코리아타운의 화교들에게 사기를 쳤어. 피해 금액은 수억 위안190)이나 됐어요."

장 사장이 두 눈을 부릅떴다.

"솔직히 말해 난 그때 절망했어요. 이곳을 떠나려고 했지. 이곳에서 더 이상 살아갈 수는 없겠단 생각을 했어요. 많은 가게들이 재기불능 상태가 되어서 여러 나라로 이민을 갔어요."

장 사장이 숨을 골랐다.

"시간이 지난 후에야 겨우 안정이 됐어. 그 후로 이곳 의류 매장 수입이 줄어들더니, 타이베이시 쑹산우펀푸(松山五分埔) 같은 곳이 활기를 띠기 시작했지. 그래서 나도 식품 판매업으로 업종을 바꿨어요. 그때도 많은 점포 주인들이 이곳을 떠났어요. 지금도 이곳 한국 출신 화교가 줄고 있어요."

장 사장의 이야기를 듣고 나는 궁금해졌다.

"그분들은 상조회 같은 모임을 만들지 않았나요? 한류 열풍을 타고 코리아타운의 명성을 다시 얻을 수도 있었을 텐데요."

장 사장이 크게 웃었다.

"여긴 한국 화교의 노조도 있어. 노조 조합장도 우리를 도와서 지방정부에 이곳의 특성을 홍보해달라고 요구했어요. 하지만 성과를 내기에는 한계가 있었어요."

장 사장은 머리를 긁적였다.

"우린 처음부터 노동조합에 요청했어요. 이곳에 찾는 사람들에게 이곳이 코리아타운이라는 것을 알리기 위해선, 중심가 쪽 길거리에 러화(樂華) 야시장의 대형 간판 같은 걸 설치해야 한다고요. 하지만 진전이 없었어. 이런 상태로라면 상황이 나아지진 않을 거예요."

장 사장은 진지했다.

"이곳 한국 상점의 대부분은 3대를 이어 하고 있어. 하지만 후대가 가업을 잇지 않으려고 해요. 우리 세대 다음의 3세대가 점포를 운영하는 가게는 거의 없다고 봐야지. 후대는 선대가 앞서서 치른 고난을 더 이상 겪지 않으려 해요."

190) 2003년 연평균 환율(34.74)로 보면, 1억 위안은 한화로 개략 35억 원에 달한다.

대만인의 짝눈

나는 장 사장과 코리아타운의 영광과 좌절에 대해 많은 이야기를 나누었다. 장 사장은 개인사도 들려주었다. 한국 화교가 대만에서 아이를 키우면서 겪은 재미있는 내용이었다.

"내가 아이에게 한국어와 일본어로 말해서 그런지, 아이가 학교 가서 친구들이랑 선생님들에게 '우리 엄마는 한국인이에요'라고 말했대요. 그래서 다들 흥분해서 나를 보려고 했어요."

나는 답했다.

"대만에 지한파이자 지일파인 사람들이 많네요."

"하지만 기분 나쁜 적도 있었어. 한 번은 택시 안에서 내가 산둥 사투리로 전화 통화를 마치자 택시 기사가 아니꼬운 어투로 말을 하는 거예요. '손님은 대륙에서 왔소? 결혼한 지 오래되었어요? 주민증은 있으시오?'라고. 곧바로 내가 답했지요. '수십 년 전에 주민증을 받았는데, 그쪽이 무슨 상관이지요?'"

장 사장은 성난 얼굴이었다. 그 모습에 나는 앞서 인터뷰한 한국 화교 몇 사람을 떠올렸다. 이와 비슷한 일을 겪은 사람들이 적지 않았던 것이다.

대만의 코리아타운은 영광의 시대에서 점점 멀어지고 있다. 일부 한국 화교가 야심 차게 과거의 번영을 재현할 생각을 하고 있다. 하지만 시간은 그들의 편이 아니다. 지방정부도 지원하지 않고 있다. 상황은 갈수록 어려워진다.

대만에는 코리아타운 외에도, 신베이시(新北市) 중허구(中和區)의 난스자오(南勢角) 부근에는 미얀마(버마) 화교가 중심이 된 미얀마(버마)타운(緬甸街)도 있다. 게다가 대만의 여러 지역에는 동남아시아 이주 노동자가 모여 사는 지역도 많다. 리모델링을 해 이국적인 풍경의 길거리를 만들면 더 많은 사람과 상품을 유치하는 데 도움이 될 수 있다.

6 자리 잡고 뿌리내린 반도 이민

타이베이시 중샤오둥로(忠孝東路)의 번화가 근처에 있는 아파트 앞에 도착했다. 집 안에서 온통 왁자지껄하게 이야기꽃을 피우며 웃는 소리가 문밖까지 들렸다. 대만에서 사용하는 중국어와는 다른 억양이었다. 집 안으로 들어서니 중년여성이 웃으면서 친절하게 맞이했다.

"어서 와요. 한국 화교학교 친구들이 찾아왔어요."

친절한 장원윈(張紜芸) 여사였다. 그녀는 나의 대학원 친구인 허 군의 어머니이다. 동창의 가족은 수십 년 전에 한국에서 대만으로 이주해서 타이베이에 뿌리를 내렸다.

이번 특별 인터뷰를 위해 동창생 모자는 한국에서 대만으로 이주한 또 다른 한국 화교 여섯 명을 데리고 왔다. 집 안은 시끌벅적했다. 동창 허 군이 데려온 어린 젖먹이 때문에 집 안은 더 떠들썩했다.

이번 인터뷰에서 만난 한국 화교들은 저마다 독특한 사연을 갖고 있었다. 그들은 대륙의 전란 때문에 한국으로 피신했거나, 한국에서 당한 차별 때문에 대만으로 이주했든 간에 대변혁의 시대라는 거대한 흐름에 휩쓸린 흔적이 온몸에 새겨진 사람들이었다. 한국 화교들은 먹고살기 위해서 고향을 떠났다. 그들은 시공간의 변화에 조금씩 적응해 나갔다.

오늘날에 이르러 대만에 이주한 한국 화교도 3대가 지났다. 그들은 대만에서의 삶에 익숙해졌을까. 아니면 대만을 중간 경유지로 삼아서 다음 지점으로 나아가려고 할까.

나는 자기소개를 마치고 아저씨들과 아주머니들하고 인사말을 주고받은 후에 깊이 있는 대화를 나누었다.

"우리 중 몇몇은 부산중학교에서 공부했어요. 다들 좋은 친구여서 지금도 대만에서 함께 여행을 다녀요. 아주 친하지."

왕청웨이(王承偉) 씨는 대만에 온 지 수십 년 되었고, 중학교 교사를 하다가 은퇴한 분이었다. 그가 산둥(山東) 사투리로 말했다.

"거의 다 한국에서 중학교나 고등학교를 졸업한 뒤에 대만에 온 사람들이 많아요. 하지만 우리 부모님 세대는 2차 세계대전이 끝나기 전이나 국공내전 때 대만에 왔어요."

시대의 강과 바다는 한국 화교를 한국에 밀어 넣었다

"여기 계신 분들의 부모님 세대는 한국에서 전쟁을 겪으셨습니까?"

왕청웨이 씨의 말이 끝나자 내가 질문을 던졌다.

"한국전쟁 때 남쪽으로 피난 가는 게 어려웠습니까?"

왕청웨이는 답했다.

"우리 가족은 남쪽으로 피난을 갔는데, 삼촌처럼 몸을 피하지 못한 경우도 있어요. 당시 서울에 있던 삼촌은 피난을 떠나지 못했어. 그래서 북한군이 서울을 점령했을 때 집 문에다 자기는 중국인이라는 표시를 했어요. 그래서 삼촌은 북한군에게 괴롭힘을 당하지 않았어요."

왕청웨이 씨는 흥분했는지 크게 손짓을 했다.

"그때 남한에 사는 한국 화교가 많았어요. 적령기의 화교 남성들은 한국군에 징집되었어요. 지금도 인천엔 화교의 공헌을 기리는 공덕탑도 있어요."

내가 왕 씨의 이야기에 푹 빠진 것을 보고, 옆에 있던 신정팡(辛正芳) 씨가 자신의 부모님 이야기를 들려주었다.

"우리 부모님은 한국에서 처음 두 분이 만났어요. 어머니는 한국으로 여행을 왔었고, 아버지는 형제들과 대륙과 한국을 오가며 장사를 했어요. 근데 갑자기 6·25전쟁이 터지고 만 거야. 아버지는 한국을 떠날 수 없게 돼서 어쩔 수 없이 대륙의 가족들과 헤어지게 된 거예요."

나는 눈을 크게 떴다.

"그분들이 한국에 가시기 전까지 전쟁이 일어날 것 같은 징조가 전혀 없었나요?"

신 여사가 말했다.

"그럼요. 전쟁이 터질 거라고 생각한 사람은 없었지. 그래서 제 부모님은 한국에서 장사를 시작하고 가족을 꾸렸던 거예요."

신 여사의 가정사를 들으면서, 전쟁이 모질게 갈라놓은 집안도 적지 않았지만, 우연찮게 벌어진 사태에 따라 전혀 모르던 사람들이 서로 엮이기도 했다고 생각했다.

아내도 한국 화교로서 대만에서 사업을 한 지 수십 년 된 츄바오디(初寶棣) 씨가 말했다.

"사실 1세대나 2세대인 한국 화교들이나 우리 부모님도 한국에 오랫동안 거주했어도 자신을 한국인이라고 생각하지 않아요. 특히 초기엔 한국 정부로부터 핍박받아서, 그냥 잠시 한국에 머물 거라 생각했어요. 그때 우리가 한국인과 이성 교제를 하거나 결혼하고 싶다고 했다면, 가족 간의 분란도 심각해졌을 거예요. 사실 우리 윗세대의 한국 화교들은 한국을 좋게 생각하지 않아요. 그분들은 자신의 모국인 대만으로 돌아가고 싶어 했지요. 한국에서 생활하면서 한국 정부로부터 핍박을 받고 싶지 않았던 겁니다."

"당신은 대륙에서 온 관광객이다", 대만 사회에서 배제된 외국의 2등 국민?

츄바오디 씨는 화제를 바꿨다. 그는 대만으로 이주한 후에 깨달은 것을 들려주었다.

"예전에 대만의 경제 상황이 좋았던 때에는 한국인을 얕잡아 보았어요. 그래서 우리도 한국인을 대수롭지 않게 여겼지. 그런데 지금은 우리가 거리에서 산둥 사투리를 쓰면(대부분의 한국 화교의 고향은 산둥성이다) 대만 사람들은 우리를 아류즈(阿六仔, 대륙 이민자)라고 부르며 태도를 싹 바꿉니다."

츄바오디 씨의 말을 듣고 주위의 여사 분들이 고개를 끄덕였다. 강슈즈(姜淑枝) 씨가 말을 이었다.

"백화점에서 물건을 살 땐 말이죠. 산둥 억양으로 말하면 점원은 우리를 거들떠보지도 않아요. 그런데 우리가 한국어로 말하면 태도가 180도 확 바뀌는 거야. 뭘 써보고 싶은지, 이곳에 얼마나 머물 건지 등, 엄청나게 반기더라고."

그들의 얘기를 나는 빠르게 받아 적었다. 츄바오디 씨가 웃으면서 물었다.

"한국 화교의 무호적 여권 문제에 대해 양 기자는 알고 있지요? 우리 한국 화교들끼리 하는 우스갯소리가 있어. 무호적 여권이야말로 대만 정부가 우릴 2등 국민으로 취급한다는 가장 확실한 증거라는 거지."

나는 찻잔을 내려놓았다.

"좀 더 자세히 말씀해 주세요."

"한국 화교가 지금도 소지하고 있는 무호적 여권은 내무부에서의 일련번호가 '전(全)' 자로 표기돼요. 대만 유학을 온 교포는 '임인(臨人)' 자고요. 신분증 소지자는 다른 사람들처럼 '인(人)' 자로 표기하고. 우리는 이 같은 표기의 차이를 농담거리로 삼지. 대만 정부는 우리가 한국에 거주하고 있을 때는 우리를 '개(犬)'[191]로 보고, 대만에 공부하러 오면 '일시적으로 사람'(臨人)이 되고, 마지막에 대만 국적을 취득하고 나서야 '사람(人)'으로 본다고 말이야. 한마디로 속이 쓰린 얘기죠."

동창의 어머니 장원원 여사가 말했다.

"예전엔 정부가 화교를 엄청 신경 써줬지만, 지금은 달라요. 많은 대만인들이 화교의 존재를 제대로 파악하지 못하고 있어요. 그들은 우리의 표준어

---

191) '개 견(犬)'은 중국어 발음으로 'quǎn'이고, '온전할 전(全)'은 'quán'이다. 즉, 발음이 비슷한 점을 활용한 말장난을 한다는 얘기다.

발음을 들으면, 우리를 대륙에서 온 관광객으로 여겨요. 그들은 우리 화교들이 오래전에 대만에 들어왔고 그다음 세대까지 있다는 걸 모르는 거야. 우리는 줄곧 사회 밖에 배제된 존재였던 거예요. 말하니까, 기분이 영 좋지 않네."

세대를 거치며, 타지의 한국 화교는 크게 달라졌다

대만의 한국 화교들은 1세대에서 시작해서 대부분 2세대로 이어져 오늘날에 이르렀다. 또한 3대가 함께 생활하는 활기찬 분위기도 확인할 수 있었다. 하지만 그들 세대 간에도 한국과 중국 대륙에 대한 정서가 서로 다르게 표현되었다. 나는 이번 인터뷰를 진행하면서 그 문제에 관해 상대적으로 민감한 질문을 던졌다.

"여기 여사님들께서는 대만에 자리 잡으신 지 오래됐는데, 자신의 국가 정체성이 변하진 않았나요?"

장 여사가 곧바로 말했다.

"천만에요. 우리는 중화민국 국민임을 자랑스러워하고 있어요."

나는 계속 물었다.

"대륙과 한국에 대해서는 어떻게 생각하십니까?"

왕청웨이 씨가 답했다.

"나는 한국을 두 번째 고향으로 여겨요. 그런데 부모님보다는 대륙에 대한 감정이 그리 강렬하지는 않아. 내가 태어나고 자란 곳이 한국이었으니까."

왕청웨이 씨의 목소리가 높아졌다.

"그런데 중국과 한국이 스포츠 경기에서 맞붙으면, 난 중국 대표팀을 응원합니다. 나의 민족 정체성이 대륙 쪽으로 기울어져 있기도 하니까요."

아이를 돌보면서 인터뷰하던 허 동창이 상반된 의견을 드러냈다.

"나는 한국 대표팀을 응원한다고 답하겠습니다."

나는 고개를 끄덕였다. 내 생각에, 허 동창은 대만에서 나고 자라며 표준어 교육을 받았고 한국어를 못하지만, 한국과 중국 대륙에 대한 그녀의 인식은 그녀의 부모님과 비교하면 감정적 궤적이 매우 달랐다.

허 동창의 말을 듣고 있던 중장년 화교들이 말했다.

"그렇지요. 대만에서 나고 자란, 한국 화교의 자식 세대들은 대만식 교육을 받아서, 대륙 관광객 내지는 대륙에 대한 이미지가 좋지 않아요."

나는 이제껏 진행해 온 인터뷰와 관찰을 통해서 한 가지를 확인할 수 있었다. 한국에서 만난 한국 화교가 가진 중국에 대한 이미지는 대체로 긍정적인 편이었다. 그런데 한국 혹은 대만에서 나고 자란 한국 화교는 이에 대해 전혀 다른 감정을 갖고 있었다. 즉, 세대마다 양가적인 가치판단을 하고 있다는 것이다.

이번에 인터뷰를 통해 여러 세대의 한국 화교의 생각을 확인할 수 있었다. 한국 화교들은 한국에 거주하고 있을 때부터 외국인으로 몰렸고, 이후 조국으로 돌아간다는 마음으로 대만 땅을 밟은 뒤에는 이곳에서도 배척당했다. 처음에 한국인으로 간주되었건 오늘날 대륙 관광객으로 간주되건 간에 이와 상관없이 그들은 좌절당한 것이다.

하지만 한국 화교들은 교직을 맡거나, 사업을 하거나, 식당을 열든지 간에 오늘날의 대만 사회에 녹아드는 데 성공했다. 때로는 마찰도 겪고 때로는 휘청거렸지만, 그들은 끝내 대만에서 자신의 집안을 일으켜 세웠다.

■ 옮긴이 참고 자료

〈인터넷 사이트〉
국제 앰네스티 https://amnesty.or.kr/
새롭고 하나된 조국을 위한 모임 http://www.saejowi.org/
성공적인 통일을 만들어가는 사람들(PSCORE) https://pscore.org/home-ko/
참여연대 https://www.peoplepower21.org/
한국갤럽 https://www.gallup.co.kr/gallupdb/main.asp
United States Forces Korea Official website http://www.usfk.mil

Chapter 01. 대만 대 한국! '한국을 이기고 싶다'는 정서적 수렁

양첸하오, 「정권 바뀔 때마다 교과서 난도질, 대만이 반면교사다」,《미디어오늘》, 2015.
    11. 3. http://www.mediatoday.co.kr/news/articleView.html?idxno=125
    880.

Chapter 02. 휘황찬란한 한류의 배후

김대중, 「경주 세계문화엑스포 개막제 초청인사 오찬 말씀(문화·관광산업은 국가의 기
    간산업)」,《행정안전부 국가기록관》, 1998. 9. 11. https://www.pa.go.kr/res
    earch/contents/speech/index.jsp?spMode=view&artid=1308624&cati
    d=c_pa02062.
김재홍, 「[한국 영화의 미래] 영화 한 편이 중견기업 맞먹는다」,《주간경향》 572호, 2004.
    5. 6. https://weekly.khan.co.kr/khnm.html?www&mode=view&art_id=7
    127&dept=116.
김정진, 「이광수, 11년 만에 SBS 예능 '런닝맨' 하차(종합)」,《연합뉴스》, 2021. 4. 27.
    https://www.yna.co.kr/view/AKR20210427035151005.
김태훈, 「'하나의 중국'을 지지하는 아이돌의 속내는?」,《경향신문》, 2019. 8. 25. https:
    //www.khan.co.kr/culture/culture-general/article/201908250821001.

세계김치연구소, 「〈보도자료〉 한국의 김치와 중국의 파오차이는 전혀 다른 식품」, 2020. 11. 30. https://www.wikim.re.kr/board.es?mid=a10503000000&bid=0003&act=view&list_no=2023&tag=&nPage=4.

양첸하오, 「'쯔위의 사과' 대만 선거에 어떤 영향 미쳤나」,《한국일보》, 2016. 1. 17. https://www.hankookilbo.com/News/Read/201601171229004670.

이현파, 「돌아오는 '쥬라기'… 다 큰 어른이 예고편 보고 운 이유」,《오마이뉴스》, 2022. 2. 12. http://star.ohmynews.com/NWS_Web/OhmyStar/at_pg.aspx?CNTN_CD=A0002809733.

장희재·안창현, 「제15장- 한류의 출현과 발전」, 『중국 미디어와 대중문화』, 한국방송통신대학교출판문화원, 2021.

정진홍, 「[정진홍의 컬처 엔지니어링] 현실이 드라마보다 센 나라」,《조선일보》, 2021. 10. 13. https://www.chosun.com/opinion/specialist_column/2021/10/13/3VNY5R57DNAADFY2QA7LTCJ5TQ/.

최윤정, 「오징어 게임·BTS·기생충…영국 매체들 '주류가 된 한류' 조망」,《연합뉴스》, 2021. 10. 10. https://m.yna.co.kr/view/AKR20211010052900085?section=search.

홍석재, 「"남는 밥좀 주오" 글 남기고 무명 영화작가 쓸쓸한 죽음」,《한겨레》, 2011. 2. 8. https://www.hani.co.kr/arti/society/society_general/462228.html.

Chapter 03. 당신은 모를 '헬조선'

강만길, 『고쳐 쓴 한국현대사』, 창작과비평사, 1994.

강민진, 「2002년 효순·미선이 '억울한 죽음' 5가지 기록」,《한겨레》, 2017. 11. 27. https://www.hani.co.kr/arti/society/society_general/820830.html.

강준만, 『한국 현대사 산책 1940년대 편- 8·15 해방부터 6·25 전야까지』 1·2, 인물과사상사, 2004.

강준만, 『한국 현대사 산책 1970년대 편- 평화시장에서 궁정동까지』 2. 인물과사상사, 2009.

고나무, 「윤금이 살해한 미군 범죄자는 지금 어디에」,《한겨레21》 제885호, 2011. 11. 10. https://h21.hani.co.kr/arti/special/special_general/30782.html.

궈팅위(郭婷玉)·왕핀한(王品函)·쉬야링(許雅玲)·좡젠화(莊建華), 천쓰위(陳思宇) 감수,

신효정 역, 『도해 타이완사(圖解臺灣史)』, 글항아리, 2021.

김경희·위성욱, 「성완종, 자살 전 '홍준표 1억 전달자' 지목한 윤씨 만났다」,《중앙일보》, 2015. 4. 13. https://www.joongang.co.kr/article/17572858#home.

김선관, 「정몽구, 갤로퍼의 성공으로 현대차를 품에 안다」,《한겨레》, 2021. 3. 9. https://www.hani.co.kr/arti/economy/car/985956.html.

김수빈, 「왕자의 난과 갈라진 운명」,《주간동아》, 2016. 4. 11. https://weekly.donga.com/List/3/all/11/531962/1.

김종철, 「"노근리에 1달러도 안 와… 미국은 부끄러워해야"」,《한겨레》, 2018. 7. 28. https://www.hani.co.kr/arti/politics/diplomacy/855262.html.

다카하시 데쓰야(高橋哲哉), 한승동 역, 『희생의 시스템 후쿠시마 오키나와(犧牲のシステム福島·沖繩)』, 돌베개, 2013.

모종혁, 「노무현과 비교되던 천수이볜, 이대로 몰락하나」,《오마이뉴스》, 2009. 9. 17. http://www.ohmynews.com/NWS_Web/View/at_pg.aspx?CNTN_CD=A0001218254.

민주언론시민연합, 「2016년 '올해의 좋은 보도상'은 한겨레와 JTBC의 '박근혜 최순실 게이트' 보도」, 『민언련선정 이달의 좋은 보도』, 2016. 12. 14. http://www.ccdm.or.kr/xe/report/1423.

박영회, 「8.15 광복절 특별사면… 재벌총수 대거 사면」,《MBC》, 2008. 8. 12. https://imnews.imbc.com/replay/2008/nwdesk/article/2199710_30609.html.

박은경, 「양안 갈등으로 번진 중국 보이스피싱 사기」,《경향신문》, 2016. 5. 11. https://m.khan.co.kr/world/china/article/201605011103001#c2b.

박은하, 「오키나와 일본 본토 반환 50주년, 더 멀어진 평화의 섬」,《경향신문》, 2022. 5. 15. https://www.khan.co.kr/world/japan/article/202205151833001#c2b.

법무부, 「〈보도자료〉 2015년 「광복 70주년 특별사면」 실시」, 2015. 8. 13.

석진환, 「MB, 이건희 '1인 특별사면'」,《한겨레》, 2009. 12. 29. https://www.hani.co.kr/arti/society/society_general/396089.html.

선담은, 「국내 이통시장 점유율 격차 커져…"경쟁 미흡"」,《한겨레》, 2022. 4. 4. https://www.hani.co.kr/arti/economy/it/1037423.html.

성도현, 「박근혜, 4년9개월 만에 풀려나…병실서 '사면·복권장' 직접수령」,《연합뉴스》, 2021. 12. 31. https://www.yna.co.kr/view/AKR20211230178200004.

송의달, 「믿었던 동지들마저… 천수이볜 下野촉구 확산」,《조선일보》, 2006. 8. 17. https://www.chosun.com/site/data/html_dir/2006/08/17/2006081770005.html.

송진원·이보배, 「박근혜 '특활비·공천개입' 1심서 징역 8년 늘어…총 징역 32년(종합)」, 《연합뉴스》, 2018. 7. 20. https://www.yna.co.kr/view/AKR201807200969 51004?section=search/news.

이명원, 『두 섬: 저항의 양극, 한국과 오키나와』, 삶창, 2017.

이상원, 「72년간 1달러도 받지 못한 노근리 사건 피해자들」, 《시사IN》 776호, 2022. 8. 2. https://www.sisain.co.kr/news/articleView.html?idxno=48100.

이승관·현혜란, 「국회, 朴대통령 탄핵…찬성 234표·반대 56표(3보)」, 《연합뉴스》, 2016. 12. 9. https://www.yna.co.kr/view/AKR20161209109900001.

이승국, 「잊을 만하면 터지는 재계 '형제의 난'…왜?」, 《연합뉴스》, 2016. 6. 17. https:// www.yna.co.kr/view/MYH20160617005000038.

이정훈, 「삼성 날고 다른 재벌 '경제력 집중' 커졌는데…윤 정부 정책은 '친재벌'」, 《한겨레》, 2022. 6. 27. https://www.hani.co.kr/arti/economy/marketing/104 8550.html.

장예진, 「[그래픽] '국정농단' 박근혜 혐의별 1심 유·무죄 판단」, 《연합뉴스》, 2018. 4. 6. https://www.yna.co.kr/view/GYH20180406002100044.

전국역사교사모임, 『살아있는 한국사 교과서 2- 20세기를 넘어 새로운 미래로』, 2016 (개정판).

정은혜, 「법원 "박근혜 파면 재판관 8인, 문제없다…朴 지지자 소송 각하"」, 《중앙일보》, 2018. 3. 29. https://www.joongang.co.kr/article/22490431#home.

정진호, 「SK, 현대차 제치고 재계 2위 됐다」, 《중앙일보》, 2022. 4. 27. https://www.jo ongang.co.kr/article/25066794.

최현석, 「대만, '석방 논란' 국제 전화사기 용의자 18명 구금」, 《연합뉴스》, 2016. 4. 21. https://www.yna.co.kr/view/AKR20160421194300074.

표창원, 「"내 아들 때린 놈이 누구야?" 재벌회장의 무차별 폭력」, 《한겨레》, 2013. 4. 5. https://www.hani.co.kr/arti/society/society_general/581479.html.

하종대, 「"親中 마잉주 퇴진" 30만여명 시위」, 《동아일보》, 2008. 9. 1. https://www.do nga.com/news/Inter/article/all/20080901/8624995/1.

한국민족문화대백과사전, 〈대전협정〉. http://encykorea.aks.ac.kr/Contents/Searc hNavi?keyword=%EB%8C%80%EC%A0%84%ED%98%91%EC%A0%95&ri dx=0&tot=981.

행정안전부 국가기록원, 〈한·미 군사안전잠정협정〉. https://www.archives.go.kr/next /search/listSubjectDescription.do?id=006389&pageFlag=&sitePage=1-2-1.

허영섭, 「[허영섭의 대만이야기] '해바라기 학생운동'이 뭐길래」, 《The AsiaN》, 2014.
5. 10. http://kor.theasian.asia/archives/100933.

YTN, 「〈역사속 오늘〉 [1950년 7월 12일] 대전(大田)협정 조인」, 《YTN》, 2010. 7. 12.
https://www.ytn.co.kr/_ln/0422_201007120447060725.

Chapter 04. 알 수 없고 신비한 나라: 북한

공용철·신석호·왕선택·장용훈, 『북한 취재·보도 가이드- 전문기자가 말하는 통일언
론』, 평화문제연구소, 2017.

국회예산정책처, 『2022 대한민국 경제(Economic Overview of the Republic of Kor
ea 2022)』, 2022. 8.

김구, 「삼천만 동포에게 泣告함」, 1948. 2. 11~13.(〈한국사 데이터베이스〉, 국사편찬위
원회) https://db.history.go.kr/id/dh_006_1948_02_10_0020.

김순배, 「'미얀마' '버마'…한 나라 두 이름」, 《한겨레》, 2007. 9. 27. https://www.hani.
co.kr/arti/international/asiapacific/238864.html.

김영구·장호준, 「제3장 중국의 재건을 향한 험난한 여정」, 『현대중국입문(現代中國入
門)』, 한국방송통신대학교출판문화원, 2016.

김창규, 「문화대혁명, 그 기억과 망각」, 《민주주의와 인권》 제10권 2호, 2010.

김호준, 「정부, 개정공단 가동 전면중단… 北핵·미사일 첫 독자제재(종합3보)」, 《연합뉴
스》, 2016. 2. 10. https://www.yna.co.kr/view/AKR20160210064052014.

노재현, 「'8.15경축사' 3단계 통일방안 의미」, 《연합뉴스》, 2010. 8. 15. https://www.y
na.co.kr/view/AKR20100814065300043.

박준우, 「[르포]한민족 네트워크 역할 '옌볜과기대'…이젠 폐허로」, 《문화일보》, 2022.
9. 5. 참고.) http://www.munhwa.com/news/view.html?no=2022090501
031339274002.

백태열, 「북한의 핵문제 - 중국의 이중직 태도에 대한 원인분석과 평가」, 《사회과학연
구》 제20권 제1호, 2013.

외교부, 북핵외교기획단, 「[제4차 6자회담 2단계회의] 9.19 공동성명(국문)」, 2005. 9.
19. https://www.mofa.go.kr/www/brd/m_3973/view.do?seq=293917&
srchFr=&srchTo=&srchWord=&srchTp=&multi_itm_seq=0&itm_seq_1
=0&itm_seq_2=0&company_cd=&company_nm=&page=5.

「[제5차 6자회담 3단계회의] 2.13 합의- 9.19 공동성명 이행을 위한 초기조치」, 2007. 2. 14. https://www.mofa.go.kr/www/brd/m_3973/view.do?seq=293923&srchFr=&srchTo=&srchWord=&srchTp=&multi_itm_seq=0&itm_seq_1=0&itm_seq_2=0&company_cd=&company_nm=&page=4.

우리역사넷, 〈5·10 총선거〉. http://contents.history.go.kr/mobile/kc/view.do?levelId=kc_i500800&code=kc_age_50.

이예진, 「하나원, 어떤 곳인가요?」, 《자유아시아방송(Radio Free Asia)》, 2016. 11. 18. https://www.rfa.org/korean/weekly_program/cc3ec544ac00b294-c2ecb9acc0c1b2f4/counselling-11182016104313.html.

이제훈, 「탈북이주민이 처음 만나는 한국사회 '12주의 감옥' 하나원」, 《한겨레》, 2010. 11. 14.(2016. 5. 24.에 수정됨) https://www.hani.co.kr/arti/politics/defense/448622.html.

이홍규, 「1989년 천안문 운동의 성격과 역사적 의미: '사회주의민주'의 구현을 위한 체제 내 민주화 운동」, 《중국지식네트워크》 제14권 제14호, 2019.

장용훈, 「〈금강산관광 10년〉 남북관계 '긴장 상징'으로」, 《연합뉴스》, 2008. 11. 16. https://www.yna.co.kr/view/AKR20081115055800014.

정지섭, 「美는 왜 미얀마를 '버마'라고 부를까」, 《조선일보》, 2021. 2. 2. https://www.chosun.com/international/asia/2021/02/02/4B3AILC7GNDGRHHU5NYXAGFWIU/.

차병섭, 「중국 옌볜 조선족 인구 급감···자치주 내 비중 30% 턱걸이」, 《연합뉴스》, 2021. 6. 11. https://www.yna.co.kr/view/AKR20210611134800097.

홍영림, 「국민 86% "南北통일 가능하다"」, 《조선일보》, 2015. 8. 10. https://www.chosun.com/site/data/html_dir/2015/08/10/2015081000320.html.

홍현익, 「북핵문제와 6자회담: 전개과정, 평가 및 과제」, 《한국과 국제정치》 제24권 제1호, 2008.

Chapter 05. 한국인인가, 중국인인가? 한국·중국·북한을 배회하는 '조선족'

강만길, 『고쳐 쓴 한국근대사』, 창작과비평사, 1994.

강민진, 「24년 전 오늘, 일본군 731부대 생체실험 사진이 처음 공개됐다」, 《한겨레》, 2018. 8. 14. https://www.hani.co.kr/arti/society/society_general/857556.html.

구본권, 「'다카키 마사오'가 포털 검색 1~2위 된 이유가…」, 《한겨레》, 2012. 12. 5. https://www.hani.co.kr/arti/economy/it/563876.html.

김삼웅, 『약산 김원봉 평전(개정판)』, 시대의창, 2019.

김종훈, 『약산로드 7000km: 의열단 100년, 약산 김원봉 추적기』, 필로소픽, 2019.

나가타 아키후미, 김혜정 역, 『세계사 속 근대한일관계』, 일조각, 2017.

박종국, 「중국 조선족 인구 170만명…20년간 22만명 감소」, 《연합뉴스》, 2022. 1. 19. https://www.yna.co.kr/view/AKR20220119067300097.

박찬승, 「시모노세키 조약 120주년을 맞이하여」, 《역사와 현실》 제95호, 2015. 3.

심규상, 「"가장 치열한 항일투쟁, 김원봉 정당한 평가를"」, 《오마이뉴스》, 2008. 2. 29. http://www.ohmynews.com/NWS_Web/View/at_pg.aspx?CNTN_CD=A0000845402.

안상경, 「[아! 만주⑭] 간도일본총영사관: 한반도를 넘어 중국 침략의 교두보를 설치하다」, 《월드코리안신문(worldKorean)》, 2022. 2. 7. https://www.worldkorean.net/news/articleView.html?idxno=42781.

예영준, 「특파원 현지보고: 북·중·러 국경도시 훈춘을 가다- '한 뼘의 땅'에서 막힌 중국의 꿈」, 《월간중앙》 201407호(통권 463호), 2014. 6. 17. https://jmagazine.joins.com/monthly/view/302158.

오기평, 『세계외교사: 세기를 넘기면서』, 박영사, 2007.

이지용, 「'일대일로(一帶一路)'와 중국의 21세기 세계전략 형성」, 《국가안보와 전략》 제15권 제3호, 2015.

임주리, 「핍박받는 中 2등시민의 눈물… 美, 대륙의 화약고 건드리다」, 《중앙일보》, 2018. 11. 23.)

젯슨 퍼마, 김은정 역, 『달라이 라마 이야기』, 자작, 2000.

조성찬, 「중국 훈춘시 방천에서 바라본 북중러 경제공동체 형성 움직임- 공동 관광자원(commons)에 기초한 두만강지역 1구 3국 공동관리 모델 실험중」, 《통일뉴스》, 2019. 3. 19. https://www.tongilnews.com/news/articleView.html?idxno=128169.

주시평, 〈"윤동주, 일제 생체실험에 희생" 죽음의 미스터리〉, 《SBS》, 2009. 8. 15. https://news.sbs.co.kr/news/endPage.do?news_id=N1000631058.

중앙일보, 「'다카키 마사오 누구?' 이정희 TV토론 후폭풍」, 《중앙일보》, 2012. 12. 5. https://www.joongang.co.kr/article/10079043#home.

하인리히 하러, 한영탁 역, 『티베트에서의 7년』, 秀文出版社, 1989.

허흥호, 「중국의 '일대일로(一帶一路)' 구상과 전략: 발전과 한계」, 《한국콘텐츠학회논문지》, 제19권 제7호, 2019. 7.

SBS, 〈놀라운 대회 스타킹〉, 《SBS》 376회, 2014. 7. 26. https://programs.sbs.co.kr/enter/starking/vod/54397/22000108764.

Chapter 06. 역사의 거센 흐름에 떠도는 뿌리 없는 민족, '한국 화교'

대한민국 국회, 「제21대국회 의원친선협회 명단」, 2023. 7. 4.

손성진, 「「초등학교」 명칭 「초등학교」로/"일제잔재 청산"… 54년만에 바꿔」, 《서울신문》, 1995. 8. 12. https://www.seoul.co.kr/news/newsView.php?id=19950812003005.

이동훈, 「回來! 중국대사관 11년 만에 명동 귀환」, 《조선일보》, 2013. 4. 14. https://www.chosun.com/site/data/html_dir/2013/04/13/2013041300935.html.

최두열, 『아시아 외환위기의 발생과정과 원인』, 한국경제연구원, 1998.

최창근, 「한국의 '오랜' 이방인, 화교의 어제와 오늘」, 《신동아》 2018년 5월호, 2018. 5. 13. https://shindonga.donga.com/3/all/13/1298981/1.